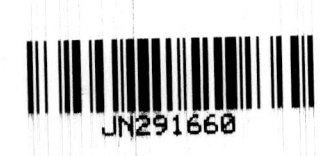

先生と司書が選んだ

調べるための本

小学校社会科で活用できる
学校図書館コレクション

もくじ

コラム／ブックリスト

はじめに

小学校の社会科授業で「子どもたちに学校図書館で調べ学習をさせたい」そう思ったことはないだろうか？　教科書や副読本だけでなく、図書館やインターネット上に豊富にある資料の中から適切な資料を選び出し、疑問を解いていく子どもの姿や、学校を巣立った子どもたちが、身に付けた学び方を生かし発展させ、やがて市民として、また職業人として活躍する中で直面した問題を解決していく姿を夢に描く教師は少なくないはずだ。

しかし、この夢はすぐにかなわぬことが多い。学校図書館に、その夢を具現化する図書資料等のコレクションが構築されていなければ「子どもたちに学校図書館で調べ学習をさせたい」は実現できないからである。では、どのような資料を収集すれば、そのような授業が、子どもの主体的な学びが可能となるのだろうか？　本書は教師や学校図書館のスタッフ、それらを支える市民の悩みに応えるために編まれた。18人の学校の司書・教師・編集者による協働の成果である。

教師から出された社会科の単元のねらい、学習展開の典型例、キーワードを元に、子どもの本のプロフェッショナルであり、学校図書館にやってくる子どもの姿を熟知している経験豊富な学校の司書が、それぞれの単元内容に応じた、１次リストを選定。その中から社会科にこだわって実践を重ねている教師達が、授業者の立場から吟味して、各単元で利用したい本を選び出し、それぞれの資料に特徴や学習での利用方法等の解説をつけていった。こうやってできたのが本書第１部である。

第２部では、第１部のリストを利用した授業の方法やコレクション構築等について編著者が示した。

本書には専門家の目で吟味された約630タイトルの本の情報が掲載されている。これだけの規模での小学校社会科学習で利用できる調べるための本のリスト作成と吟味は、おそらく類例の無いことではないだろうか。学校図書館コレクション整備の参考にしていただければ幸いである。

鎌田和宏

第1部

小学校社会科で活用できる調べるための本

凡例

第1部では小学校の社会科で調べ学習を行う際、学校図書館にあると活用度の高い書籍資料と、図書以外の資料を紹介している。掲載の形は以下の通りである。

各単元1ページ目

●**単元のキーワード**：この単元の学習を展開する際にポイントとなるキーワードを示した。

●**単元の概要**：この単元ではどのような目標で、どのような内容の学習をするのか概略を示した。

●**単元の学習内容**：この単元ではどのような学習が行われるのか、学習指導要領、教科書、現場の実践等を紹介し、単元学習の重点(キーワード)を示した。

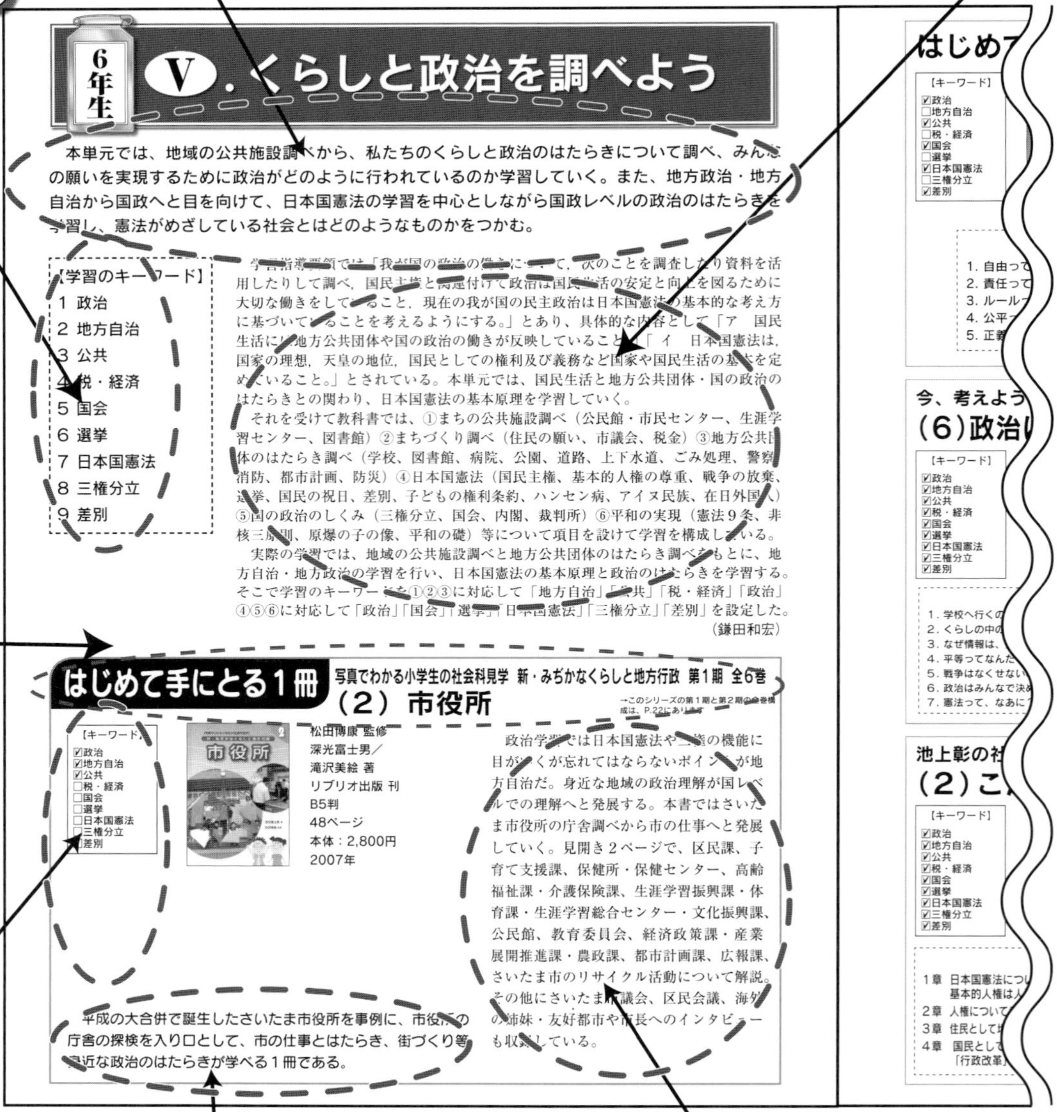

6年生 Ⅴ．くらしと政治を調べよう

本単元では、地域の公共施設調べから、私たちのくらしと政治のはたらきについて調べ、みんなの願いを実現するために政治がどのように行われているのか学習していく。また、地方政治・地方自治から国政へと目を向けて、日本国憲法の学習を中心としながら国政レベルの政治のはたらきを学習し、憲法がめざしている社会とはどのようなものかをつかむ。

【学習のキーワード】
1 政治
2 地方自治
3 公共
4 税・経済
5 国会
6 選挙
7 日本国憲法
8 三権分立
9 差別

学習指導要領では「我が国の政治の働きについて，次のことを調査したり資料を活用したりして調べ，国民主権と関連付けて政治は国民生活の安定と向上を図るために大切な働きをしていること，現在の我が国の民主政治は日本国憲法の基本的な考え方に基づいていることを考えるようにする。」とあり、具体的な内容として「ア　国民生活には地方公共団体や国の政治の働きが反映していること」「イ　日本国憲法は，国家の理想，天皇の地位，国民としての権利及び義務など国家や国民生活の基本を定めていること。」とされている。本単元では、国民生活と地方公共団体・国の政治のはたらきとの関わり、日本国憲法の基本原理を学習していく。

それを受けて教科書では、①まちの公共施設調べ（公民館・市民センター、生涯学習センター、図書館）②まちづくり調べ（住民の願い、市議会、税金）③地方公共団体のはたらき調べ（学校、図書館、病院、公園、道路、上下水道、ごみ処理、警察、消防、都市計画、防災）④日本国憲法（国民主権、基本的人権の尊重、戦争の放棄、選挙、国民の祝日、差別、子どもの権利条約、ハンセン病、アイヌ民族、在日外国人）⑤国の政治のしくみ（三権分立、国会、内閣、裁判所）⑥平和の実現（憲法９条、非核三原則、原爆の子の像、平和の礎）等について項目を設けて学習を構成している。

実際の学習では、地域の公共施設調べと地方公共団体のはたらき調べをもとに、地方自治・地方政治の学習を行い、日本国憲法の基本原理と政治のはたらきを学習する。そこで学習のキーワードを①②③に対応して「地方自治」「公共」「税・経済」「政治」④⑤⑥に対応して「政治」「国会」「選挙」「日本国憲法」「三権分立」「差別」を設定した。

（鎌田和宏）

はじめて手にとる１冊　写真でわかる小学生の社会科見学　新・みぢかなくらしと地方行政　第１期　全6巻
（2）市役所

→このシリーズの第１期と第２期の全巻構成は、P.22にあります

【キーワード】
☑政治
☑地方自治
☑公共
□税・経済
□国会
□選挙
□日本国憲法
□三権分立
□差別

松田博康 監修
深光富士男／
滝沢美絵 著
リブリオ出版 刊
B5判
48ページ
本体：2,800円
2007年

平成の大合併で誕生したさいたま市役所を事例に、市役所の庁舎の探検を入り口として、市の仕事とはたらき、街づくり等身近な政治のはたらきが学べる１冊である。

政治学習では日本国憲法や三権の機能に目がいくが忘れてはならないポイントが地方自治だ。身近な地域の政治理解が国レベルでの理解へと発展する。本書ではさいたま市役所の庁舎調べから市の仕事へと発展していく。見開き２ページで、区民課、子育て支援課、保健所・保健センター、高齢福祉課・介護保険課、生涯学習振興課・体育課・生涯学習総合センター・文化振興課、公民館、教育委員会、経済政策課・産業展開推進課・農政課、都市計画課、広報課、さいたま市のリサイクル活動について解説。その他にさいたま市議会、区民会議、海外の姉妹・友好都市や市長へのインタビューも収録している。

●**はじめて手にとる１冊**：本単元の学習を始める際に、教科書・副読本やレファレンスツールを除いてまず１冊目に手にすべき本のタイトル。

●この本が先に挙げたどのキーワードに対応したものか示した。

●この本を１冊目に勧める理由を示した。

●**この本の概要**：この本の概略と、どのような点がよいか、学習にどのように使えるか等を示した。

2ページ目

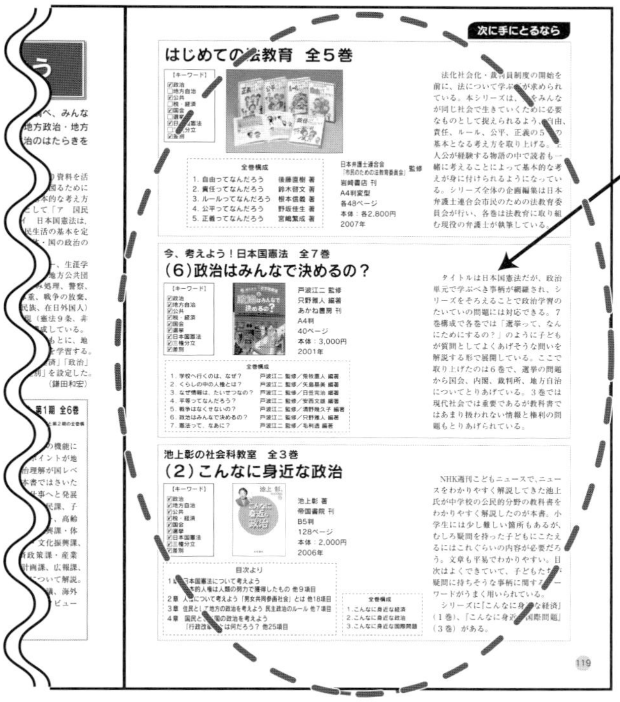

●次に手にとるなら：「はじめて手に取る1冊」の次に手に取るべき本を示した。書名等の書誌情報のほか、キーワード、本によっては目次やその本が含まれているシリーズの構成を示しているものもある。

●その他の資料：図書資料以外の資料（インターネットのサイト）を示した。URLのほか、本単元のキーワードのどれに相当するか、また、注目ポイントを示した。

3, 4ページ目

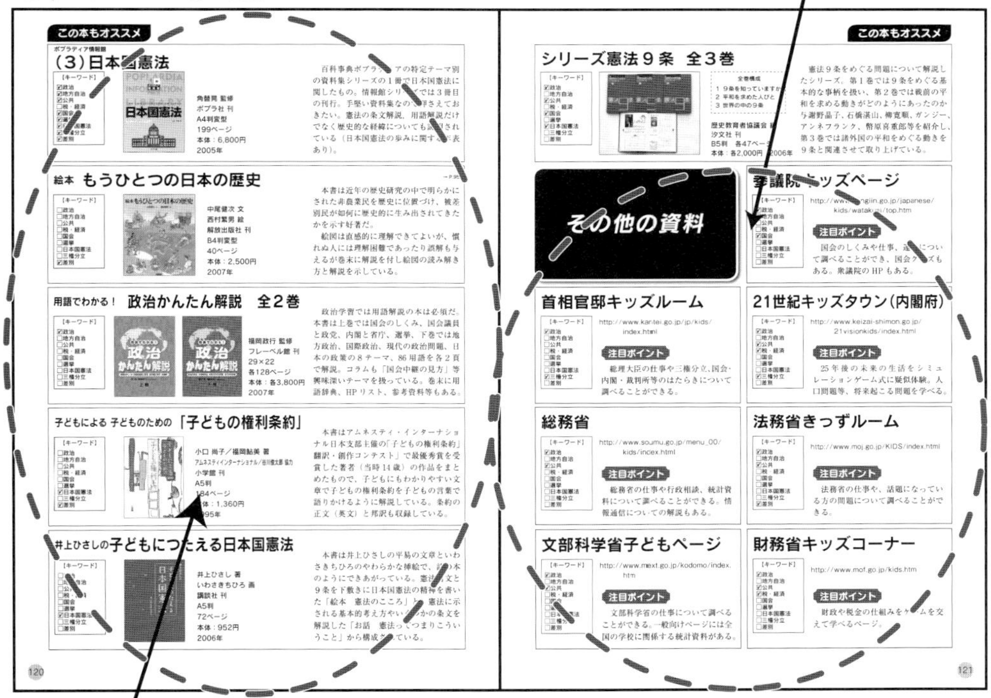

●この本もオススメ：最初の4冊のほかにも手に取るべき本を示した。

〈記号について〉

本文中に出てくる記号の意味は次の通り。

品切れ（重版未定）

絶版

絶版

左の記号が付与されている書籍は入手が困難なものであるが、すでに図書館にある場合は安易に廃棄することなく活用してほしい。また公共図書館等からの貸出によって利用する方法もある。

本書のデータは2008年4月現在のものであり、最新の情報については各出版社にお問い合わせ下さい。

3年生

Ⅰ．学校のまわり・町の様子を調べよう

この単元は、3年生の子どもたちにとって社会科学習における初めての単元となる。自分たちのくらす地域そのものを学習対象として、町の地形、土地利用、公共施設の様子、人々の仕事などについて広く学習していく。また、今後多様な形で展開されていく社会科学習を視野に入れて、フィールドワーク、学習ノートの作り方、地図作り等、社会科の「学び方」についても学習していきたい。

【学習のキーワード】
1．まちたんけん
2．地図・絵地図
3．地図記号
4．方位
5．公共施設
6．土地利用
7．交通
8．インタビュー
9．ポスターセッション

まず何よりも、社会科を初めて学ぶ子どもたちにとって、社会科っておもしろいな、今度はあんなことも学習してみたいな、という思いや願いが生まれる単元でありたい。

学習指導要領では、自分たちの住んでいる地域の特色ある地形、土地利用の様子、主な公共施設などの場所と働き、さらには交通の様子などについて、実際に歩いてまわる探検活動を通して学習していくとされている。

教科書においては、上記の学習内容について具体的な事例地をあげて記述がなされている。その中でも、四方位から八方位への理解、地図記号の有用性や活用の方法、場所による土地利用の仕方の違い、探検活動で自分たちの通った道を教室でなぞって絵地図や白地図を作成することなどが共通の学習内容としてあげられる。

実際の学習では、まず屋上や丘の上などまちを見渡せる場所で、子どもたちとこれからの探検活動の計画を考え合いたい。自分が見つけたいことや学級で共通して見てくるものを決めるなどして、子どもが主体的に探検活動にのぞめるようにする。また、実際に探検して見つけてきたことや不思議に思ったことを出し合いながら、絵地図や白地図にまとめていく活動も大切にしたい。この活動を通して、子どもたちは方位を確認したり、地図記号の便利さに気づいたりと学習内容を自分事として理解していくことができるのである。さらに、探検ごとに作成した地図を見比べて「その場所らしさ」を考えたり、Googleのサイトを活用して俯瞰的に市（区、町、村）の様子をとらえたりするなどして、多様な視点から自分たちの住むまちを見つめていくようにするとよいだろう。

これらをふまえ【学習のキーワード】には、まちたんけん、地図・絵地図、地図記号、方位、公共施設、土地利用、交通、インタビュー、ポスターセッションをあげたい。

（近藤 真）

はじめて手にとる1冊

みぢかなかがくシリーズ

町たんけん　はたらく人みつけた

【キーワード】
☑まちたんけん
□地図・絵地図
□地図記号
□方位
□公共施設
□土地利用
□交通
☑インタビュー
□ポスターセッション

秋山とも子 文・絵
福音館書店 刊
30 × 23
40 ページ
本体：1,200 円
1997 年

町の日常的な息遣いを感じながら、まるで本当に町の中を歩いているかのようにわくわくしながら読み進めていける絵本。町たんけんへの子どもの期待は、より一層ふくらんでいくだろう。

「働く人を何人見つけることができるかな」

この本には、町の中で生活し働いている人々の姿がたくさん登場する。そして、その全ての人から生き生きとした息遣いが伝わってくるような、イラストとセリフの工夫が満載である。絵本では、子どもたちが学校を出て住宅街や商店街へと足を運んでいく。その中で、様々な「人」に出会うことになる。この本を読めば、実際の学習において「人」に着目しながら探検活動を進めることにもつながっていくだろう。また、町が上空から俯瞰的に描かれていたり、一方では目の前で働く八百屋さんの姿が生き生きと描かれていたりと、視点の移動があることもおもしろい。探検活動の前に、読み聞かせをするなどして活用したい。

総合的な学習3・4年生　まちの探検隊　全6巻

(1)まちの探検へ出発 品切れ

【キーワード】
☑まちたんけん
☑地図・絵地図
☑地図記号
☑方位
☐公共施設
☑土地利用
☐交通
☑インタビュー
☑ポスターセッション

次山信男 監修
渡辺一夫 文
ポプラ社 刊
29×21.5
48ページ
本体：2,800円
2000年

全巻構成

1. まちの探険へ出発
2. まちのゴミ探険
3. まちの木と森探険 品切れ
4. まちの川探険
5. まちのバリアフリー
6. まちのなかで世界探検

　まち探検の学習を進める際に、必ず手元においておきたい本。目次を開くだけで、学習の全体像が見えてくる。「いいにおいマップをつくろう！」「まちの名人を探そう！」など、まち探検のテーマ例も豊富である。また、地図の読み方・書き方、インタビューの仕方、図書館利用など「学び方」についても分かりやすくまとめられている。そのため、まち探検の進め方に応じて、知りたい情報が載っているページを探し出し、学級全員で読みこんで理解を深めるといった活用の仕方も効果的だろう。

光村の国語　調べて、まとめて、コミュニケーション 全5巻

(2)～(4)

【キーワード】
☐まちたんけん
☐地図・絵地図
☐地図記号
☐方位
☐公共施設
☐土地利用
☐交通
☑インタビュー
☑ポスターセッション

2. 疑問調べ大作戦
3. めざせ！　編集長
4. 発表・討論チャンピオン

中川一史／高木まさき 監修　光村教育図書 刊　AB判　各48ページ
本体：各2,800円　2004年

　子どもの調べる意欲、まとめる意欲を後押ししてあげたいときに、ぜひこの本を。本シリーズでは、子どもが自分にあった学習方法を選択しやすいように、それぞれの巻の目次で調べ方・まとめ方・発表の仕方が一覧できるようにまとめられている。国語とあるが、社会科の問題解決の過程に沿ったシリーズ構成となっていることも特徴的である。また、それぞれの学習方法について作品完成までの手順や技が詳しく書かれていることもうれしい。高学年でも、ぜひ活用したいシリーズである。

総合的な学習のテーマがみつかるアイデア新聞　全5巻

(1)学校のまわり・地域を探検

【キーワード】
☑まちたんけん
☑地図・絵地図
☑地図記号
☑方位
☑公共施設
☑土地利用
☐交通
☐インタビュー
☐ポスターセッション

佐藤正彦 文
金の星社 刊
28×21.5
48ページ
本体：2,800円
2000年

　生活科から社会科の町たんけんへ。特定の場所に濃密にかかわる生活科の学びを発展させ、社会科では町を面としてとらえ、場所と場所とをつないでいくのである。この本では、その際の重要な視点､「道」をクローズアップ。自分のお気に入りの道（マイロード）を探そう、マイロードには何があるかな、マイロードを比べてみよう。本を手にした子どもたちは、「道」に注目しながら町を歩き始めるだろう。町たんけんのまとめとして、ユニークな新聞の例も紹介されている。

この本もオススメ

まちの施設たんけん　全8巻

→このシリーズの全巻構成はP.23に掲載されています

(1)市役所 (2)図書館 (3)博物館・郷土資料館 (4)公民館・児童館・スポーツ公園

【キーワード】
☐まちたんけん
☐地図・絵地図
☐地図記号
☐方位
☑公共施設
☐土地利用
☐交通
☑インタビュー
☐ポスターセッション

島田恵司 他 監修　林義人 文
菊池東太 他 写真　大森眞司 イラスト　小峰書店 刊
29×22　各39ページ　本体：各2,600円　2004年

放課後には、必ず子どもたちの声が聞かれる公民館や図書館。それら公共施設の働きや役割について、分かりやすく解説している本。写真も大きく、吹き出しなどで説明が加えられているため、気軽にページをめくっていくことができる。くらしを支え豊かにする公共施設の役割が自然と伝わってくる。

みぢかなかがくシリーズ

町のけんきゅう　世界一のけんきゅう者になるために

【キーワード】
☑まちたんけん
☐地図・絵地図
☐地図記号
☐方位
☐公共施設
☐土地利用
☐交通
☑インタビュー
☐ポスターセッション

岡本信也／岡本靖子 文・絵
伊藤秀男 絵
福音館書店 刊
30×23
40ページ
本体：1,200円
2000年

「なぜかな」と不思議に思うことから、研究はスタートする。本書は、町で働く人の服装や町から聞こえる音などユニークな視点に着目して町を歩き回ることを通して、あらためて町のおもしろさを感じ取っていく物語である。見慣れた町にも、視点を変えて探検することで新たな発見があることに気づかせてくれる。

バリアフリー　いっしょに生きていくために　全5巻

(3)くらしやすい町ってなんだろう

【キーワード】
☑まちたんけん
☐地図・絵地図
☐地図記号
☐方位
☑公共施設
☐土地利用
☐交通
☐インタビュー
☐ポスターセッション

財団法人　共用品推進機構 監修
ポプラ社 刊
26.5×22
40ページ
本体：2,500円
2000年

発展的な学習になるが、バリアフリーに着目してまちを見直していく探検活動も可能だ。まちのバリア探し、バリアマップ作り、そしてまちをバリアフリーへ。どんな所に注目してバリアを探せばよいかなど、子どもの追究を支えるヒントも満載。活動の流れにそった構成になっているのもうれしい。

調べることからはじめよう　全4巻

【キーワード】
☐まちたんけん
☐地図・絵地図
☐地図記号
☐方位
☐公共施設
☐土地利用
☐交通
☑インタビュー
☐ポスターセッション

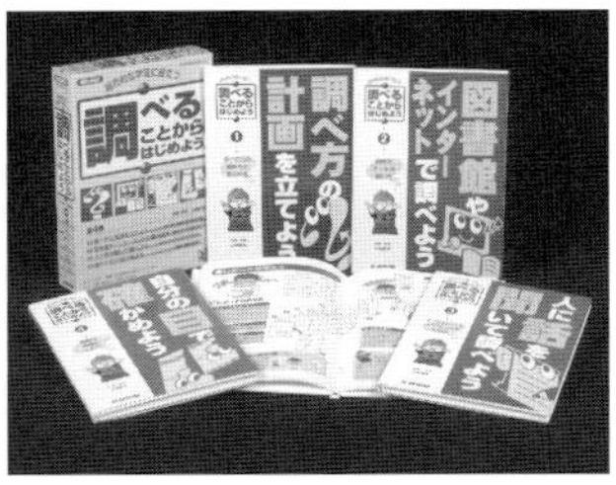

全巻構成
1. 調べ方の計画を立てよう
2. 図書館やインターネットで調べよう
3. 人に話を聞いて調べよう
4. 自分の目で確かめよう

山崎哲男 指導・監修　文研出版 刊
B5判　各40ページ　分売不可
本体：9,520円　2000年

3点目にあげた本が社会科の問題解決にそったシリーズ構成だとすれば、本シリーズは「調べる」に焦点化した構成。3年では、インタビューの技法やマナーについて取り上げた3巻や観察や踏査の方法について詳しい4巻が活用しやすい。総合的に内容が網羅されているので、「調べ学習の辞書」として手元におきたい。

マーク・記号の大百科　全6巻

(1)街や道路で見つかるマーク・記号

【キーワード】
☑まちたんけん
☐地図・絵地図
☑地図記号
☐方位
☑公共施設
☐土地利用
☐交通
☐インタビュー
☐ポスターセッション

太田幸夫 監修
学習研究社 刊
AB判
48ページ
本体：2,800円
2005年

まちを歩くと、実に多くのマーク・記号が目に入ってくる。本書では、主に公共の場で使われるマーク・記号が分類され、一覧表示されている。地図記号の学習とつなげて、マーク・記号にこめられた意味を考え合うのもおもしろい。まちにあるマーク・記号を探して、その役割や働きを考えることもできる。

福音館の科学シリーズ

ぼくらの地図旅行

【キーワード】
- □まちたんけん
- ☑地図・絵地図
- ☑地図記号
- ☑方位
- □公共施設
- ☑土地利用
- □交通
- □インタビュー
- □ポスターセッション

那須正幹 文
西村繁男 絵
福音館書店 刊
27×31
56ページ
本体：1,900円
1989年

実際の地図と描かれた風景がリンクしているので、まるで地図を読みながら歩いているかのような気持ちにさせてくれる。地図から実際の風景を想像する楽しさも感じさせてくれることだろう。また、地図は私たちが目にするたくさんの情報を凝縮した便利なツールであることにも気づかせてくれる。

その他の資料

Google マップ

【キーワード】
- ☑まちたんけん
- ☑地図・絵地図
- ☑地図記号
- ☑方位
- ☑公共施設
- □土地利用
- □交通
- □インタビュー
- □ポスターセッション

http://maps.google.co.jp/

注目ポイント

衛星写真を使用した、Googleの提供する無料のサイト。俯瞰的に自分たちのまちをとらえる際に活用できる。

book column

絵本の活用を通して子どもが学ぶ、教師も学ぶ

絵本には不思議な力がある。そう感じることはないだろうか。読み聞かせをしたり、書き出しや表現の技を考えあったり、おすすめの絵本紹介の活動をしたり。当然、そうした授業を創る上で私たち教師は教材としての絵本を読む（あるいは読み返す）わけだが、その過程で教師である私たち自身も絵本から新鮮な感覚をもらい、新たな気持ちで学び直したり自分を見つめたりできることが少なくない。

例えば、上にあげた『**ぼくらの地図旅行**』。もう約 20 年前に出版された絵本だが、第 12 回絵本にっぽん賞を受賞し、現在も広く読まれている好著である。著者である那須正幹氏は、かの有名な「ズッコケ 3 人組」シリーズの著者でもある。

「地図と磁石があれば、どこにだっていけるよ！」という主人公の言葉から始まる本書は、好奇心旺盛な 3 年生の子どもたちを地図旅行という探検活動にさそってくれる。絵本の中では、主人公のシンちゃんとタモちゃんが地図を手がかりに、広い田園地帯をぬけ、山を登り、岬を目指して歩いていく。その中で、地図に書いてあるはずの目的地の目印がないことに気付き―――。最後の場面で、「地図があってもだめさ。たよりになる友達がいないと。」と主人公の語る言葉がたいへん印象的な作品である。

3 年生の教室では、必ず行われるまち探検の活動。地図の活用や自分達の生活するまちを見つめ直すなど社会科としての学びの価値は大きい。しかし同時に、子どもたちは地図を片手に探検することを通して、協力して目的を達成すること、未知なることに挑戦すること、そして友だちとのつながりを深めること、といった多くのことを学習活動の中で同時に学んでいる。『ぼくらの地図旅行』は、子どもに地図を使った探検の楽しさを感じさせてくれるとともに、教師である私たちにも、まち探検活動における子どもの学びの多様性を示唆してくれる。

このように、絵本を使った授業を構成することを通して、教師である私たち自身も学びなおすことができるだろう。絵本から学んだことを再び授業に活かしていくことも大切にしたい。他にも、『**てん**』（ピーター・レイノルズ作　谷川俊太郎訳　あすなろ書房）は、なかなか自分に自信の持てない子どもに勇気を与えてくれるとともに、子どもの力を信じてそっと支えることの大切さを私たち教師に教えてくれる作品である。同様に、『**だめよ、デイビッド！**』（デイビッド・シャノン作　小川仁央訳　評論社）も子どもへの関わりの点で示唆に富んでいる。

絵本は子どもの学びを豊かにしてくれる。同時に、私たち教師にも豊かな学びの機会を与えてくれる。みなさんは絵本を手にしたとき、どんな感じ方をされるだろうか。

横浜市立不動丸小学校 教諭　近藤真

3年生

Ⅱ．人びとのしごとを調べよう（地域の生産）

地域の人々の生産や販売について、それらが自分たちの生活を支えていること、仕事における人々の工夫や思い・願い、さらに他地域とのつながりといった大きく捉えて三つの内容を学んでいく。その際、地域に根付いた農家や工場、商店、またそこに生きる人々と何度も関わり合いながら、調査・観察活動や体験的な活動を取り入れ、具体的に人々の仕事や生き方を見つめていくようにしたい。

【学習のキーワード】

1 はたらく人
2 消費者
3 スーパーマーケット
4 農家
5 工場
6 流通
7 品質表示

私たちのくらしを支える地域の様々な仕事について「人」に学びながら学習していく。

学習指導要領においては、地域の人々の生産や販売について、農家、工場、商店などの中から一つまたは二つを選択して取り上げるとした上で、生産や販売の仕事が自分たちの生活を支えていること、働く人々の工夫や努力、さらに国内の他地域とのかかわりといった三つの内容を学習するとされている。

教科書では、子どもの興味関心や地域の実態に応じて選択がしやすいよう、スーパーマーケット、農家、工場それぞれについて記述がなされている。「スーパーマーケット」では、買いもの調べを入り口に商品陳列の工夫や売り場で働く人の様子、表示から生産地をたどる学習などが紹介されている。「農家」では農事暦を軸に土作りや種まき、管理、出荷といった時期に応じた工夫を農家の人の思いや願いとともに紹介している。「工場」では、厳しい衛生管理や機械作業の様子、分業の様子、原料の輸送などが記述されている。実際の授業では、教師の地道な地域めぐりをもとに、子どもも教師も「この人と学びたい！」と思えるような学習対象を厳選したい。それぞれの仕事について数量的あるいは継続的に観察したり、インタビューしたり、さらには自ら栽培活動や調理体験（パン作り、豆腐づくり等）に取り組んでみたりと学習活動を工夫して展開していくようにする。その際、「○○さん、30年もやっているのに手がふるえていたよ。なんでかな。」といった、活動から生まれる子どもの気づきや疑問をもとに働く人の思いや願いをじっくり考え合う学習を大切にしたい。

これらをふまえ、【学習のキーワード】には、はたらく人、消費者、スーパーマーケット、農家、工場、流通、品質表示をあげたい。

（近藤 真）

はじめて手にとる1冊

福音館の科学シリーズ

花はどこから　花・花びん・水をめぐる3つのものがたり

【キーワード】

☑ はたらく人
☑ 消費者
☐ スーパーマーケット
☑ 農家
☐ 工場
☑ 流通
☐ 品質表示

大西暢夫 写真
一澤ひらり 文
福音館書店 刊
A４判変型
56ページ
本体：1,700円
2005年

「元気かい？ って毎日語りかけながら、わが子のようにしてバラを育てています。」

１輪の美しい花が私たちの家庭に届くまでの物語を「花」・「花びん」・「水」に分けて豊富な写真とともに紹介している。年間を通して花の栽培や出荷作業に取り組む農家の人、卸売市場での取引や集荷に関わる人、そして販売店を営む人。家庭に届く花には、たくさんの人々の思いや願いが込められていることに本書は気づかせてくれる。「花びん」では、工場においてガラス職人の方たちが時間と戦いながら真剣な表情で花びんづくりに取り組んでいる様子が紹介されている。「水」では、水道から浄水場、川から水源へと遡る物語が描かれる。「もの」にこめられた人の思いを感じる１冊。

花の「旅」をめぐって、働く人々の姿や仕事にこめられた人々の願いや思いにふれることのできる好著。写真も繊細で美しく、働く方々の自然な姿を子どもたちに見せてくれる。

つくってあそぼう

【キーワード】
- ☑ はたらく人
- ☐ 消費者
- ☐ スーパーマーケット
- ☐ 農家
- ☐ 工場
- ☐ 流通
- ☐ 品質表示

かまぼこの絵本

とうふの絵本

パンの絵本

野村明 他 編　農山漁村文化協会 刊　既刊30巻
AB判　各36ページ　本体：各1,800円

働く人の工夫や努力を追究する際、調査・観察活動に加え､「つくってみる」体験活動を学習の中に位置づけたい、そんな時には本書を。パンや豆腐、かまぼこと刊行が続くシリーズで、地域事情にあった本が選択できる。作り方の手順や分量などの記述に加え､種類や歴史･文化など豊富な情報が１冊にまとめられている。

写真でわかる小学生の社会科見学　新・みぢかなくらしと地方行政　第2期　全６巻

（5）中央卸売市場

→このシリーズの全巻構成は、1期・2期ともP.22に掲載されています

【キーワード】
- ☑ はたらく人
- ☐ 消費者
- ☐ スーパーマーケット
- ☐ 農家
- ☐ 工場
- ☑ 流通
- ☐ 品質表示

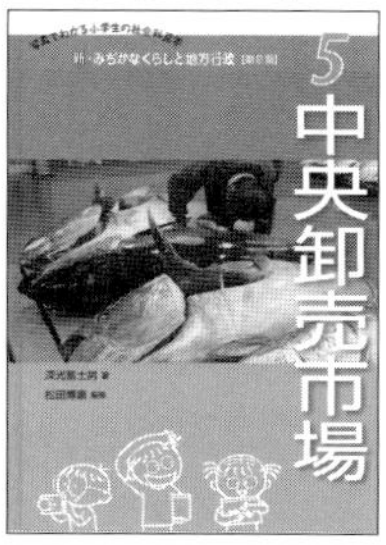

松田博康 監修
深光富士男／滝沢美絵 著
リブリオ出版 刊
B5判
47ページ
本体：2,800円
2008年

「ここは、どこ？」という書き出しで始まる本書。普段目にしない卸売市場について、最新の写真をふんだんに使って解説。見開きを丸ごと使っての写真からは、市場の活気あふれる雰囲気が伝わってくる。仲卸業者・製氷業者・食品衛生管理者など、多くの人によって市場が動いていることにも気づかせてくれる。

そだててあそぼう

【キーワード】
- ☑ はたらく人
- ☐ 消費者
- ☐ スーパーマーケット
- ☑ 農家
- ☐ 工場
- ☐ 流通
- ☐ 品質表示

キャベツの絵本

ダイズの絵本

ムギの絵本

塚田元尚 他 編　農山漁村文化協会 刊　既刊80巻
AB判　各36ページ　本体：各1,800円

「つくってあそぼう」を活用した社会科の体験的な学習をより広げ、種まき・栽培・収穫・いただく（おいしくいただくための技や工夫を追究する）・発信するといった年間を通しての総合学習を創っていきたいときに活用できる本。栽培ごよみや栽培の方法をはじめ、必要な情報をこれ１冊でカバーできる。

スーパーの生鮮食品がお店に並ぶまで図鑑

【キーワード】
- ☐ はたらく人
- ☑ 消費者
- ☑ スーパーマーケット
- ☐ 農家
- ☐ 工場
- ☑ 流通
- ☑ 品質表示

上岡美保／大森良美 監著
自由国民社 刊
A5判
144ページ
本体：1,300円
2007年

スーパーにずらりと並ぶ野菜や魚など生鮮食品の生産地（外国含む）ランキングや旬の豆知識などを地図の図解入りで詳しく解説している。

文章は中学年の子どもにはやや難しいが、写真やイラストを見ながらページをめくっていくだけで十分楽しめる。５年生の食料生産の学習にも活用できる。

福音館の科学シリーズ

ただいまお仕事中　大きくなったらどんな仕事をしてみたい？

【キーワード】
- ☑ はたらく人
- ☐ 消費者
- ☑ スーパーマーケット
- ☑ 農家
- ☑ 工場
- ☐ 流通
- ☐ 品質表示

越智登代子 文
秋山とも子 絵
福音館書店 刊
B5判変型
72ページ
本体：1,500円
1999年

まちで働く人の仕事を調べ、くり返し関わっていくと子どもたちは「まちの○○さん！」のことを好きになっていく。そして将来の夢を話題にするようになる。そんなとき、様々な仕事についてやさしいイラストとインタビュー形式で解説している本書をそっと渡したい。まちで働く「人」に着目させる際にも活用できる。

3年生　Ⅲ．くらしをまもるはたらきを調べよう

本単元は、子どもたちが生活する地域社会において火災や事故などから人々の生活と安全を守る工夫について、見学や調査をしながら調べることを通して、自分たちの生活が消防署や警察をはじめとする関係機関の連携や協力によって守られ、そこに従事している人たちの様々な工夫や努力によって支えられていることについて考えることをねらっている。

【学習のキーワード】
1 消防署
2 警察署
3 火災
4 交通事故
5 安全
6 標識・記号
7 地震
8 盲導犬・介助犬・聴導犬
9 バリアフリー

本単元は、学習指導要領では〔第３学年及び第４学年〕の内容として扱われている。そのため、３年生と４年生のどちらの学年で扱ってもよいことになっている。また、学習の中では、「地域社会における災害及び事故から人々の安全を守る工夫」について見学や調査を通して調べ、「人々の安全を守るための関係機関の働きとそこに従事している人々の工夫や努力」を考えることの二つの柱が示されている。この時、災害や事故とは、「地域の人々の生命や財産を脅かす火災や風水害、地震などの災害、及び交通事故と盗難の事故や事件」のことであり、そのための「関係機関」とは、「消防署」や「警察署」が示されている。また新たに法や決まりの視点の導入が示された。

教科書では、各社共通して消防署と警察署が取り上げられているが、消防署が先か警察署が先かの構成順序は出版社によって異なっている。内容の扱いは、火災や交通事故が中心に位置付いており、消防署では救急に関する扱いは少なく、警察署では防犯やパトロール、交番の働きなどについて扱っているものもある。また、どちらも見学や調査などの体験的な活動が取り入れられており、インタビューやメモをとったりする学び方も大切である。図版や資料では、関係機関相互の関係図、標識や記号などのカタログ的な扱い、棒グラフや折れ線グラフ、円グラフなども多く取り上げられている。さらに、発展学習やコラムの扱いで、地震、防災、盲導犬・介助犬について扱っているものがほとんどである。

【学習のキーワード】には、消防署、警察署、火災、交通事故、安全、標識・記号、地震、盲導犬・介助犬・聴導犬、バリアフリーが挙げられる。

（齊藤和貴）

はじめて手にとる１冊　日本を守る安全のエキスパート　全６巻　（１）～（３）、（５）

【キーワード】
☑消防署
☑警察署
☑火災
☑交通事故
☑安全
□標識・記号
☑地震
□盲導犬・介助犬・聴導犬
□バリアフリー

1．消火と救命に全力をつくす
2．自然災害をくいとめる
3．消防と防災の未来をきずく
5．犯罪や交通事故をふせぐ

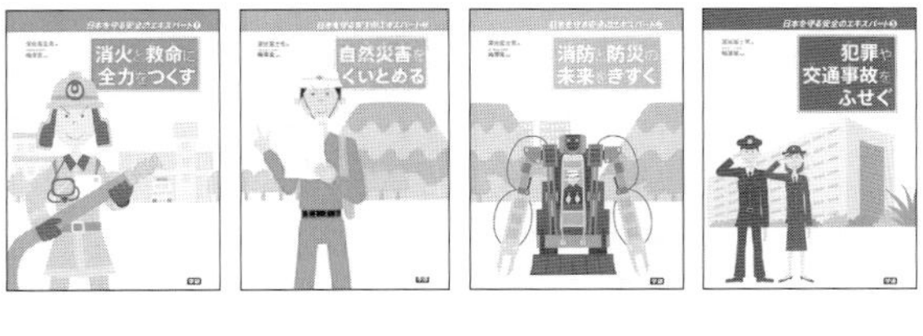

梅澤実 監修　深光富士男 著　学習研究社 刊　A4判変型
各48ページ　本体：各3,000円　2006年

構成が教科書や副読本の展開に即しているので、学習内容を補ったり、より深く調べたりするのに適している。また、先生が授業での補足資料を探し出すのにも役立つであろう。

使用されている写真が大きく、迫力や臨場感がある。特に１巻の火事のおそろしさと消防士の体を張った仕事ぶりに目が引かれ、本書を開いた子どもも興味・関心をもってページをめくっていくであろう。

５巻は警察の仕事を交通事故だけでなく、犯罪捜査や鑑識作業、訓練の様子など、社会科見学では見られない仕事の様子を詳しく扱っているのも特徴的である。

このシリーズで、火事、交通事故、犯罪、地震、防災などの本単元のねらいと内容をほぼカバーできる利点がある。また、文章による解説や写真、図版、グラフなどの情報の掲載も多く読み応えがあるため、学習問題がはっきりした段階での調べ学習に適している。

人の働きにもスポットが当たっている。

まちの施設たんけん　全８巻
（5）消防署／（6）警察署

→このシリーズの全巻構成はP.23に掲載されています

【キーワード】
☑消防署
☑警察署
☑火災
☑交通事故
☑安全
☑標識・記号
☐地震
☐盲導犬・介助犬・聴導犬
☐バリアフリー

坂井秀司 監修
林義人 文
菊池東太 写真
大森眞司 イラスト

警察政策研究センター 監修
林義人 文
菊池東太 写真
大森眞司 イラスト

小峰書店 刊　29×22　各39ページ
本体：2,600円　2004年

消防や警察の仕事、服装や装備、関係機関との連携、消防車やパトカーの解説、地域住民との訓練、防火・安全施設などについて、網羅的に扱い、写真の説明は１文程度の短くわかりやすい文章で解説がつけられている。構成もカタログ的に見やすく提示しているので、学習が始まってすぐの基本的な知識や情報を手に入れるのに適している。また、社会科見学に行く前に提示して、消防署や警察署の仕事のイメージを喚起するのにも役立つ。巻末にＱ＆Ａもついている。

安全な学校生活を考える本　全８巻
（4）～（6）

【キーワード】
☐消防署
☐警察署
☑火災
☑交通事故
☑安全
☑標識・記号
☐地震
☐盲導犬・介助犬・聴導犬
☐バリアフリー

4．交通事故から命を守ろう　①歩行・乗り物
5．交通事故から命を守ろう　②自転車
6．火事・放射能から命を守ろう

川邊重彦 総監修　岩切玲子 監修
4. 泉宜宏 著　5. 米山和道 著　6. 中村和夫 著　小峰書店 刊
29×22　各47ページ　本体：各3,000円　2002年

先に挙げた図書が消防や警察の仕事に焦点が向いているのに対し、本書は読み手である子どもが自分たちの安全な生活を守るためにはどうしたらいいのかという視点から構成されている。そのため、安全な生活のために必要な組織的な働きへの理解だけでなく、自分たちの自覚も必要であることに気付かせてくれる。火事や交通事故の原因を科学的な視点から解説するページもわかりやすい。巻末の火事や交通事故の発生の統計資料も小学生や学校生活に限定していて興味深い。

最新 記号の図鑑　全３巻
（1）公共施設と交通安全の記号

【キーワード】
☐消防署
☐警察署
☐火災
☐交通事故
☑安全
☑標識・記号
☐地震
☐盲導犬・介助犬・聴導犬
☑バリアフリー

村越愛策 監修
あかね書房 刊
A４判
48ページ
本体：3,000円
2004年

社会科の教科書や副読本で扱うことのできる標識や記号の数には限界がある。その反面、子どもの中には、標識や記号に興味をかき立てられ、熱心に調べ始める子もいる。しかし、見つけ出すことができても、必ずしもすべての意味がわかるわけでもない。そこで、本書のようなカタログ的な構成で、読み方や意味をやさしく解説してくれる資料が必要である。身近にないものや、光や音による信号機の解説もあり、道路標識が自分たちの安全を守るためのものであるということがわかる。

この本もオススメ

写真でわかる小学生の社会科見学　新・みぢかなくらしと地方行政　第１期　全６巻

→このシリーズの全巻構成は、１期・２期とも P.22 に掲載されています

（３）防災センター　（６）警察署

【キーワード】
☑消防署
☑警察署
☑火災
☑交通事故
☑安全
☐標識・記号
☐地震
☐盲導犬・介助犬・聴導犬
☐バリアフリー

松田博康 監修
深光富士男／
滝沢美絵 著
リブリオ出版 刊
B５判
各48ページ
本体：各2,800円
2007年

３巻の防災センターは、消防署とは違った役割を担っていることをわかりやすく説明している。６巻の警察署も婦人警察官や白バイ、拾得物や遺失物など、子どもにとって身近なことがらについても触れている。旧版は交番について扱っているのが特徴的であった。社会科見学の事前や事後の確かめに使える。

おしごと図鑑　全８巻

→このシリーズの全巻構成は、 P.63 に掲載されています

アツイぜ！　消防官

【キーワード】
☑消防署
☐警察署
☑火災
☐交通事故
☑安全
☐標識・記号
☐地震
☐盲導犬・介助犬・聴導犬
☐バリアフリー

くさばよしみ 著
どいまき 画
フレーベル館 刊
19×13
160ページ
本体：1,200円
2004年

24時間勤務の消防官の仕事を徹底的に解剖。「人」に焦点を当て、豊富なイラストで消防官の魅力を伝えている。訓練の様子や仕事の内容、装備品の説明もさることながら、人命救助や現場への移動、日常的な工夫や努力など、１秒でも早く行くための裏側事情まで興味深い解説がおもしろい。救急の仕事にも触れている。

日本の消防車 2008　イカロスMOOK／
のりものクラブえほん16　かっこいいぞ　ハイパーレスキュー

【キーワード】
☑消防署
☐警察署
☑火災
☐交通事故
☑安全
☐標識・記号
☐地震
☐盲導犬・介助犬・聴導犬
☐バリアフリー

イカロス出版 刊
A４判変型
150ページ
本体：1,905円
2007年

伊藤久巳 写真・文
イカロス出版 刊
B５判変型
60ページ
本体：857円
2005年

消防車両、消防艇などの写真を前面に出したビジュアルな年鑑である。小学３年生向きに編集されているものではないので文章は難しいが、写真を見ているだけでも十分に楽しめる。同じ出版社の『かっこいいぞ ハイパーレスキュー』は、レスキュー隊員の訓練の様子や様々な装備を実際に使用する写真がかっこいい。

「バリアフリー」ってなんだろう？　全６巻

【キーワード】
☐消防署
☐警察署
☐火災
☐交通事故
☑安全
☐標識・記号
☐地震
☑盲導犬・介助犬・聴導犬
☑バリアフリー

全巻構成
1．バリアフリーの社会に！
2．道路や交通機関をバリアフリーに！
3．建物をバリアフリーに！
4．日用品をバリアフリーに！
5．心のバリアをとりのぞこう！
6．みんなでつくるバリアフリー！

財団法人 共用品推進機構 監修　学習研究社 刊
AB判　各52ページ　本体：各3,000円　2000年

安全なくらしとまちづくりの学習では、障害のある人やバリアフリー社会について教科書でもコラム的な扱いがされることが多い。優しいまちづくりとは何なのか、具体的にどうすることなのか、これからの日本社会のあるべき姿をわかりやすく提示した基本文献となる。総合的な学習の時間の資料としても活用できる。

社会でかつやくするイヌたち（全８巻）

介助犬／盲導犬／聴導犬／訪問活動犬

【キーワード】
☐消防署
☐警察署
☐火災
☐交通事故
☑安全
☐標識・記号
☐地震
☑盲導犬・介助犬・聴導犬
☑バリアフリー

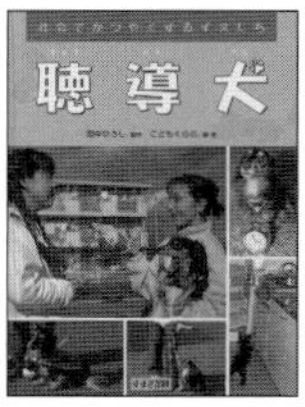

田中ひろし 他 監修　こどもくらぶ 編著　鈴木出版 刊
A４判変型　各32ページ　本体：各2,200円　2002年

ほとんどの教科書が介助犬や盲導犬を教科書で扱うようになった今、より詳しく調べるための基本文献となるであろう。これら社会で活躍するイヌたちのことを知ることを通して、障害のある人への理解を深め、ともに生きられるよりよい社会を築いていくために自分たちにできることは何かを考えるきっかけになる。

クイールはもうどう犬になった

【キーワード】
- ☐消防署
- ☐警察署
- ☐火災
- ☐交通事故
- ☐安全
- ☐標識・記号
- ☐地震
- ☑盲導犬・介助犬・聴導犬
- ☑バリアフリー

こわせたまみ 文
秋元良平 写真
ひさかたチャイルド 刊
24×21
40ページ
本体：1,000円
1992年

ＴＶドラマ化、映画化もされたクイールの姿を通して、視覚障害者にとっての盲導犬の役割や姿を心あたたまるタッチで描いている。調べ学習向き図書ではないが、盲導犬として訓練を受け、社会の中で働く姿を通して、社会の有り様や自分の生き方を考えさせるきっかけとなる。道徳や総合的な学習の時間にも扱える。

さわる絵本 ＜新装版＞これ、なあに？／＜新装版＞ちびまるのぼうけん

【キーワード】
- ☐消防署
- ☐警察署
- ☐火災
- ☐交通事故
- ☐安全
- ☐標識・記号
- ☐地震
- ☐盲導犬・介助犬・聴導犬
- ☑バリアフリー

バージニア・A・イエンセン／
ドーカス・W・ハラー 作
きくしまいくえ 訳
偕成社 刊　20×21　23ページ
本体：2,800円　2007年

フィリップ・ヌート 作
山内清子 訳
偕成社 刊　23×22　24ページ
本体：2,900円　2007年

視覚障害者が点字をどのように経験しているのかを、実際に体験しながら知ることのできる数少ない「さわる絵本」である。指先に伝わる感覚だけで文字や形を読むことの難しさが分かる。調べ学習向きではないが、点字体験があってこそ、頭だけではない、ぬくもりのある共感的理解と学習が可能になる。

バリアフリーブック　体の不自由な人の生活を知る本

ドラえもんの 車いすの本

【キーワード】
- ☐消防署
- ☐警察署
- ☐火災
- ☐交通事故
- ☑安全
- ☐標識・記号
- ☐地震
- ☐盲導犬・介助犬・聴導犬
- ☑バリアフリー

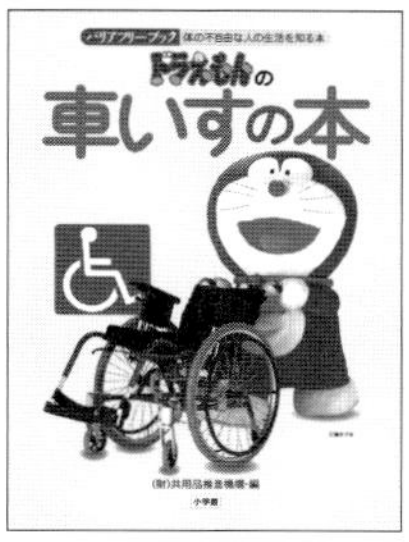

財団法人 共用品推進機構 編
藤子プロ まんが監修
星川ひろ子 写真・文
小学館 刊
B5判変型　114ページ
本体：1,260円
1999年

ふだん何気なく生活しているまちが、車いすの人にとっては不便であることを気付かせ、「誰もが暮らしやすいこと」「自分たちにできること」を考えさせられる。子どもたちに大人気の「ドラえもん」によって親しみやすく表現され、歩道の段差や放置自転車などが、「まちの障害」であることを気付かせてくれる。

あっ！　じしん

【キーワード】
- ☐消防署
- ☐警察署
- ☐火災
- ☐交通事故
- ☑安全
- ☐標識・記号
- ☑地震
- ☐盲導犬・介助犬・聴導犬
- ☐バリアフリー

国崎伸江 監修
金子章 文
鈴木まもる 絵
学習研究社 刊
25×23
32ページ
本体：1,000円
2004年

地震はいつか必ずやってくる。そんな時に、身近な場所ではどんなことが起こりうるのか？ 家やマンションでは？ 学校では？ デパートや地下街では？ それぞれの場面で、その時何をしたらいいのかが子どもの目線で具体的に描かれている。防災への意識付けを、楽しみながら子どもにわかりやすく示してくれる。

てつびん物語　阪神・淡路大震災 ある被災者の記録

【キーワード】
- ☐消防署
- ☐警察署
- ☐火災
- ☐交通事故
- ☐安全
- ☐標識・記号
- ☑地震
- ☐盲導犬・介助犬・聴導犬
- ☐バリアフリー

奥野安彦 写真
土方正志 文
偕成社 刊
27×23
56ページ
本体：1,800円
2004年

阪神・淡路大震災とその復興を一人の女性を通して追ったドキュメンタリー写真絵本である。調べ学習向きではないが、震災のもとで強く生きていく「おばちゃん」の姿や数多くの写真は、教科書では表現できない感動を呼び起こす。震災の生の姿、そこに生きる人々の生き様を子どもたちと味わうための１冊である。

その他の資料

東京消防庁

【キーワード】
☑消防署
☐警察署
☑火災
☐交通事故
☑安全
☐標識・記号
☐地震
☐盲導犬･介助犬･聴導犬
☐バリアフリー

http://www.tfd.metro.tokyo.jp/index.html

注目ポイント

子ども向けの「東京消防庁キッズコーナー」もあり、消防装備の写真や説明も充実している。

京都市消防局

【キーワード】
☑消防署
☐警察署
☑火災
☐交通事故
☑安全
☐標識・記号
☐地震
☐盲導犬･介助犬･聴導犬
☐バリアフリー

http://www.city.kyoto.lg.jp/shobo/index.html

注目ポイント

子ども向けページがすべてひらがな対応されており、内容も豊富である。ビデオライブラリーもある。

消防防災博物館

【キーワード】
☑消防署
☐警察署
☑火災
☐交通事故
☑安全
☐標識・記号
☑地震
☐盲導犬･介助犬･聴導犬
☐バリアフリー

http://www.bousaihaku.com/cgi-bin/hp/index.cgi

注目ポイント

消防の歴史・現在・未来のページは総合的に構成されていて役に立つ。隊員の活動の様子も分かる。

防災・危機管理e－カレッジ

【キーワード】
☐消防署
☐警察署
☑火災
☐交通事故
☑安全
☐標識・記号
☑地震
☐盲導犬･介助犬･聴導犬
☐バリアフリー

http://www.e-college.fdma.go.jp/ippan.html

注目ポイント

総務省消防庁が提供するサイトで、動画資料が豊富にあり、ナレーションも基礎情報として充実している。

警視庁 「マルわかりけいしちょう」「それ行けハナの捜査官 警察犬物語」

【キーワード】
☐消防署
☑警察署
☐火災
☑交通事故
☑安全
☐標識・記号
☐地震
☐盲導犬･介助犬･聴導犬
☐バリアフリー

http://www.keishicho.metro.tokyo.jp/

注目ポイント

警察の組織や仕事の内容、警察犬の訓練などが詳しく紹介されており、動画も充実している。

千葉県警察 「キッズコーナー」

【キーワード】
☐消防署
☑警察署
☐火災
☐交通事故
☑安全
☑標識・記号
☐地震
☐盲導犬･介助犬･聴導犬
☐バリアフリー

http://www.police.pref.chiba.jp/publicity/kids_corner/

注目ポイント

豊富な図版、ルビ、語句説明は、調べ学習を意識した親しみやすい構成。PDFによる資料もうれしい。

財団法人 共用品推進機構

【キーワード】
☐消防署
☐警察署
☐火災
☐交通事故
☐安全
☐標識・記号
☐地震
☐盲導犬･介助犬･聴導犬
☑バリアフリー

http://www.kyoyohin.org/

注目ポイント

身体的な特性や障害にかかわりなく利用できる製品などについて説明。子ども向けの情報もある。

社会福祉法人 日本介助犬協会

【キーワード】
☐消防署
☐警察署
☐火災
☐交通事故
☐安全
☐標識・記号
☐地震
☑盲導犬･介助犬･聴導犬
☐バリアフリー

http://www.s-dog.jp/

注目ポイント

介助犬の役割や育てられるまでの解説がある。実際に介助作業をしている場面の動画は必見である。

財団法人 日本盲導犬協会

【キーワード】
☐消防署
☐警察署
☐火災
☐交通事故
☐安全
☐標識・記号
☐地震
☑盲導犬･介助犬･聴導犬
☐バリアフリー

http://www.moudouken.net/index.php

注目ポイント

盲導犬のことや訓練のこと、パピーウォーカーなど、詳しい解説が見られる。学習用冊子の紹介もある。

司書のまなざし

図書館へ行こう！＆使いこなそう！

この本の読者は「本や図書館が好き」「図書館をよく利用する」という方が多いのかもしれない。だが、子ども達の中には、図書館をあまり利用しない子もいるだろう。また、よく利用している人でも、ちょっとしたことを知ることで、もっとうまく図書館を使いこなすことができるようになるかもしれない。ここではそんな人たちのために「図書館について」「調べ方について」書かれた本を紹介する。

まず、図書館は「読みたい本を借りる」だけのところではない。読み物以外にも多様な本や資料があり、“知りたいこと・調べたいことを探すことができるところ”“知的情報を提供するところ”でもある。

『としょかんへいくピープちゃん』（クレシッダ・コーウェルさく　佐藤見菓夢やく　評論社 1999）という絵本では、そのことが楽しく紹介されている。羊飼いのピープちゃんが、迷子になった羊を探すため、図書館で『まいごのひつじをさがすには』という本を借り、無事に羊をみつけるというストーリーだ。図書館にいる動物たちが読んでいる本を小型にしたものが、ページの中の本棚に差し込まれていて、子ども達に見せたら大好評だった。

『こんにちはとしょかん』（ようこそ図書館へシリーズ1　依田逸夫脚本　やべみつのり画　童心社 1996）という低学年向けの紙芝居も、楽しくマナーや分類などを教え図書館へ誘うことができる作品である。

図書館見学に行く3年生には、**『まちの施設たんけん②図書館』（田村俊作監修　小峰書店 2006 → P.10）**を紹介したい。本や雑誌の集め方、閉架書庫について等、普段触れない図書館の裏側まで知ることができる。

図書館の本の分類について解説している本は多数あるが、**『図書館の達人！本のさがし方がわかる事典』（金中利和監修　PHP 研究所 2007）**はわかりやすい。「分類とは、おなじような仲間にわけること！」から始まり、日本十進分類法や図書館の本の並び方がイラスト入りで説明されており、分類クイズや本探しのコツもある。

図書館を利用して調べ学習をするのなら、“調べ方”についても、できれば系統的に身に付けさせたい。目次・索引の使い方、テーマの決め方、本のさがし方、また要約や著作権、引用のルールなど、調べ・まとめ・発表をするためにはある程度の知識・ノウハウが必要となる。まずは本書第2部を執筆する**鎌田和宏著『小学生の情報リテラシー』（少年写真新聞社 2007）**や**『学校図書館で育む情報リテラシー』（堀田龍也・塩谷京子編　全国学校図書館協議会 2007）**を読まれたい。ほかに、現役教員の塩屋京子先生と図書館支援をしている赤木かん子氏が授業で実践してまとめた**『しらべる力をそだてる授業！』（赤木かん子・塩屋京子共著　ポプラ社 2007）**や、授業で使えるワークシートの本**『調べ学習の基礎の基礎』（赤木かん子著　ポプラ社 2007）**もある。合わせてご覧いただくと良いだろう。さらに**『学校図書館学びかた指導のワークシート』（全国学校図書館協議会編・発行 2007）**や**『図書館へ行こう！図書館クイズ』（山形県鶴岡市立朝暘第一小学校編　国土社 2007）**には、学年に応じたワークシートやクイズが掲載されている。こういったものも利用して資料や情報の探し方を楽しく身につけさせたい。

ところで、調べ学習って何のためにするのだろう？「“調べられるようになる”ということは“こまったときに自分で問題を解決でき、自分の暮らしを守れるようになる”ということです。調べ学習の目的はそうやって“幸福になる”ことなんですよ。」**（図書館へいこう！第3巻『テーマってどうやってきめるの？』赤木かん子 文　すがわらけいこ 絵　ポプラ社 2007）**に共感した。

いつか大人になって、困ったことがあったときにも自分で何とかできるようになるために、図書館を上手に利用して、“必要な情報を集め”“よく考える”ことができるようになって欲しいと願っている。

東京都東大和市立第三小学校 司書　岡田貴子

司書のまなざし

「ビンゴ」で百科事典入門

子どもたちが、図書館で調べている様子を見ていると参考図書の使い方を知らない子が多いことに気がつく。そこで、４年前から調べ学習で必要と思われる知識や技能を整理し、年度初めに学年に沿った計画を立てて、各学年に司書の立場で教えてみることにした。使える時間は「図書」の始めの 10 ～ 15 分。しかし、子どもたちに毎年説明をしていても、充分力がついたという実感が得られなかった。授業に直結していないということと、子どもに定着させる時間が取れないということがずっと気にかかっていた。

年度初めに司書教諭と打ち合わせ、読書教育に関しては成果が出てきているが、調べ学習に関してはまだ課題があると確認。子どもたちに調べる力をつけるにはどうしたらよいのか、関連の本を読んだり、研究会へ参加したりしてできることを二人で探っていった。そして、まず参考図書の使い方を教えようと、司書教諭が担任クラスの２年生に図鑑や百科事典の使い方の授業を実践しようということになった。狙いは、図鑑や百科事典の引き方を覚え、何度も自分で引く機会をつくること。その際司書が用意したのは、学研の『**昆虫図鑑**』『**植物図鑑**』を各 20 冊、ポプラ社の百科辞典『**ポプラディア**』10 セット。司書教諭は、２年生の子どもたちが、楽しく興味を持って挑戦できるようにワークシートを工夫した。

それは、たくさんのキーワードを引いて、ビンゴを完成させていくというものだった。また、百科事典を引く練習だけではなく、解説を読み取る練習として、ポプラディアの各県の情報を書き込んでいく「日本めぐりクイズ」にも挑戦させた。出ているページや県鳥・県花・県木を答えさせるのだが、パターン化された図や絵を見つければ、すぐに読み取れるようになっていて２年生でも簡単に出来る。これも何県も調べてビンゴに挑戦するワークシートで、子どもたちは、ビンゴを完成させたくて次々と調べていた（右写真参照）。

「図書」の時間の始め 10 ～ 15 分で司書が説明していた時とは違い、司書教諭が授業として時間をとり、自分の力で何度も引くチャンスを与えることにより、子どもたちの調べる意識と力はかなりアップした。その後は、何かわからないことがあると「ポプラディアを見よう！」と言う声があちこちから聞こえてくるようになったし、実際自分たちでポプラディアを引いている姿をよく見かけるようになった。「学び方」を学ぶことは、学ぶ意欲を高めると実感した。

図書館として、この力を他の学年にも広めるために、読書週間中の 20 分休みに「ポプラディアクイズ」を希望者に挑戦してもらった。三つの言葉を引くと一枚の問題プリントは合格となり、次のプリントに挑戦できるというやり方で行った。

高学年の子は、「図書」の時間に説明を聞いていたが、実際にはなかなかうまく引けない。もちろん、アドバイスを受けながら、ひとつ引けばすぐに上達していく。やはり、実際に引いてみることの大切さを痛感した。

司書教諭が、学校教育の中での図書館という視点に立って図書館運営を考えることは、とても重要なことだと思う。学校図書館の担当者である司書教諭と司書がそれぞれの立場で力を出し、協力していくことが大切であると切に感じている。

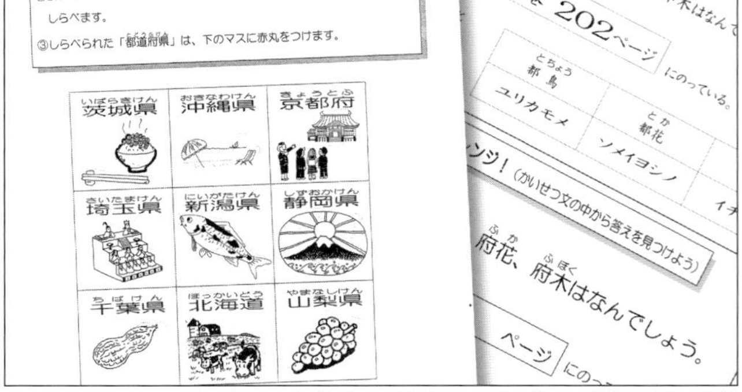

ワークシート作成：三鷹市立中原小学校 松島真奈美 教諭

東京都三鷹市立中原小学校 司書　金澤磨樹子

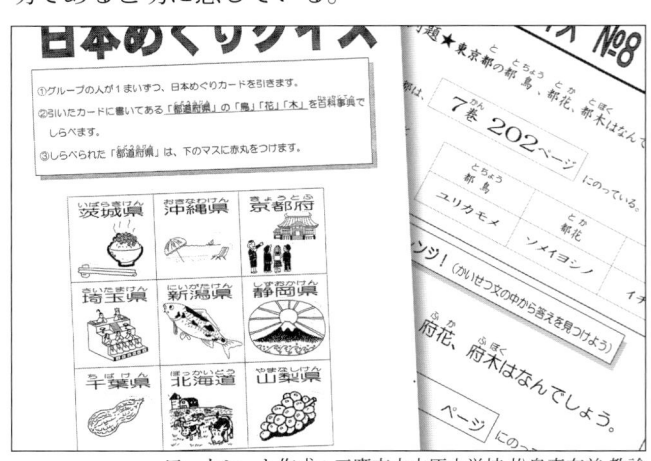

教室から

生活科からの図書活用

生活科では、「具体的な活動や体験」が命である。生活科にとっての「具体的な活動や体験」とは、単なる方法にとどまらず、目標でもあり内容でもある。そのような点からすると、図書資料というのは、生活科の理念の対極にある。「活動」に対して「知識」、「体得」に対して「座学」、「身体」に対して「記号」など、いくらでも挙げられるように思われる。

では、生活科にとって図書資料は必要のないものなのだろうか。決してそんなことはない。むしろ、子どもの興味や関心を高め、「具体的な活動や体験」をより豊かにし、子どもの表現活動をより豊かにするためには、もっと積極的に活用されるべきであり、その可能性がもっと注目されてもいいのではないかと思う。

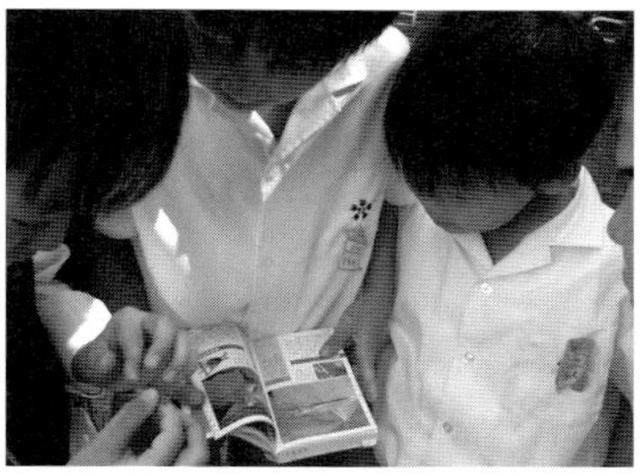

例えば、生活科には「秋と遊ぼう」という単元があるが、子どもはその活動の中でいろいろな虫に出会う。その時、出会った虫を「むし」と言っているだけでは、子どもが本当に虫に興味をもち、親しみを感じながらかかわっているとは言えない。「むし」という生き物はいない。捕まえた虫の名前を知ることは、心理的な距離感を縮め生き物への愛着を深めるための大切な一歩である。そんなとき、先生が教室の片隅に昆虫図鑑を置いておいたり、活動している野外に持ち出していっしょに調べることが大切な支援となる。これが、もしドングリだったら**『どんぐりノート』（いわさゆうこ作、文化出版局）**があり、製作活動や遊び方を工夫し出すであろう。

また、自分の成長を振り返る学習活動では、絵本の活躍する余地がたくさんある。学習は家族に話を聞いたり、自分が小さかったときに使っていた服やおもちゃ、写真などを通して自分が小さかったときのことを見つけていくのだが、そんなとき、わたしは必ず**『おおきくなるっていうことは』（中川ひろたか文・村上康成絵、童心社）**を読み聞かせする。子どもは、読み聞かせを聞きながらその絵の中の登場人物を自分自身

と重ね合わせ、「ぼくにもこんなときがあった」「わたしに似ている」「ぼくもこんなだったのか聞いてみよう」といった自分の小さいときの姿を探し始める。また、いくつかの場面を取り上げて学級で話し合うことによって、成長のイメージや意味を深く捉え、自分の成長に気付く眼と感性を鋭くすることができる。

この単元では、その他にも**『あなたの小さかったとき』（越智登代子文、福音館書店）**や**『おかあさんはね、』（村上淳子文、ポプラ社）**も子どもの活動を支える貴重な絵本となるだろう。このような絵本には、子どもの気付きを促すだけではなく、授業や学習活動そのものの雰囲気をあたたかく感動的にする力も秘めている。

さらに、３年生で学習する地図も、生活科では町たんけんの地図活動がある。そのようなときには、**『おいでよぼくのうちへ－ちずをみてきてね』（おぼまこと作・絵、福音館書店）**が役に立つ。

このように、図書資料を活用して調べ考えたりするだけでなく、活動例を知り活動の見通しをもったりするのに役立てることができる。生活科と社会科は図書資料の使い方の観点からみると連続している。だからこそ、あらためて図書環境を見直す必要があり、子どもの調べる力や読解力を育てるためには何ができるのかを考えてみる必要がある。そして、そのような力を育てるために学校図書館の充実を図り、司書や司書教諭との連携が求められる。

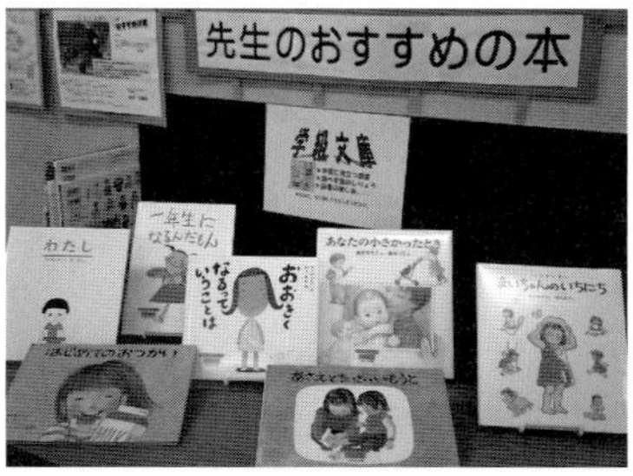

このような取り組みにより、社会科の資料活用の能力を育て、社会的な事象への関心を高め、自分から働きかける態度を育てることができるのである。

東京学芸大学附属小金井小学校 教諭　齊藤和貴

4年生

Ⅳ．健康なくらしとまちづくりを調べよう

1 くらしと水

この単元では、生きるために欠かすことのできない水、主に飲料水がどこからどのように して自分たちの家庭や学校に来るのか調べることを通して、普段何気なく使っている水が、様々な人々の努力と、知恵によって支えられて自分たちの所にたどり着いていることに気づきたい。また、水を大切に使うだけでなく自分たちにできることを進んで行っていく態度も育みたい。

【学習のキーワード】
1 浄水場
2 水源林
3 ダム
4 水のリサイクル
5 水の循環
6 下水処理

学習指導要領においては、第３学年及び４学年の内容（３）に「地域の人々の生活にとって必要な飲料水、電気、ガスの確保や廃棄物の処理について、次のことを見学、調査したり資料を活用したりして調べ、これらの対策や事業は地域の人々の健康な生活や良好な生活環境の維持と向上に役立っていることを考えるようにする。」と書かれている。学習指導要領解説にも記載されているが飲料水を確保するための対策や事業としては、浄水場が具体例として最も先に挙げられるだろう。また、新たに法の視点も扱うことになった。

教科書においては、学習指導要領に則して、飲料水がどこからどのようにして自分たちの所に来るのかを、子ども達が追究していくような構成になっている。一般的には、自分たちが水をどのように使っているのか調べる活動や、学校の中の蛇口の数を調べる活動などを通して普段何気なく使っている水がどこから来るのか興味をもち、浄水場の見学や、水源林を尋ねる活動、飲料水の確保に携わる人々へのインタビュー活動を通して、水を大切にしたり、水のリサイクルに興味を持ったりできるような子の育成を目指そうという意図が伺える。

この単元を学習する際、特に教師が悩むことは、「浄水場の見学」ではないだろうか。見学回数や見学日程などに様々な制約があり、実際に学習をしてみると子ども達の追究の流れに合わないことの方が多いことが予想される。そこで、今回お薦めする本は、ほぼ１回しかない見学の効果を最大限引き出せる物を中心に選んでみた。子ども達がそれぞれ目的を明確に持って見学し、様々な発見ができることを願っている。

（三上 聡）

はじめて手にとる１冊

写真でわかる小学生の社会科見学 新・みぢかなくらしと地方行政 第１期 全６巻

（１）浄水場

【キーワード】
☑浄水場
☑水源林
☑ダム
□水のリサイクル
□水の循環
□下水処理

松田博康 監修
深光富士男／滝沢美絵 著
リブリオ出版 刊
B５判 48ページ
本体：2,800円
2007年

第１期全巻構成
1．浄水場
2．市役所 →P.118
3．防災センター →P.16
4．清掃工場
5．美術館・科学館
6．警察署 →P.16

第２期全巻構成
1．水族館
2．動物園
3．高速鉄道
4．消防署
5．中央卸売市場 →P.13
6．リサイクル施設

実物の写真資料が多く。その一つ一つが、的を射ている。ほとんどの学校で、一度しか見学する機会をもてないであろう浄水場について、見学前・後の両方の学習で効果が期待できる。

水源林・ダム・浄水場と、水の壮大な旅を子ども達がイメージしやすいように親切な解説と写真で表現している。さらに、浄水場で行われている処理について「実験」という形で、子ども達にとって親しみやすくしているところもよい。実験を実際にやってみたいという子も現れるだろう。この１冊を読むだけで、見学に行ったつもりにまでなってしまいそうである。見学前に目を通し、浄水場の水の処理の流れを確認し、見学で十分見ることのできない浄水場の奥深くまで子ども達と想像しておけば、実際に行ったときの学習効果が倍増するであろう。見学後の話し合いやまとめなどでも、子ども達の発見や気づきについて確認するのにもこの１冊があれば十分対応できる。

まちの施設たんけん　全８巻

(8)水道・下水道

【キーワード】
☑浄水場
☑水源林
☑ダム
☑水のリサイクル
☐水の循環
☑下水処理

大垣眞一郎 監修
林義人 文
菊池東太 写真
大森眞司 イラスト
小峰書店 刊
29×22　39ページ
本体：2,600円
2004年

全巻構成

1．市役所　→p.10
2．図書館　→p.10
3．博物館・郷土資料館　→p.10
4．公民館・児童館・スポーツ公園　→p.10
5．消防署　→p.15
6．警察署　→p.15
7．ごみ処理場・リサイクルセンター
8．水道・下水道

水の使用量や料金をお知らせする検針票、水道管を守る仕事、家庭での水の使い方など、身近な水に関する事例を数多く端的に掲載しているため、学習を始める子ども達一人一人の様々な関心に対応できる構成になっている。そこを出発点にして子ども達の追究が深まっていくことが期待できる。浄水場の沈殿の仕組みをグラスに入れた味噌汁の具や味噌が沈むことで表した実験や、ペットボトルと砂を使った濾過の実験は、浄水場で行われていることがイメージしやすい。

新版・環境とリサイクル　全12巻

→このシリーズの全巻構成はP.27にあります

(11)水のリサイクル

【キーワード】
☐浄水場
☐水源林
☐ダム
☑水のリサイクル
☑水の循環
☑下水処理

半谷高久 監修
江尻京子 指導
本間正樹／大角修 文
菊池東太 写真
小峰書店 刊
29×22
39ページ
本体：2,600円
2003年

単元の学習が進み、もう少し詳しく知りたいという意欲を高めるきっかけに使える本である。オゾンを使用した高度浄水処理、処理した下水を再利用する中水道システム、合併処理浄化槽などの様々な下水処理のしくみ等一歩進んだ情報を紹介している。子ども達の学習が進み、興味や関心がそれぞれ多岐にわたって来ることを予想して、教師があらかじめ読んでおくことをお勧めする。短期間に様々な知識を吸収することができるであろう。

こどものとも傑作集

かわ

【キーワード】
☑浄水場
☑水源林
☑ダム
☐水のリサイクル
☐水の循環
☐下水処理

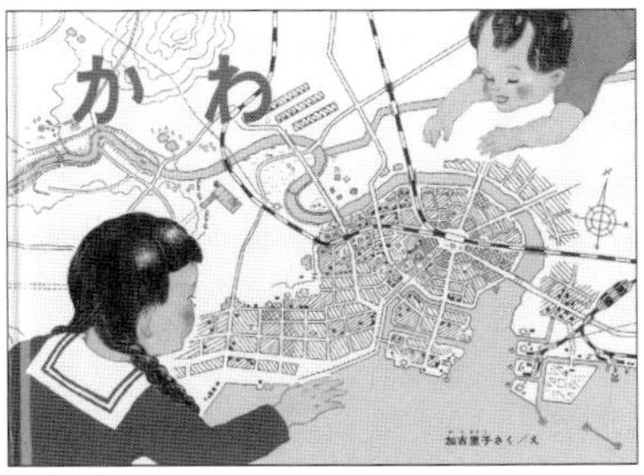

加古里子 作・絵
福音館書店 刊
20×27
28ページ
本体：800円
1966年

壮大な水の旅を加古里子さん特有の細部にまでこだわった絵で表現している。自分も川の水になったような気持ちで、山から谷へそして平野、海へと移動していくような錯覚すら感じることのできる絵本であり、水の循環について子ども達の想像は大きく膨らむだろう。途中にダム、浄水場の取り入れ口と浄水場など今後の学習につながる物も描かれているだけでなく、表紙の地図が絵本の内容と一致している点も見逃せない。奥の深い絵本である。

この本もオススメ

川は生きている　自然と人間

【キーワード】
☐浄水場
☑水源林
☑ダム
☐水のリサイクル
☑水の循環
☐下水処理

富山和子 著
間瀬なおかた 絵
講談社 刊
A5判
102ページ
本体：1,200円
1994年
（講談社青い鳥文庫版もあり）

国語の教科書にも取り上げられた名作である。川を通して、水、森、土を結びつけて環境全体を考えさせるよい本である。昔から日本人は川（水）と上手につきあってきたことがわかり、今の自分たちの生活を見直さざるを得ない気持ちにさせてくれる。時間があれば、教師が、読み聞かせることをお勧めする。

フリズル先生のマジック・スクールバス　全8巻

（1）水のたび

【キーワード】
☑浄水場
☐水源林
☐ダム
☐水のリサイクル
☑水の循環
☐下水処理

ジョアンナ・コール 文
ブルース・ディーギン 絵
藤田千枝 訳
岩波書店 刊
19×22.7
40ページ
本体：1,500円
1995年

不思議な授業をするフリズル先生が、子ども達とともに雨水になって浄水場での処理を体感するストーリーを描いた絵本である。写真や説明が数多く掲載されている調べ学習の本よりも意外に一つ一つの処理過程が見開きページで表現されているこの本の方が、子ども達にとって焦点化されて理解しやすいのではないか。

新しい小学生の社会科見学　全10巻

（8）浄水場の見学　品切れ

【キーワード】
☑浄水場
☐水源林
☐ダム
☐水のリサイクル
☐水の循環
☐下水処理

次山信男 監修
曽根裕子 文
割田富士男 写真
ポプラ社 刊
26.5×19
40ページ
1997年

浄水場の航空写真と全体のイラストがある。この部分だけで、子ども達と話し合い学習ができそうである。浄水場の処理の流れだけでなく、そこに働く人の目線が取り上げられている。インタビューしたいという気持ちを高めたところで見学のときのポイントが簡潔に書かれている。調べたいという意欲を高める本。

地球のためにわたしたちにできること　全7巻

（1）水をきれいにするためにできること　品切れ

【キーワード】
☐浄水場
☐水源林
☐ダム
☑水のリサイクル
☑水の循環
☑下水処理

奈須紀幸 監修
ポプラ社 刊
26.5×22
48ページ
1994年

自分のできることが数多く紹介されている。この本を選んだ決め手は、P.25の小型合併処理浄化槽について紹介しているところである。下水道が普及していない多くの地域では、各家庭がこのような設備を設置し環境に配慮している。川の汚れの原因の多くが生活排水であるということも意外に子ども達は知らない。

「いい環境」をハイテクでつくる　全5巻

（1）おいしい水をとりもどせ　品切れ

【キーワード】
☑浄水場
☐水源林
☐ダム
☑水のリサイクル
☐水の循環
☑下水処理

西岡秀三 監修
PHP研究所 編
PHP研究所 刊
A4判変型
47ページ
2002年

水に対して人間が行ってきたこと、行っていることを様々な視点から書いている。浄水場、下水処理、昔の給水の仕組み、新しい浄水法など、総合学習などで水を核にして子ども達の興味関心を広げていくのによい本。「こんなこともあるんだよ。もっと深く調べてみないかい」と問いかけているようだ。

校外学習　くらしをまもる・くらしをささえる　全20巻

（6）上水道・下水道 品切れ

【キーワード】
☑浄水場
□水源林
□ダム
☑水のリサイクル
□水の循環
☑下水処理

長崎武昭 文
夏目洋一郎 絵
岩崎書店 刊
26×21
40ページ
1998年

地球上の飲める水の割合が0.8％とびっくりするほど少ないことや、そんな中、日本はさらに水を溜めにくいこと、一人１日に248リットルの水を使うことなど、子ども達が「えっ？」と思うような意外性を軸に作られている。明るいイラストの助けも借りて、興味関心を持ちやすく作られているため導入にお薦め。

調べるっておもしろい！　第１期 全５巻

『水道道たんけん』がはじまった！

【キーワード】
☑浄水場
□水源林
□ダム
□水のリサイクル
□水の循環
□下水処理

笠原秀 著
アリス館 刊
四六判
112ページ
本体：1,300円
1999年

緑色の橋に抱いた疑問を、筆者が実際に探検し、地図・パンフレットを確認しながら解決していくお話。調べていくうちに疑問が疑問を呼び、追究が連続していく。まるで、宝探しをするようなワクワク感である。疑問を見つけたが、次の１歩が踏み出せない子が多い中、調べる楽しさと調べ方を教えてくれる。

その他の資料

独立行政法人　水資源機構

【キーワード】
☑浄水場
☑水源林
□ダム
□水のリサイクル
☑水の循環
□下水処理

http://www.water.go.jp/

注目ポイント

子ども体験コーナーやリンク集など、ここを出発点にして多くの情報を得ることができる。

ウォーターぷらざ　キッズコーナー

【キーワード】
☑浄水場
□水源林
☑ダム
□水のリサイクル
□水の循環
□下水処理

http://www.jawa.or.jp/kidlink.html

注目ポイント

水についての疑問をPDFファイルで見ることができる。情報量が多い分、立ち上がるのに時間がかかる。

日本下水道協会（児童向け）

【キーワード】
□浄水場
□水源林
□ダム
☑水のリサイクル
☑水の循環
☑下水処理

http://www.jswa.jp/suisuiland/index.html

注目ポイント

普段見ることのできない下水道の中の様子を、イラストや写真を使って分かりやすく解説している。

東京都水道局　キッズコーナー

【キーワード】
☑浄水場
☑水源林
☑ダム
□水のリサイクル
□水の循環
□下水処理

http://www.waterworks.metro.tokyo.jp/kids.html

注目ポイント

水道に対する子ども達の質問の多くに答えられるだけの情報量と分かりやすさを兼ね備えている。

キッズページめだかの学校　福岡市道路下水道局

【キーワード】
□浄水場
□水源林
□ダム
☑水のリサイクル
☑水の循環
☑下水処理

http://gesui.city.fukuoka.jp/kids/

注目ポイント

めだかの学校で下水道について一つ一つ学んでいく形式になっている。最後に名刺も作ることができる。

4年生 Ⅳ．健康なくらしとまちづくりを調べよう

2 くらしとごみ

本単元では行政機関が中心となり廃棄物が組織的、計画的に処理され、そのことが私たちの生活環境の維持と向上に役立っていることを学習していく。その中で、処理に携わる人達の工夫や努力を理解するとともに、現在の廃棄物処理に伴う問題やその問題を解決するために社会や自分たちが取り組んでいかなくてはいけないことを考えていく。

【学習のキーワード】
1．ごみの分別
2．3R
3．エコマーク
4．収集方法
5．清掃工場
6．ごみ（処理）の今昔
7．環境問題

学習指導要領では、ごみの処理について、私たちの生活環境の維持と向上を図るために、さまざまな対策や事業が計画的に、しかも多くの人々の協力を得ながら進められ、地域の人々の健康な生活の維持と向上に役立っていることを具体的に考えることができるようにすることを目標としている。また、新たに法、きまりについても扱う。

教科書においては、「家庭や学校などの身近なごみ調べ」「ごみ処理の方法」「ごみ処理の問題」「ごみを減らす取り組み」という構成が多い。単元の中に、清掃工場や最終処分場の見学、市役所や区役所の廃棄物処理担当の方へのインタビューなどの活動も例示されている。

実際の学習では、単元の最初に行うことが多い“ごみ調べ”を大切に行いたい。子どもたちも毎日たくさんのごみを出している。どのようなごみを、どの程度出しているのかを実際にごみ袋を開けて調べることにより、自分の生活を基にしてごみ問題を追究していくことができる。「ごみを減らす取り組み」の学習では、工場のごみを出さない工夫や努力、リサイクルを進める市民運動、スーパーの前に置いてあるリサイクルボックスなどが取り上げられている。その中で、なぜごみは計画的、組織的に処理されていかなければならないのかを考えさせていきたい。一人一人の「ごみを減らす」という意識と行動が大切であるが、個人だけの取り組みではごみは減っていかない。社会全体で取り組む必要性を子どもたちに考えさせていきたい。

これらをふまえて、【学習のキーワード】には、ごみの分別、３Ｒ、エコマーク、収集方法、清掃工場、ごみ（処理）の今昔、環境問題をあげた。

（松本大介）

はじめて手にとる1冊

アニマルアイズ・動物の目で環境を見る
（1）ごちそう砦

【キーワード】
☑ごみの分別
□3R
□エコマーク
□収集方法
□清掃工場
□ごみ（処理）の今昔
☑環境問題

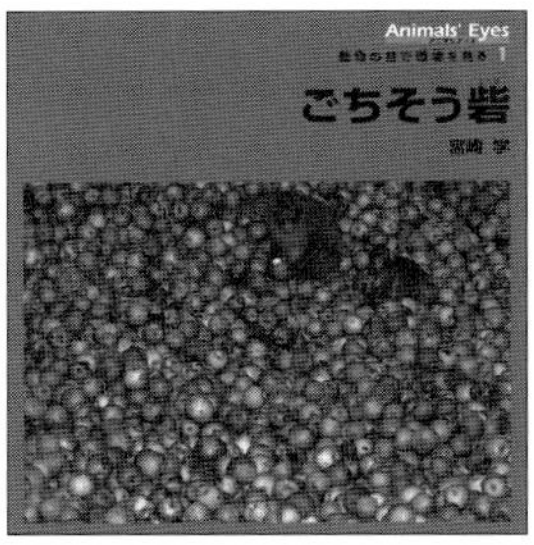

宮崎学 著
偕成社 刊
23×23
36ページ
本体：1,800円
2002年

捨てられたりんごの山に群がるサル、ごみ捨て場に集まるかもめの大群の写真…子どもたちはこれを見てどんなことを考えるだろうか。ごみについて追究する問題が浮かんでくる1冊である。

「動物の目で環境を見る」というシリーズの１冊である。都会のゴミ集積場に集まるカラス、狩りをするのをやめ、ごみ捨て場に集められてくる野菜くずや魚の頭をあさる猛禽類、森や林の間にできたごみ捨て場につづく動物たちの足跡、ごみ焼却場の煙突の煙に群がるトビの群れなどを大きな写真で伝えている。

ごみと生ごみをいっしょくたにして、無駄にしてしまっている人間。食べきれないほどのごみを毎日出し続けている社会。動物の姿を通して、今の社会が抱えるさまざまな問題を考えさせられる。単元の導入で、この本を子どもたちと読み、どのようなことを追究していくのかを考えることができると思われる１冊である。

新版・環境とリサイクル　全12巻

【キーワード】
☑ごみの分別
☑3R
☑エコマーク
☑収集方法
☑清掃工場
☑ごみ（処理）の今昔
☑環境問題

全巻構成

1．ペットボトル
2．かん
3．びん
4．家電製品と粗大ごみ
5．自動車とエネルギー
6．紙
7．衣類
8．プラスチック
9．ごみ処理場
10．うめたて処分場
11．水のリサイクル →P.23
12．暮らしとごみ

半谷高久 監修
江尻京子 指導
本間正樹／大角修 文
菊池東太 写真
小峰書店 刊
29×22　各39ページ
本体：各2,600円
2003年

ペットボトル、缶、びんなど素材ごとにごみがどのように処理をされているのか、どのような問題があるのかを説明している。また、「ごみ処理場」「うめたて処分場」という巻もあるので、ごみがどのように処理をされているかを調べることもできる。12巻の「暮らしとごみ」では、ごみ処理の費用、ごみ処理に伴う環境問題に書かれている。

12巻で幅広いテーマを扱っているので、子どもたちの調べたいことに対応できる。

ゴミのへらしかた／ゴミのへらしかた2

【キーワード】
☑ごみの分別
☑3R
☑エコマーク
☑収集方法
□清掃工場
☑ごみ（処理）の今昔
☑環境問題

第1巻のもくじ

人類の登場
20世紀になると
プラスチックの発明と大量生産
ごみがあふれる、燃やせ燃やせ
灰にはおそろしい化学物質が！
たち切られた自然循環
ごみを燃やすとダイオキシン
世界一のダイオキシン大国日本
新しい施設をつくれば解決？
大量リサイクルで解決？

第2巻のもくじ

もみの木町に着いたよ！
車よりも、バス・電車・自転車！
太陽の電気
ごみのでないしくみ
リサイクリング・ホーフは大にぎわい
スーパーマーケットで
楽しい朝市
生き物たちも町の仲間
森の国ドイツ
北への旅
エコロジー村
森の学校
ごみのでないお祭り

ごみ・環境ビジョン21 編
星の環会 刊
B5判
各40ページ
本体：各1,000円
2000年／2003年

1巻では、プラスチックの発明とそれに伴うダイオキシンの発生や自然循環がたち切られたことが説明されている。「出たゴミ」をどうするのかではなく、ごみを出さないためにどのようなことができるかという視点で、お店、会社、小学生、役所などいろいろな立場からできることを説明している。

2巻では、ごみを出さない取り組みを積極的に行っているドイツについて説明している。ごみ問題だけでなく、環境にやさしい暮らし方についても書かれている。

枝廣淳子の 回収ルートをたどる旅

【キーワード】
☑ごみの分別
☑3R
☑エコマーク
☑収集方法
☑清掃工場
□ごみ（処理）の今昔
☑環境問題

枝廣淳子 著
七つ森書館 刊
A5判
208ページ
本体：1,600円
2006年

もくじより

ペットボトル
携帯電話
発泡スチロール製食品トレー
電池
衣料
生ごみ
家の資材
冷蔵庫
びん
廃食油
水
布団
放置自転車
パソコン
割り箸
雑紙

私たちが毎日使っている、ペットボトルや生ごみがどのように処理されているのかが詳しく説明されている。

掲載されている処理工場の写真には、ペットボトルや携帯電話が山積みになっている。循環型社会や持続可能な社会とはどのような社会なのかを考えさせる1冊である。処理に携わる人たちのコメントも載っており、その方達の思いも知ることができる。

ごみの学習の単元計画を立てる際に参考にしたい1冊である。

この本もオススメ

心にのこる絵本セレクション

におい山脈

【キーワード】
☐ごみの分別
☐3R
☐エコマーク
☐収集方法
☐清掃工場
☐ごみ（処理）の今昔
☑環境問題

椋鳩十 文
梶山俊夫 絵
あすなろ書房 刊
A4判
32ページ
本体：1,400円
1972年

「人間に追いやられた動物が人間のきらいな物で山を作って住もうと相談し、人間のきらいなゴミを集め山にする。街がきれいになったと喜んだ人間はドンドン、ゴミを出していく…」大量生産、大量消費の現代社会を鋭く批判した絵本である。ごみの学習に合わせてぜひ読み聞かせたい1冊である。

6000000000個の缶飲料 町をかえたマリーとF組の子どもたち

【キーワード】
☑ごみの分別
☑3R
☑エコマーク
☑収集方法
☑清掃工場
☑ごみ（処理）の今昔
☑環境問題

今泉みね子 著
佐竹美保 絵
合同出版 刊
14.8×21
152ページ
本体：1,300円
2001年

ドイツのある学校で、実際に缶を減らすことに取り組んだ子どもたちの物語である。子どもたちの缶を減らす取り組みは、学校から、お店へ、町全体へ、やがて国会議員を巻き込み、州政府をも動かしていく。

ごみ問題に対して、自分たちにできることを考えるヒントになる。

もったいない生活大事典　全7巻

（4）もったいないで資源を活かす

【キーワード】
☑ごみの分別
☑3R
☑エコマーク
☑収集方法
☑清掃工場
☑ごみ（処理）の今昔
☑環境問題

岡本正志 監修
学習研究社 刊
AB判
48ページ
本体：2,800円
2007年

“もったいない”という考え方のもと、ランドセル、パソコン、携帯電話、テレビなどが、どのようにリサイクルがされているのか、どのような活動がされているのかが具体的に説明されている。特に、おもちゃの修理に取り組んでいる人々の活動が紹介されているので子どもたちにぜひ紹介したい。

土はいのちのみなもと　生ゴミはよみがえる

品切れ

【キーワード】
☑ごみの分別
☑3R
☐エコマーク
☐収集方法
☐清掃工場
☑ごみ（処理）の今昔
☑環境問題

菅野芳秀 著
長谷川健郎 写真
講談社 刊
21.2×15.2
198ページ
2002年

著者が山形県で「生ゴミ」を土に返す取り組みを行った記録である。ごみの問題、安全な農作物、循環社会など多くのことを考えさせられる本である。漢字には、振り仮名もふってあり子ども向けに書かれている。実際に活動している人が出てくるので子どもたちは、思いを重ねて読むことができるのではないか。

ポプラディア情報館

（13）ごみとリサイクル

【キーワード】
☑ごみの分別
☑3R
☑エコマーク
☑収集方法
☑清掃工場
☑ごみ（処理）の今昔
☑環境問題

安井至 監修
ポプラ社 刊
A4判変型
215ページ
本体：6,800円
2006年

「ごみとは何か」ということからごみの処理方法、リサイクル、ごみの問題まで幅広く説明されている本である。豊富な写真と詳しいイラストで分かりやすい。巻末に、ごみとリサイクルに関する学習の参考となる施設やホームページも紹介し、子どもたちの調べ学習をサポートしている。

もったいない

【キーワード】
☑ごみの分別
☑3R
□エコマーク
□収集方法
□清掃工場
□ごみ（処理）の今昔
☑環境問題

プラネット・リンク 編
マガジンハウス 刊
四六判
56ページ
本体：952円
2005年

「もったいない」ということをキーワードに３Ｒの大切さを訴えている本である。文字数、ページ数も少なく、子どもでも十分読める本である。ごみ問題を考えるときのきっかけになる本として取り上げても良い。

絵本・こどものひろば

やまからにげてきた

【キーワード】
□ごみの分別
□3R
□エコマーク
□収集方法
□清掃工場
□ごみ（処理）の今昔
☑環境問題

田島征三 作
童心社 刊
B5判
36ページ
本体：1,300円
1993年

「こわれたから」「あまったから」「めんどうだから」「じゃまだから」ポイポイしたゴミは燃やしても消えてなくならない。燃えて残ったあとの灰を埋め立てるために山を切り開いた人間。その山に住んでいた魚や鳥、昆虫はみんな逃げ出してしまった。何気なく捨てたものが生き物とつながっていることを教えてくれる絵本である。

すぐできる環境調査 全７巻

（6）土やごみを調べよう

【キーワード】
☑ごみの分別
☑3R
☑エコマーク
☑収集方法
□清掃工場
□ごみ（処理）の今昔
☑環境問題

梅澤実 監修
学習研究社 刊
A4判
55ページ
本体：3,000円
2003年

家庭から出るごみの量と町内や学区域のごみの種類や量の調査方法が紹介されている。特に、学校の周りのごみに関する情報を地図にまとめてみるという活動は単元計画を作成する際に参考になる。巻末のページには、リサイクルマークとエコマーク、海外のごみ事情の解説がある。

みみずのカーロ　シェーファー先生の自然の学校

【キーワード】
☑ごみの分別
☑3R
☑エコマーク
☑収集方法
□清掃工場
□ごみ（処理）の今昔
☑環境問題

今泉みね子 著
合同出版 刊
14.8×21
144ページ
本体：1,300円
1999年

ドイツの小学校で、まちのごみについて調べた子どもたちが、ごみを減らすことを訴えていく活動を紹介した本である。「みみずが食べられないものは、ごみに出さないようにしよう」という子どもたちのルールが、子どもたちの家族を巻き込み、街に広がっていく様子が書かれている。

よのなかのニュースがわかる本 全７巻

（4）環境問題 品切れ

【キーワード】
☑ごみの分別
☑3R
☑エコマーク
☑収集方法
☑清掃工場
☑ごみ（処理）の今昔
☑環境問題

学習研究社 編
学習研究社 刊
A4判変型
48ページ
2004年

異常気象やエネルギーなどの地球環境問題に関する用語の解説を中心にまとめられている本である。図や写真もあり、わかりやすく書かれている。ごみ問題については、リサイクルに絞って、循環型社会を目指した取り組みについて解説している。

この本もオススメ

コンビニ弁当16万キロの旅 食べものが世界を変えている

【キーワード】
☑ごみの分別
☑3R
□エコマーク
□収集方法
□清掃工場
□ごみ（処理）の今昔
☑環境問題

千葉保 監修
コンビニ弁当探偵団 文
高橋由為子 絵
太郎次郎社エディタス 刊
A5判
112ページ
本体：2,000円
2005年

コンビニ弁当の「便利さ」の影の部分に注目した本である。売れ残った弁当がどのように処理されているのかを通してごみ問題を考えることができる。また、食糧の輸入や食料自給率についても説明されているので、５年の食糧生産の学習でも利用できる。児童向けであるが大人が読んでも様々なことを考えさせられる。

その他の資料

多摩ニュータウン環境組合

【キーワード】
☑ごみの分別
□3R
□エコマーク
☑収集方法
☑清掃工場
□ごみ（処理）の今昔
☑環境問題

http://www.tama-seisokojo.or.jp/

注目ポイント

清掃工場やリサイクルセンターについて動画や写真を多くを使って説明している。

東京二十三区清掃一部事務組合　キッズページ

【キーワード】
☑ごみの分別
☑3R
□エコマーク
☑収集方法
☑清掃工場
□ごみ（処理）の今昔
☑環境問題

http://www.union.tokyo23-seisou.lg.jp/kids/

注目ポイント

東京都のゴミの量、処理方法、減らす方法がイラストや図を使って説明されている。

アルミ缶リサイクル協会

【キーワード】
☑ごみの分別
☑3R
□エコマーク
☑収集方法
□清掃工場
□ごみ（処理）の今昔
☑環境問題

http://www.alumi-can.or.jp/

注目ポイント

アルミ缶のリサイクルがどのように行われているのかを子ども向けに説明している。

スチール缶リサイクル協会

【キーワード】
☑ごみの分別
☑3R
□エコマーク
☑収集方法
□清掃工場
□ごみ（処理）の今昔
☑環境問題

http://www.steelcan.jp/top.html

注目ポイント

スチール缶のリサイクルの現状を知ることができる。細かい情報も載っているので教材研究に活用できる。

PETペットボトルリサイクル推進協議会

【キーワード】
☑ごみの分別
☑3R
□エコマーク
☑収集方法
□清掃工場
□ごみ（処理）の今昔
☑環境問題

http://www.petbottle-rec.gr.jp/top.html

注目ポイント

ペットボトルの現状がよくわかる。リサイクルなどの子ども向けのページが充実している。

ガラスびんリサイクル促進協議会

【キーワード】
☑ごみの分別
☑3R
□エコマーク
☑収集方法
□清掃工場
□ごみ（処理）の今昔
☑環境問題

http://www.glass-recycle-as.gr.jp/

注目ポイント

ガラスびんのリサイクルの現状が詳しく説明されている。動画を使った子ども向けのページも充実。

㈶日本環境協会　エコマーク事務局

【キーワード】
□ごみの分別
□3R
☑エコマーク
□収集方法
□清掃工場
□ごみ（処理）の今昔
☑環境問題

http://www.ecomark.jp/

注目ポイント

エコーマークの種類や意味を詳しく知ることができる。子ども向けに説明したページもある。

司書のまなざし

ごみをぽいぽい　―ごみの単元のブックトーク―

教科の学習単元に入る前に担任と事前打ち合わせをしてブックトークを行うことがある。ブックトークとは、子どもと本をつなぐための一つの技法で、あるテーマのもとに数冊の本を順番に、つなぎを考えて紹介していくものである。そして、児童・生徒がそのテーマの本に興味を持ち、さらに読み深めたいと言う気にさせるものである。

4年生のこの単元では普段「ごみ」についてあまり考えていない子どもたちに自分たちの生活を振り返りながら積極的に学んでいけるよう、このブックトークを組み立ててみた。

初めに『**いっぽんの鉛筆のむこうに**』（**谷川俊太郎／文　福音館書店**）を紹介した。鉛筆は芯の黒鉛がスリランカ、木の部分はアメリカの西海岸、それがメキシコのコンテナ船で横浜に運ばれる。到着した鉛筆の材料はトラックで山形の工場へ行き、みんなの手にわたっている。鉛筆はこんなにたくさんの国や人の手を経てきているのに、落とし物としてごみにしてはいないか？（学級での落とし物の鉛筆を用意した）毎日使っている大事な物の引き取り手がいないのはなぜだろう？

鉛筆の材料が到着した横浜港が面している東京湾に谷津《やつ》という干潟がある。（東京湾の手書き地図で示す）『**いきかえった谷津ひがた**』（**木暮正夫／作　渡辺あきお／絵　佼成出版**）森田三郎氏は子どもの頃楽しく遊んだ干潟がごみの山になっているのにがっかりした。それを以前のように復活させたいと願い一人で干潟のごみ撤去をはじめたという実話をえほんにしたものである。『**どろんこサブウ**』（**松下竜一／文　講談社**）にはもっと詳しく書かれている。はじめはくさいだけの干潟が15年もかかってサブウこと森田三郎氏がきれいにしていくと協力者もあらわれてきた。干潟の生物たちも戻ってきた。

森田氏は苦労して干潟のごみを片付けたが、自分たちはどうだろう？自分の出しているごみの行方はどこへいくのだろう？『**におい山脈**』（**椋鳩十／著　梶山俊夫／絵　あすなろ書房** → P.28）の読み聞かせをする。ごみを人間が捨てると動物たちが片付けて終いにはゴミ山脈ができたという話である。

『**新版 ごみから地球を考える**』（**八太昭道／著　岩波ジュニア新書**）は、私たち人間が存在することがごみを作っていると教えてくれる。購入したものはどんなに大切な物でもいずれはごみになる。少々難しい本だが、部分的にでも読んでほしい。そして、もう１冊『**おしりをふく話**』（**斎藤たま／文　たくさんのふしぎ　福音館書店**）。私たちはトイレットペーパーを使いすぎているし、ティッシュペーパーも使いすぎていないだろうか。トイレに行くことはごみをだすことである。この本は昔のトイレは自然の物を使い、自然に返すことでごみにしていなかったことを知らせてくれた。〈おしりをふく〉という子どもが飛びつきそうな書名から紹介し、ごみということを自分に引き寄せて考えられることを願った。

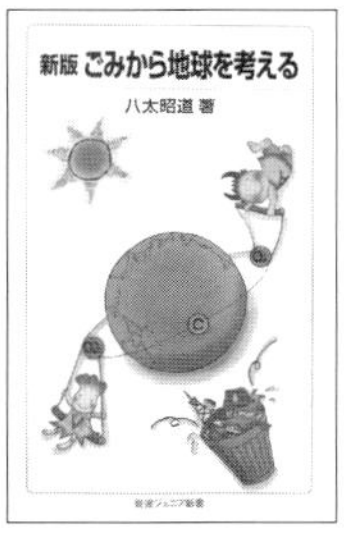

自分の周りにごみが無ければいいという勝手な行動からできた『ゴミ山脈』は、インパクトがあったようで、その後の学習では「ごみを減らすためには、自分たちが〈ゴミ山脈〉を作らないようにしなければならない。」という子どもたちの発言がでてきていた。

東京学芸大学附属世田谷小学校 司書　吉岡裕子

4年生

Ⅳ．健康なくらしとまちづくりを調べよう

3 くらしと電気・ガス

本単元では、電気とガスが組織的、計画的に供給され、そのことが私たちの健康な生活の維持と向上に役立っていることを学習していく。その中で、供給に携わる人々の工夫や努力を理解するとともに、電気消費量の増加などの問題やその問題を解決するために社会や自分たちが取り組んでいかなくてはいけないことを考えていく。

【学習のキーワード】
1 発電所
2 ガス工場
3 供給方法
4 エネルギー問題

学習指導要領では、電気とガスの安定供給について、私たちの生活環境の維持と向上を図るために、さまざまな対策や事業が計画的に、しかも多くの人々の協力を得ながら進められ、地域の人々の健康な生活の維持と向上に役立っていることを法、きまりの視点も含みながら具体的に考えることができるようにすることを目標としている。

電気とガスは、学習指導要領の第３学年及び第４学年の内容の取扱いの（3）で、「飲料水、電気、ガスの中から選択して取り上げるもの」とされている。実際の教科書では、飲料水を取り扱っていることがほとんどであり、電気・ガスを取り上げている教科書は少ない。

実際の学習では、電気やガスが生活の中でどのように利用されているのかを調べることが多い。スイッチをつければ明かりがつく。お風呂のボタンを押せば温かいお湯が出てくる毎日の生活の中で、子どもたちは電気やガスがどのくらい使われているのかを意識していないことが多いので、この活動を大切にしたい。各会社から送られてくる、電気やガスの利用明細書を資料としてもいい。その後、自分の家庭まで電気やガスが安定的に供給される仕組みやそれを実現するために努力をしている人々について学習を進めてく。最後に、電気消費量の増加や天然ガスの輸入量の増加問題を学習する。現在のエネルギー問題を解決するために社会や自分たちが取り組んでいかなくてはならないことを考えていく。

これらをふまえて、【学習のキーワード】は、発電所、ガス工場、供給方法、エネルギー問題をあげた。

（松本大介）

はじめて手にとる１冊

私たちの大切な資源 エネルギー絵事典 未来の地球環境を考えよう！

【キーワード】
☑発電所
☐ガス工場
☐供給方法
☑エネルギー問題

新田義孝 監修
(株)コスモピア 著
PHP研究所 刊
A4判変型
79ページ
本体：2,800円
2006年

内容

＜第１章　私たちとエネルギー＞
自然はエネルギーの源、エネルギーって何だろう、電気は便利なエネルギー、エネルギー利用の歴史など

＜第２章　変わり始めた地球環境＞
化石エネルギーに頼るくらし、地球の気温が上がっている、酸性雨で森が枯れる、日本が置かれている立場と役割など

＜第３章　環境にやさしいエネルギー＞
太陽電池、風力発電、燃料電池、バイオマス、原子力発電など

＜第４章　つくって試してエネルギー＞
ソーラーカーをつくろう、紙の風車で風力発電に挑戦、太陽温熱器で実験しよう、エネルギークイズなど

電気・ガスについては扱う教科書が少ないためか、社会科の趣旨から取り上げる本は少ない。しかしエネルギー問題の角度から取り上げているものがあり、参考になるものがある。

本書は電気を中心に、エネルギーにはどのような種類があるのか（化石燃料のところで若干ガスにも触れている）、またエネルギーを利用するくらしはどのように始まり、現在どのようであるか、電気エネルギーを中心に説き起こし（第１章）、化石エネルギーに依存して行われている現在のくらし方が地球環境を変化させていることにふれ（第２章）、環境にやさしいエネルギーを紹介（第３章）、工作・クイズを通じて環境にやさしいエネルギーへの体験を深める（第４章）という構成。写真や図、イラストを使いわかりやすく書かれており読みやすい。本単元で利用できるのは第１章が中心となるが、５年生の公害や国土の単元、総合的な学習の時間などでも利用できる。

小学生の環境見学シリーズ　全7巻　（7）見学でわかる！　エネルギーの未来

品切れ

【キーワード】
- ☑発電所
- □ガス工場
- ☑供給方法
- ☑エネルギー問題

佐島群巳 監修
齋藤辰也 文
割田富士男 写真
ポプラ社 刊
A4判変型
48ページ
2002年

全巻構成

1．見学でわかる！　ゴミのゆくえ
2．見学でわかる！　リサイクルのしくみ
3．見学でわかる！　水のよごれ
4．見学でわかる！　空気のよごれ
5．見学でわかる！　自然のたいせつさ →P.71
6．見学でわかる！　食べものの安全
7．見学でわかる！　エネルギーの未来

エネルギーと未来に関する７冊シリーズの第７巻。シリーズにはゴミ、リサイクル、水のよごれ、空気のよごれ、自然のたいせつさ、食べものの安全がある。本書では私たちのくらしとエネルギーの関係から、火力、原子力、水力、風力、波力発電の方法と電力供給の仕組みについて写真や図解を用いてわかりやすく解説している。構成が、小学生が社会科見学に行き、そこで見聞きしたことを示すというスタイルになっており、各章の終末にはよい点と問題点に関するまとめがあり、参考になる。

ダムをつくったお父さんたち　国際協力でチラタ発電所ができるまで

【キーワード】
- ☑発電所
- □ガス工場
- ☑供給方法
- ☑エネルギー問題

かこさとし　文・絵
偕成社 刊
29×23
48ページ
本体：2,000円
1988年

本書は1988年に竣工したインドネシア・チラタの水力発電用のダムとトンネル建設の様子を計画から完成までの過程を描いたものである。このダムは日本とインドネシアをはじめとする５カ国の協力によってつくられ、著者のかこ氏は実際に取材を行った。本書の一部には写真も交え、ダム建設の計画の段階からはじまり、送電設備などの関連施設、地下の水力発電施設の建設など、建設過程をわかりやすく解説している。水力発電について調べたいのであれば是非手に取らせたい。

エネルギーの未来を考える　全５巻

【キーワード】
- ☑発電所
- □ガス工場
- ☑供給方法
- ☑エネルギー問題

イアン・グラハム 著
棚橋祐治／山極隆 監修
文溪堂 刊
A４判変型
各48ページ
本体：2,800円
2000年

全巻構成

1．風力エネルギー　　吉井知代子 訳
2．水力エネルギー　　菊池美代子 訳
3．太陽エネルギー　　竹中晶子 訳
4．地熱・バイオエネルギー　　小浜杳 訳
5．化石燃料エネルギー　　北原由美子 訳

本シリーズは、エネルギーの歴史や現状、そして未来の展望について紹介し、エネルギーをめぐる様々な問題に関心が持てるようにしている。1998年にイギリスで出されたENERGY FOREVER?の翻訳本。事例を広く世界に取り、それぞれのエネルギーの本質に関わること、利用の歴史、最先端の事情について写真や図解も豊富でわかりやすく構成されている。本単元では発電という観点で１～４巻、ガスに関しては４・５巻が利用できる。巻末には１ページだが索引も用意されている。

校外学習　くらしをまもる・くらしをささえる 全20巻

（13）ガスの道 品切れ

【キーワード】
- □発電所
- ☑ガス工場
- ☑供給方法
- ☑エネルギー問題

長崎武昭 文
古谷卓 絵
岩崎書店 刊
A4判変型
40ページ
2001年

私たちの家で使われているガスが、家庭に届くまでを写真やイラストを多く使って、詳しく説明している。「ガスの火のべんりさ」「液化天然ガスを運ぶＬＮＧタンカー」など見開きで、一つのテーマを扱っているので、子どもたちが自分の調べたいことが書かれたページを見つけやすいと思われる。

21C 日本の産業と環境問題 全8巻

（3）エネルギー産業と環境問題 品切れ

【キーワード】
- □発電所
- □ガス工場
- □供給方法
- ☑エネルギー問題

茅陽一 監修
ポプラ社 刊
A4判変型
47ページ
1998年

エネルギー、特に発電所（水力・火力・原子力）が環境に及ぼす影響と対策、社会全体の省エネへの取り組み、エネルギーをめぐる技術や対応等を、写真や図解を多く用い、解説している。統計資料が豊富で、グラフ等を多く用い、わかりやすくしているのもよい。巻末に２ページの索引もある。

科学がつくる２１世紀のくらし　全５巻

（4）新エネルギー　安全なエネルギーをつくる

【キーワード】
- □発電所
- □ガス工場
- □供給方法
- ☑エネルギー問題

牛山泉 監修
リブリオ出版 刊
B5判
39ページ
本体：2,800円
2003年

本書は大気汚染や地球温暖化等の環境問題、石油等の化石燃料の枯渇問題解決策として研究されている様々な新しいエネルギーを紹介している。波力や潮汐、海洋温度差、地熱、バイオマス、中小水力発電等の自然エネルギーや、燃料電池等、環境にやさしいエネルギーの未来について豊富な図解と写真で調べられる。

校外学習　くらしをまもる・くらしをささえる 全20巻

（12）電気の道 品切れ

【キーワード】
- ☑発電所
- □ガス工場
- ☑供給方法
- ☑エネルギー問題

小西聖一 文
吉野健一 絵
岩崎書店 刊
A4判変型
40ページ
2001年

私たちの生活に欠かすことのできない電気が、どのように発電所でつくられ、家庭まで運ばれてくるかをイラストや写真を多く使って説明している。地球温暖化や放射能漏れを防ぐことや、安定供給のために努力している人々にもふれ、最後に消費量の増加や原料輸入依存の問題についても子どもたちに投げかけている。

学研の図鑑

電 気 品切れ

【キーワード】
- ☑発電所
- □ガス工場
- ☑供給方法
- ☑エネルギー問題

主要な目次の項目
- ・電気の不思議
- ・電気の働き
- ・発電所から家庭まで
- ・電気装置の仕組み
- ・テレビジョン
- ・地球をつつむ通信のあゆみ
- ・エネルギーとしての電気

高橋洋一 他 監修
学習研究社 刊
B5判
152ページ
1980年

雷や電気の火花などの身近な電気の現象、電気器具や装置についてまとめた１冊である。社会科の学習では「発電所から家庭まで」のページを中心に活用できる。各発電所がどのような仕組みで伝記を発生させているのかを詳しく知ることができる。また、電柱や電線に設置されている器具についても説明されている。

その他の資料

キッズ東京ガス

【キーワード】
☐発電所
☑ガス工場
☑供給方法
☑エネルギー問題

http://www.tokyo-gas.co.jp/kids_tg/index.html

注目ポイント

ガス供給の仕組みからエネルギー問題まで子ども向けに説明している。エネルギー問題のリンクもある。

社団法人 日本ガス協会

【キーワード】
☐発電所
☑ガス工場
☑供給方法
☑エネルギー問題

http://www.gas.or.jp/default.html

注目ポイント

ガスについて広く調べることができる。ガスに関するリンク集が充実している。

大阪ガス スキッパーのわくわくガスランド

【キーワード】
☐発電所
☑ガス工場
☑供給方法
☑エネルギー問題

http://www.osakagas.co.jp/pr/wakuwaku/

注目ポイント

ゲーム形式で楽しみながらエネルギー問題、環境問題や都市ガスについて調べることができる。

電気事業連合会

【キーワード】
☑発電所
☐ガス工場
☑供給方法
☑エネルギー問題

http://www.fepc.or.jp/

注目ポイント

電力施設の見学先の情報や子ども向けのリンク集が充実している。

東京電力 電気・電力辞典

【キーワード】
☑発電所
☐ガス工場
☑供給方法
☑エネルギー問題

http://www.tepco.co.jp/corp-com/elect-dict/index-j.html

注目ポイント

くらしと電気、エネルギーについて学べる。用語解説の電気・電力辞典は最新の用語もわかりやすく解説。

中部電力

【キーワード】
☑発電所
☐ガス工場
☑供給方法
☑エネルギー問題

http://www.chuden.co.jp/

注目ポイント

発電所や変電所など電気が家庭に送られるまでを知ることができる。電機やエネルギーの用語解説もある。

関西電力 こどもエネルギー学習

【キーワード】
☑発電所
☐ガス工場
☑供給方法
☑エネルギー問題

http://www.kepco.co.jp/kids/index.html

注目ポイント

電気・エネルギー問題について調べられる。バーチャル発電所見学（黒四ダム・大飯原発等）もある。

九州電力 サグルくんの電気冒険!!

【キーワード】
☑発電所
☐ガス工場
☑供給方法
☑エネルギー問題

http://www.kyuden.co.jp/kids_index

注目ポイント

冒険をしながら発電・送電・バランスのよい発電、未来のエネルギーについて調べることができる。

環境省 ECO 学習ライブラリー

【キーワード】
☐発電所
☐ガス工場
☑供給方法
☑エネルギー問題

http://www.eeel.jp/index.html

注目ポイント

指導者が教材研究をする際に、活用できる。一つひとつのテーマに沿って、詳細な資料が検索できる。

4年生　Ⅴ．むかしのくらしを調べよう

本単元では、「昔の道具」「地域に残る文化財や年中行事」「地域の発展に尽くした先人のはたらき」について学習し、人々の生活がどのように変わっていったのか、人々はどのような願いをもって生活の向上に努めてきたのかを考えていく。「文化財や年中行事、先人のはたらき」は地域によって取り上げるものが大きく異なるのが本単元の特徴である。

【学習のキーワード】
1　昔の生活道具
2　昔の生産道具
3　古い施設
4　くらしの変化
5　地域の文化財
6　地域の年中行事
7　地域に尽くした人々

学習指導要領では、「古くから残る暮らしにかかわる道具、それらを使っていたころの暮らしの様子」、「地域の人々が受け継いできた文化財や年中行事」、「地域の発展に尽くした先人の具体的事例」を調べ、人々の生活の変化や人々の願い、地域の人々の生活の向上に尽くした先人のはたらきや苦心を考えることができるようにすることを本単元の目標としている。

教科書や各地の副読本では、昔の道具調べ、地域に残る文化財や年中行事、地域の発展に尽くした先人のはたらきで構成されていることが多い。地域の郷土資料館の見学をしたり、祖父母や地域の高齢者へのインタビューをしたりする活動が例示されている。

実際の学習では、洗濯板で洗濯をしてみたりや七輪でお餅を焼いてみたりするなど昔の道具を体験してみることが多い。体験する昔の道具を選ぶ際は、子どもたちの生活と深くかかわりがある、継続的体験できる、現在の道具と比べられる、昔の人の知恵や工夫に気付きやすいなどの観点を意識する必要がある。一方の「地域の人々が受け継いできた文化財や年中行事」、「地域の発展に尽くした先人の具体的事例」でどのようなものや人物を教材として取り上げるかは地域によって違いがある。学校の周りには、子どもたちの追究の対象となるものがあるはずである。それを開発するのがこの単元のおもしろさである。

これらをふまえて、【学習のキーワード】には、昔の生活道具、昔の生産道具、古い施設、くらしの変化、地域の文化財、地域の年中行事、地域に尽くした人々をあげた。

（松本大介）

はじめて手にとる１冊　各地の郷土資料

【キーワード】
☑ 昔の生活道具
☑ 昔の生産道具
□ 古い施設
☑ くらしの変化
□ 地域の文化財
☑ 地域の年中行事
☑ 地域に尽くした人々

（例）ボロ市の歴史

世田谷区教育委員会事務局 編
世田谷区立郷土資料館 刊
B5判
16ページ
150円（定価）
1998年

東京・世田谷のボロ市は今から430年前に始まった市である。起源、変遷などが詳しく記述されている。記述は子どもたちが読むには難しいと思われる。後半に、昭和20年から30年のボロ市の写真が載っているので、授業の中で、昔と今のボロ市の様子を比べるのはふさわしい資料である。

この「ボロ市の歴史」以外にも世田谷区教育委員会や郷土資料館では、多くの郷土資料を発行している。学校の周りに、どのような歴史が隠れているのか、どのような先人の働きがあったのかを授業者が調べるのに大変有効である。また、各校には「10周年記念誌」「卒業アルバム」なども残されているはずである。昔の学校の様子を知るには良い資料である。

この単元では地域に残る年中行事や文化財を教材研究する必要がある。その際、「ボロ市の歴史」のように郷土資料館や教育委員会が作成、発行している郷土資料が大いに参考になる。

新聞広告で見つけよう！ 明治から平成 くらしのうつりかわり 全5巻 →P.101

【キーワード】
☑ 昔の生活道具
☑ 昔の生産道具
☐ 古い施設
☑ くらしの変化
☐ 地域の文化財
☐ 地域の年中行事
☐ 地域に尽くした人々

岸尾祐二 執筆指導
羽島知之 資料協力
くもん出版 刊
A4判変型
各48ページ
本体：各2,500円
2003～2004年

明治から平成までの洗濯機、服、お菓子などの身近なものの新聞広告を紹介し、何が広告に書かれているのか、その商品が発売されたころの生活はどのような様子だったのかを解説している本である。第2巻では電化製品について取り上げ、テレビ、洗濯機、そうじ機、冷暖房機の変遷を紹介している。この本のいいところは、テレビならテレビが、時代とともにどのように変わってきたのかをわかりやすくまとめているところである。

全巻構成
1．食べもの
2．電化製品 →p.116
3．ファッション
4．乗りもの
5．遊び・レジャー

日本人の20世紀 くらしのうつりかわり 全10巻

【キーワード】
☑ 昔の生活道具
☑ 昔の生産道具
☑ 古い施設
☑ くらしの変化
☑ 地域の文化財
☐ 地域の年中行事
☐ 地域に尽くした人々

テーマごとに100年前からどのように変わってきたのかを解説している。例えば、第6巻の小学校では、校舎、学習内容、学校行事、学習道具、給食の変遷を取り上げている。写真や絵が豊富なので、昔の生活をイメージしやすい。

10巻で幅広いテーマを扱っているので、子どもたちの調べたいことに対応できる。

また、各巻には、“全巻索引”があるので、子どもたちの調べ活動をサポートする工夫もされている。

全巻構成
1．着るもの
2．食生活
3．住まい
4．家庭生活
5．遊び
6．小学校
7．交通
8．通信
9．社会のしくみ
10．大事件

宮田利幸 監修
窪田愛子 他 著
小峰書店 刊
A4判変型
各47ページ
本体：各2,900円
2000年

たくさんのふしぎ傑作集

つな引きのお祭り

【キーワード】
☐ 昔の生活道具
☐ 昔の生産道具
☐ 古い施設
☑ くらしの変化
☑ 地域の文化財
☑ 地域の年中行事
☐ 地域に尽くした人々

北村皆雄 文
関戸勇 写真
高頭祥八 絵
福音館書店 刊
26×20
40ページ
本体：1,300円
2006年

運動会でよく行われるつな引き。つな引きはスポーツではなく、古くからお祭り、伝統行事として各地方で行われてきている。各地方で行われているつな引きの様子について写真を多く使って紹介し、どのような願いをこめて人々はつなを引き合ってきたのかがわかる本である。

また、後半には、外国で行われているつな引きのことも紹介されているので、6年生の国際の単元でも活用できる本である。

この本もオススメ

昔の子どものくらし事典

【キーワード】
- ☑ 昔の生活道具
- ☑ 昔の生産道具
- ☐ 古い施設
- ☑ くらしの変化
- ☐ 地域の文化財
- ☐ 地域の年中行事
- ☐ 地域に尽くした人々

本間昇 監修
岩崎書店 刊
A4判変型
176ページ
本体：5,000円
2006年

子どもたちの家庭、学校での過ごし方、遊び方が紹介されている。1ページ、または見開き2ページで一つの事柄について書かれている。大きな写真やイラストがあり、その周りに詳しい解説が書かれている。“さくいん”がのっているので調べ学習に便利である。『昔のくらしの道具事典』と併せて活用できる。

昔のくらしの道具事典

【キーワード】
- ☑ 昔の生活道具
- ☑ 昔の生産道具
- ☐ 古い施設
- ☑ くらしの変化
- ☐ 地域の文化財
- ☐ 地域の年中行事
- ☐ 地域に尽くした人々

小林克 監修
岩崎書店 刊
A4判変型
176ページ
本体：5,000円
2004年

道具を生活シーンごとに分類して、使い方や仕組みが紹介されている。目次には、全ての道具の名前と写真が載っているので、道具の形がわかる場合は目次を使って調べる。名前がわかる場合は、索引があるので、それを使って調べることができる。また、昔のくらしの様子がわかる博物館ガイドも載っている。

日本の年中行事　全6巻

【キーワード】
- ☐ 昔の生活道具
- ☐ 昔の生産道具
- ☐ 古い施設
- ☑ くらしの変化
- ☐ 地域の文化財
- ☑ 地域の年中行事
- ☐ 地域に尽くした人々

全巻構成
1. 1月・2月
2. 3月・4月
3. 5月・6月
4. 7月・8月
5. 9月・10月
6. 11月・12月

竹内誠 監修
深光富士男 著
学習研究社 刊
A4判変型
1巻のみ72ページ
他は各56ページ
本体：各3,000円
2004年

2ヶ月ごとに、日本の伝統行事がいつごろどのように始まったのか、その行事にはどのような意味があるのかをまとめた本である。行事の知識、作法、料理、遊び、祭りなどの情報が豊富である。一つ一つの写真が大きく、文章には全てルビが振ってあるので子どもたちには読みやすい本である。

学習に役立つ くらしのうつりかわり　全8巻　品切れ

【キーワード】
- ☑ 昔の生活道具
- ☑ 昔の生産道具
- ☑ 古い施設
- ☑ くらしの変化
- ☑ 地域の文化財
- ☑ 地域の年中行事
- ☑ 地域に尽くした人々

本間昇 作　石井勉 他 絵　岩崎書店 刊
A4判　各48ページ　1996年

全巻構成
1. 家のくらしのうつりかわり
2. 子どもの遊びのうつりかわり
3. 学校のうつりかわり
4. 仕事のうつりかわり（おとうさん）
5. 仕事のうつりかわり（おかあさん）
6. 町のうつりかわり
7. 村のうつりかわり
8. 道と乗り物のうつりかわり

どのようにくらしが変わってきたのかを絵本にしている。見開きで一つの場面が展開し、少しずつ現在に近づいてきている。細部まで描写されているので、隅々まで読ませ、いろいろなことを発見する楽しさを味わえる本である。解説のページもあり、その場面がどのようなことをあらわしているのかを説明している。

写真と作文でつづる昭和の子どもたち　全5巻

（1）学校生活の移り変わり　品切れ

【キーワード】
- ☑ 昔の生活道具
- ☐ 昔の生産道具
- ☑ 古い施設
- ☑ くらしの変化
- ☐ 地域の文化財
- ☐ 地域の年中行事
- ☐ 地域に尽くした人々

依田好照 編
学習研究社 刊
27センチ
176ページ
1986年

戦前から昭和40年代までの学校生活の様子が写真で紹介されている。当時の子どもの作文も載っているので、子ども達が学校生活でどのようなことに感動したり、考えたりしていたのかを知ることができる。しかし、入手することは困難である。学校の図書館にある場合は、ぜひとも大切にしたい1冊である。

新版　祇園祭

【キーワード】
- ☐ 昔の生活道具
- ☐ 昔の生産道具
- ☐ 古い施設
- ☐ くらしの変化
- ☑ 地域の文化財
- ☑ 地域の年中行事
- ☑ 地域に尽くした人々

田島征彦 作
童心社 刊
B5判変型
32ページ
本体：1,700円
2005年

京都で行われている祇園祭の１ヶ月の流れが絵本にまとめられている。絵本なので由来や祭りにおける人々の動きは詳しくは書かれていないが、祇園祭のイメージを持たせるにはいいかもしれない。祇園祭は６年生の歴史単元の「町衆のはたらき」でも取り上げられている。そこで子どもたちに紹介するのも良い。

ながさきくんち

【キーワード】
- ☐ 昔の生活道具
- ☐ 昔の生産道具
- ☐ 古い施設
- ☐ くらしの変化
- ☑ 地域の文化財
- ☑ 地域の年中行事
- ☑ 地域に尽くした人々

太田大八 作
童心社 刊
30.8×26.1
32ページ
本体：1,500円
2005年

長崎くんちの神輿や船の様子が大きな絵で紹介されている絵本である。大きな絵なので読み聞かせにも使える。本文以外に、各ページの隅には、そのページ紹介しているものの詳しい解説が書かれている。この絵本から、長崎くんちには、中国文化の影響があることがわかるので、６年生の国際の単元でも活用できる。

きゅーはくの絵本

エイサー！　ハーリー

【キーワード】
- ☐ 昔の生活道具
- ☐ 昔の生産道具
- ☐ 古い施設
- ☐ くらしの変化
- ☑ 地域の文化財
- ☑ 地域の年中行事
- ☑ 地域に尽くした人々

九州国立博物館 文・原案
山崎克己 絵
フレーベル館 刊
22×22
32ページ
本体：1,000円
2006年

沖縄の伝統的な祭祀、海神祭（ウンガミ）を紹介したものである。近年、運動会で踊られるエイサーは沖縄の盆踊りであり、本書で扱う海神祭とは異なるが、沖縄の伝統的な祭りを知る手がかりとなる。最後には、各ページの絵の解説が書かれているので、言葉や道具の意味を知ることができる。

「和」の行事えほん　全２巻

【キーワード】
- ☐ 昔の生活道具
- ☐ 昔の生産道具
- ☐ 古い施設
- ☑ くらしの変化
- ☐ 地域の文化財
- ☑ 地域の年中行事
- ☐ 地域に尽くした人々

１．春と夏の巻　２．秋と冬の巻

高野紀子 作
あすなろ書房 刊
A４判変型
各60ページ
本体：各1,600円
１.2006年
２.2007年

ウサギ、くま、たぬきの家族が登場し、お彼岸や衣替え、七夕などの季節の行事の由来や意味をわかりやすく紹介した絵本である。文字が細かく書かれているが、全てにルビが振ってある。絵がきれいなので小さい子どもには絵を見るだけでも楽しめる。巻末にある参考文献は年中行事を調べるときに参考になる。

家族で楽しむ日本の行事としきたり

【キーワード】
- ☐ 昔の生活道具
- ☐ 昔の生産道具
- ☐ 古い施設
- ☑ くらしの変化
- ☐ 地域の文化財
- ☑ 地域の年中行事
- ☐ 地域に尽くした人々

石田繁美 編
ポプラ社 刊
21×15
248ページ
本体：1,600円
2005年

年中行事やしきたりが１月から順番にイラストや写真を多く使って紹介されている。行事の由来、行事で出される食事、着る物などが詳しく紹介されているので、教材研究を行う際に活用できる。

この本もオススメ

エコライフにも役立つ！ ふろしき大研究 くらしの知恵と和の文化

【キーワード】
- ☑ 昔の生活道具
- ☐ 昔の生産道具
- ☐ 古い施設
- ☑ くらしの変化
- ☐ 地域の文化財
- ☐ 地域の年中行事
- ☐ 地域に尽くした人々

宮井株式会社 監修
PHP研究所 刊
A４判変型
79ページ
本体：2,800円
2005年

風呂敷の包み方、色や図柄の意味、風呂敷の歴史と日本文化、現代の風呂敷の利用方法などについて写真やイラストを用いて説明している。授業の中で、風呂敷を実際に使ってみる際には参考になる１冊である。また、外国の風呂敷についても説明しているページもあるので６年の国際理解の単元でも活用できる。

新装版 ふるさとを見直す絵本　全10巻

※

【キーワード】
- ☑ 昔の生活道具
- ☑ 昔の生産道具
- ☐ 古い施設
- ☑ くらしの変化
- ☑ 地域の文化財
- ☑ 地域の年中行事
- ☐ 地域に尽くした人々

いろり

おさなぶり

こばし休み

もらい風呂

みなみ信州農業協同組合 文　熊谷元一／肥後耕寿 絵
みなみ信州農業協同組合 企画編集　農山漁村文化協会 刊
B5判　ページ数は異なる　本体：各1,429円　2000年

例えば囲炉裏端は、食事の場であり、団欒の場であり、夜なべ仕事の場であり、社交の場でもあった。田んぼ仕事は「ゆい」の力を借りなければたちゆかなかった。…かつての農村に生きた人々の日常の暮らしぶりを、米作り、蚕飼いといった農作業と、村のしきたりなど多方面にわたり、村の歴史とともに語る。

母さんの小さかったとき／父さんの小さかったとき／10才のとき

品切れ

※

【キーワード】
- ☑ 昔の生活道具
- ☐ 昔の生産道具
- ☐ 古い施設
- ☑ くらしの変化
- ☐ 地域の文化財
- ☐ 地域の年中行事
- ☐ 地域に尽くした人々

福音館の科学シリーズ

越智登代子 文
ながたはるみ 絵
A４判変型　72ページ
本体：1,400円　1988年

塩野米松 文
松田達英 絵
A４判変型　72ページ
本体：1,400円　1988年

たくさんのふしぎ傑作集

高橋幸子 聞き手
西村繁男 絵　大木茂 写真
25×19　48ページ
1988年

いずれも福音館書店 刊

一口に「むかし」といっても、その「むかし」は、人によって違う。明治36年生まれで大正２年に10才になった斎藤雷太郎さんから、昭和39年生まれで昭和49年に10才になった朴相五さんまで、７人の方々の10才のときを、たくさんの写真と絵をまじえて語ってもらう。それぞれの思い入れが伝わってくる。

日本傑作絵本シリーズ

おひさまいろのきもの

※

【キーワード】
- ☑ 昔の生活道具
- ☐ 昔の生産道具
- ☐ 古い施設
- ☐ くらしの変化
- ☐ 地域の文化財
- ☐ 地域の年中行事
- ☐ 地域に尽くした人々

広野多珂子 作・絵
福音館書店 刊
27×30
36ページ
本体：1,500円
2007年

母さんと二人暮らしの女の子「ふう」は、今年の祭りに新しい着物を作ってもらうことになった。そのために、夜なべをしてわらぞうりを作って売って、糸を買う。それを染め、布に織り、ようやく着物を縫い上げた。糸から着物になるまでのひとつひとつの工程が、大判の絵本で、ていねいにやさしく描かれている。

神さまのいる村 白《しら》間《ま》津《づ》大祭物語

※

【キーワード】
- ☐ 昔の生活道具
- ☐ 昔の生産道具
- ☐ 古い施設
- ☐ くらしの変化
- ☑ 地域の文化財
- ☑ 地域の年中行事
- ☐ 地域に尽くした人々

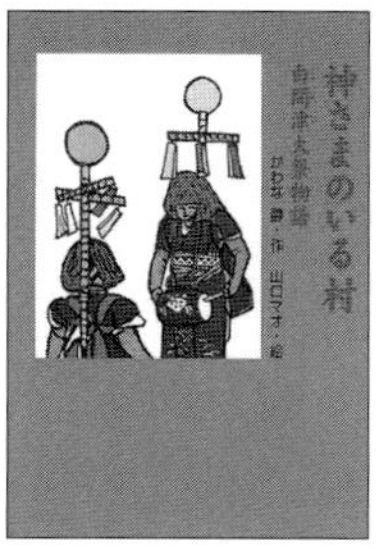

かわな静 作
山口マオ 絵
ひくまの出版 刊
A５判
184ページ
本体：1,500円
2006年

千葉県南房総市で４年に１度開催される「白間津の大祭」において、神としての待遇を受ける「仲立」は二人の少年が選ばれる。彼らには精進潔斎の務めが課され、給食も食べられなくなる。毎朝、家で灯明をあげた後、裸足で海辺へ行き、浜砂を採取して日枝神社の拝殿に供える。少年たちを通して祭りを内側から描く。

※印は高桑弥須子執筆

司書のまなざし

本だけじゃないぞ地域資料

3・4年生の社会科は、船橋市では教科書と共に副読本『わたしたちの船橋』(市教育委員会発行)を活用して学習がすすめられる。4年生『むかしのくらしをしらべよう』の単元では、地域のお年寄りに話を聞いたり、市立郷土資料館に見学に行ったり、市内に伝わる祭り等の伝統行事や文化財を調べたりすることが掲載されている。

「もっと深く調べてみよう」ということになると、子ども達は、インターネットも使うが、図書資料も求めて学校図書館(以下『図書館』と記す)にやってくる。本校は、パソコン室と図書館が隣り合わせなので、両方の部屋を行き来できて便利である。さて、一般的な昔調べならたくさん出版されているけれど、限定された地域のこととなると、それらの本には掲載されていない。地域資料で一番子どもにわかりやすく書かれている出版物というと、結局は副読本なのだ。でも子ども達はそれだけでは満足しない。さらに資料を求めてやってくる。

そんな時役立つのが、市の郷土資料館や教育委員会から発行されている**冊子**、そして各学校で創立何十周年という時に作成する**記念誌**である。市で作成される冊子には史跡や文化財、昔の市内の写真等集めたものがあり、たくさん発行されている。たいてい学校にも配布されるので、図書館に回してもらうようにしている。過去に発行されたもので本校に所蔵がない場合や複数の同じ冊子が必要になる場合は、図書館ネットワークの物流で他校や公共図書館から借りる。教科学習だと進度が同じなので他校から借りるのは難しいが、公共図書館からは貸してもらえる。船橋市では、ネットを使って他校や公共図書館の本を予約することができ、週1回の物流トラックで配送される。

公共図書館には市発行の**冊子**はもちろん、地域の人が作った郷土芸能の**パンフレット**等も所蔵している。ネット予約だけでなく休日に出向いて、私自身楽しみながら必要な資料を吟味する。館内閲覧のみの資料は、子ども達に「館内用でいい資料があったから、興味があったら図書館に行ってね」と伝える。本校は徒歩圏に公共図書館がないため、保護者に連れて行ってもらう子もいる。

この単元で公共図書館から借りて役立ったのは『ふなばしの歴史と文化財』(市教育委員会文化課編集)という冊子である。船橋の漁業に深く関係する行事「大仏追善供養」や市内各所の神社で行われる神楽等、年中行事が白黒写真と解説付きで掲載されている。他に郷土資料館発行の『五日市』『九日市』『庚申塔』『水田稲作の道具』等の冊子も昔の船橋の様子が掲載されており、役に立った。

学区内の昔調べで意外に役立ったのが、学校の記念誌である。本校の場合、『三十周年記念誌』に学校史だけでなく、地域の史跡や歴史を載せている。「社会科学習資料にする」という意図で作成したと、あとがきに書いてあった。

また、中野木という地域には独特の「辻切り」という年中行事がある。村の入口にわらで作った大蛇を置くというならわしである。家々の門には小蛇を置く。いわゆる魔よけで、昔は市内のあちこちで行われていたそうだ。この行事を元教頭で郷土史家の滝口昭二氏が取材した『中野木の辻ぎり』(本校発行)という冊子も図書館に置いている。こういう冊子は、学校によっては社会科資料室等に置くところもあるだろうが、図書館にまとめておけば、学習時以外にも子どもや先生の目にとまり興味を持ってもらえる。他に、市で発行している『広報』には市の施設情報や地域の祭り等伝統行事も紹介されており、県発行の『県民だより』には、県の名所や特産物、郷土料理の調理法も載っている。このように図書以外にも冊子、記念誌、広報、パンフレットなど収集しておけば、立派な社会科の学習資料となるのである。

千葉県船橋市立中野木小学校 司書　中村貴子

4年生　Ⅵ．わたしたちの県のまちづくりを調べよう

この単元では、自分たちが住んでいる都道府県について、地図や地図帳を活用したり、観光パンフレット等の資料を集めて調べたことを白地図や地域カルタなどにまとめる活動を主に行う。そのことを通して、都道府県の地形や産業などの特色や、人々の生活の様子、他の地域とのつながりなどを改めて知ることで、自分の住んでいる都道府県に愛情や誇りをもつのが大きな目的である。

【学習のキーワード】
1 地勢図
2 鳥瞰図
3 土地利用
4 八方位
5 等高線
6 縮尺
7 地形図
8 交通の様子
9 伝統工芸品

学習指導要領の第３学年及び４学年の内容（６）には、「県（都、道、府）の様子について、次のことを資料を活用したり白地図にまとめたりして調べ、県（都、道、府）の特色を考えるようにする。」とある。次のこととは、以下の四つである。

①県（都、道、府）内における自分たちの市（区、町、村）及び我が国における自分たちの県（都、道、府）の地理的位置、47都道府県の名称と位置
②県（都、道、府）全体の地形や、主な産業の概要、交通網の様子や主な都市の位置
③県（都、道、府）内の特色ある地域の人々の生活
④人々の生活や産業と国内の他地域や外国とのかかわり

この四つを調べるために特に地図の活用を挙げている。

教科書においては、それぞれの教科書会社が、特定の都道府県を選び、そこで生活する子ども達が、地図や観光パンフレットなどを利用して調べ学習を進めていくといった学習の流れのモデルが記載されている。

これらを踏まえ、今回は、どこの都道府県の子ども達も共通する物として「地図」に関するキーワードを主に取り上げた。「地勢図」「鳥瞰図」「土地利用図」「八方位」「等高線」「縮尺」「地形図」「交通の様子」「伝統工芸品」である。選書の規準として様々な地図の見方に慣れること、地図を楽しめることを考えて本を選んでみた。各都道府県の概要や特色を詳しく紹介しているのは、その土地の観光パンフレットや、各教育委員会が独自に作成している「副読本」に勝るものはないため、各都道府県を紹介する本の中でも、地図や、統計資料の見方や読み方の学習に効果的なものを選んだ。

（三上聡）

はじめて手にとる１冊　都道府県大図解　日本の地理　全11巻

【キーワード】
☑ 地勢図
☐ 鳥瞰図
☑ 土地利用
☐ 八方位
☐ 等高線
☐ 縮尺
☐ 地形図
☑ 交通の様子
☑ 伝統工芸品

全巻構成
1．北海道・青森・岩手・宮城・秋田
2．山形・福島・茨城・栃木・群馬
3．埼玉・千葉・東京・神奈川・山梨
4．新潟・富山・石川・福井・長野
5．岐阜・静岡・愛知・三重・滋賀
6．京都・大阪・兵庫・奈良・和歌山
7．鳥取・島根・岡山・広島・山口
8．徳島・香川・愛媛・高知・福岡・大分
9．佐賀・長崎・熊本・宮崎・鹿児島・沖縄
10．日本の国土と産業 →P.71
11．地図の見方・使い方

学習研究社 編
学習研究社 刊
A4判変型
各48ページ
本体：各3,000円
2007年

すべての各都道府県の自然・産業・文化が簡潔な文と多くの資料で紹介されている。子ども達が楽しみながら、地図や統計資料を読み解く力をつけられる内容になっている。

五つ程度の都道府県を１冊にまとめ、すべての都道府県の自然、特色を網羅している。地図の見方・使い方も別冊としてシリーズの中に納められている。子ども達に読み取る力をつけて欲しい円グラフや棒グラフも、柔らかい色で描き視覚的に読み取りやすくすることで、統計資料の苦手な子ども達が倦厭しないような配慮がなされている。写真も豊富につかわれ、衛星写真による地図もある。コラムの欄やインタビュー欄も充実している。県の鳥、人口などの基本データも記載されている。巻末特集には、それぞれの都道府県の特徴を表すトピックまである。どこから読んでも入っていける。とにかく子ども達に飽きさせない工夫が満載の本である。

こうすればつかえる、よくわかる　地図の読みかた遊びかた絵事典　あなたも地図博士になれる！

【キーワード】
☑ 地勢図
☑ 鳥瞰図
☐ 土地利用
☑ 八方位
☑ 等高線
☑ 縮尺
☐ 地形図
☐ 交通の様子
☐ 伝統工芸品

清水靖夫 監修
渡辺一夫 文
PHP研究所 刊
A４判
80ページ
本体：2,800円
2003年

他の本ではあまり見られないユニークな説明や事例が随所に掲載されているのがこの本の大きな魅力である。理解に時間のかかる縮尺や方位、等高線などが２ページずつ独立して説明されているので親切。地図記号と実物の写真がセットになっているので一目でわかる。鉄道、路面電車、ロープウェイの違いも興味を引く。地図遊びや宝探しなどをしながら学習したことを定着させることもできる。３年生で学習することも多く含まれているが、復習も兼ねて使ってみることをお勧めする。

新訂第６版　ジュニア地図帳　こども日本の旅

【キーワード】
☑ 地勢図
☐ 鳥瞰図
☑ 土地利用
☐ 八方位
☑ 等高線
☐ 縮尺
☐ 地形図
☐ 交通の様子
☐ 伝統工芸品

高木実 構成・文
花沢真一郎 絵
平凡社 刊
A４判
74ページ
本体：2,500円
2007年

同じ場所（西南日本・中央日本・東北）の地図がページをめくる毎に様々な様式で出てくるので地図の見方に慣れるのに効果的である。山、平野、海岸、気候、各種産業などあらゆる情報が入り、しかも子ども向けに編集された地図が掲載されている。特にお勧めなのは、海の水を全部取り除いた地図とそこに徐々に水を入れていく地図である。子ども達が立体的な地図の見方ができるようになるきっかけ作りにはもってこいのページである。

統計・資料で見る　日本地図の本　全８巻

【キーワード】
☑ 地勢図
☐ 鳥瞰図
☑ 土地利用
☐ 八方位
☐ 等高線
☐ 縮尺
☐ 地形図
☐ 交通の様子
☑ 伝統工芸品

こどもくらぶ 編
岩崎書店 刊
A４判変型
52~60ページ
本体：各3,200円
2008年

全巻構成

1．日本全土	5．北陸・東海
2．北海道・東北	6．近畿
3．北関東・甲信越	7．中国・四国
4．南関東	8．九州

北陸・東海など各地域毎７冊にまとめられた本の中に、すべての県の様々な情報が網羅されている。子どもの発達に合わせた統計資料もふんだんに使われているので、無理なく資料を読み取る力を育てることができる。資料は主に文化と産業に分けて提示され、伝統工芸品だけでなく郷土料理も紹介するなど子どもの興味を引く物が多い。また、平成の大合併について、透写紙を利用した重ね地図で、合併前と合併後が一目でわかるように工夫されている点が、他の本に見られない斬新さである。

この本もオススメ

地図情報ものしり百科全６巻

【キーワード】
☑ 地勢図
☑ 鳥瞰図
☐ 土地利用
☑ 八方位
☑ 等高線
☑ 縮尺
☑ 地形図
☐ 交通の様子
☐ 伝統工芸品

全巻構成
1．さまざまな地図と地図情報
2．進化する地図の形と歴史
3．地図のきまりと記号
4．地図のおもしろ活用法
5．身のまわりの地図を作ってみよう
6．地球の環境を考える地図を作ってみよう

田代博 監修　学習研究社 刊　A4判
各48ページ　本体：各2,800円　2008年

子どもたちが、地図好きになる本。地図記号、活用法、歴史、最近の３Ｄ地図などを、６冊に分けて豊富なイラストや写真などで解説。どの本から読んでも引き込まれるだけでなく、５・６巻にあるように、実際に地図を作成したくなってしまう工夫が満載の本。

やさしい地図入門 全５巻

（３）地図かきかた入門

品切れ

【キーワード】
☐ 地勢図
☐ 鳥瞰図
☐ 土地利用
☑ 八方位
☑ 等高線
☑ 縮尺
☐ 地形図
☐ 交通の様子
☐ 伝統工芸品

清水靖夫 監修
渡辺一夫 文
ポプラ社 刊
A４判変型
48ページ
1998年

都道府県の学習を進める中で、地図に特に興味をもった子どもや、地図の読み方使い方について特に力を入れて指導したい先生にはお勧めのシリーズである。「地図は、ながめるためのものでなくて、よむものだ。」という考えで貫かれている。

各県の地図

【キーワード】
☐ 地勢図
☐ 鳥瞰図
☐ 土地利用
☐ 八方位
☐ 等高線
☐ 縮尺
☑ 地形図
☑ 交通の様子
☐ 伝統工芸品

（例）なるほど知図帳 東京2006

昭文社 編
昭文社 刊
A４判
192ページ
本体：1,600円
2005年

とにかく情報が多い。お国自慢や雑学的な知識が満載である。子ども用ではないので、インターネットで調べたことと同様に、自分の言葉で書き直す必要も出てきそうである。地図とのつながりも薄いので、地図帳や白地図と併用することをお勧めする。

各県の副読本

【キーワード】
☑ 地勢図
☐ 鳥瞰図
☑ 土地利用
☐ 八方位
☑ 等高線
☐ 縮尺
☐ 地形図
☑ 交通の様子
☑ 伝統工芸品

（例）わたしたちの静岡県

静岡県校長会 静岡県教職員組合
㈳静岡県出版文化会 編
静岡県教育出版社 刊
B５判
120ページ
本体：495円
2006年

静岡県の先生方が中心になって作成した副読本を例として挙げた。自分の都道府県に愛情や誇りをもつことが大きな目標の一つであるこの単元においては、それぞれの都道府県について熟知し、長年にわたって教材研究を積み重ねてきた先生方が作成した副読本に勝るものはない。

その他の資料

国土地理院　子どものページ

【キーワード】
☑ 地勢図
☑ 鳥瞰図
☐ 土地利用
☐ 八方位
☑ 等高線
☑ 縮尺
☑ 地形図
☐ 交通の様子
☐ 伝統工芸品

http://www.gsi.go.jp/KIDS/index.html

注目ポイント

地図についての基本的な質問に、ほぼ答えてくれる情報が、子ども向けに発信されている。

教室から

学習を発展させ次の過程を発見する社会科見学

学校の周り、商店街、清掃工場、浄水場、自動車工場、古墳、博物館、お祭り…社会科の学習では、教室での学習だけではなく、教室を飛び出し、社会科見学に出かける。工場の油のにおい、自動車を組み立てるロボットの大きさ、ごみ山の大きさ、働く人々の息遣い…教科書などの資料やホームページの写真、教室の学習では感じることのできない多くのことを学ぶことができるのが社会科見学である。楽しいだけではなく、子どもたちにとって必要性があり、次の学習につながるものになるために、社会科見学を学習の中に位置づけ、ねらいを明確にする必要がある。

本校の４年生では、２学期に行うごみの学習を中心単元としている。ごみの学習のスタートでは、自分の家のごみ調べを１週間行うとともに、学校の周りを歩き“ごみマップ”を作成した。保護者の方にも手伝っていただき、班ごとにごみ集積場やリサイクルボックス、不法投棄などを調べ、地図にまとめた。このごみマップのように、学校の周りを探検し地図にまとめる活動は、１学期から繰り返し行ってきた。ごみマップと１週間のごみ調べから、学習計画を立てていった。その中で、子どもたちから「清掃工場を見学したい」「中央防波堤（最終処分場）に行ってみたい」という声が上がってきた。子どもたちの活動を予想し、最終処分場の見学の申し込みを夏休みに行ったのだが、子どもたちの学習に合った時期に予約をすることができなかった。そのため、ごみの学習の中では、見学をすることができなかった。子どもたちの活動を予想し、早めに見学先に問い合わせる必要がある。

そこで、この中央防波堤の見学を次の「昔のくらし」の学習の中に位置づけることにした。

本校では、３学期に「昔のくらし」について学習する。昔の人々の暮らしについて調べることを通して、今の私たちの生活を見直すことをねらいとしている。“今の私たちの生活”といっても幅が広いので、２学期に長い時間かけて取り組んだごみ問題を、昔の人々の生活の暮らし方や知恵という視点で考えることができないかと考えた。そこで、２月中旬に中央防波堤の見学をすることにした。

中央防波堤の見学を行ったとき、社会科の学習では、昔の道具にある昔の人々の知恵や工夫について考えていた。その話し合いの中では、「一つのものを繰り返し使う」「一度使ってもすぐに捨てない」など、ごみ問題を考える視点がいくつも出てきた。子どもたちは、中央防波堤で見てきたごみの山や職員の方の話を振り返りながら、大量生産、大量消費の今のくらしの問題を話し合っていった。

子どもたちは、社会科見学を楽しみにしている。ただ、楽しいだけではなく、学習してきたことを振り返ったり、次の追究していく課題を発見したりする社会科見学としていきたい。

東京学芸大学附属世田谷小学校 教諭　松本大介

5年生

Ⅰ．わたしたちのくらしと食料生産を調べよう

1 農業

日本の食料生産の中心である、農業にたずさわる人の工夫と努力、自然環境とのかかわりやこれからの課題について、具体的な事例を通して学習する。稲作を中心に、野菜、果物、畜産などについてもふれる。稲作は、大規模農家を取り上げる場合と、中規模の中山間地農家を取り上げる場合がある。漁業の学習のあとに輸入と自給率の問題をあつかうので、その視点も大事にしたい。

【学習のキーワード】
1 生産の過程
2 工夫
3 消費
4 安全
5 産地
6 貿易
7 課題
8 自然
9 文化

日本の農業の中心は稲作であり、それに地域の気候や自然環境を生かした野菜・果物・畜産物などの生産がある。農業を考えるための視点としては農家、流通、家庭があり、それぞれの視点で日本の農業を考えさせることが、日本の食料生産の構造や生活とのかかわりを理解する上で重要である。

学習指導要領では､食料生産の様子や生産と人々の生活とのつながり､分布や土地利用の特色、人々の工夫や努力、自給率の問題などを、盛んな地域の具体的な事例を通して学習するとされている。また､新たに価格､費用について扱うようにもなっている。

教科書においては、まず米作りを取り上げ、土地や気候の特徴、１年間の仕事の様子、生産のための工夫、現在の課題や環境や文化の面から見た田んぼの価値などを学ぶようになっている。野菜・果物・畜産については４から６ページ程度のあつかいとなっていて、土地や気候の特徴とのかかわりが強調されている。

実際の授業では、その農業と行われている土地や気候との関係について、調べる対象の地域の特徴をしっかりと押さえたい。平野では機械化や大規模な水管理設備などを対象にすると分かりやすく、中山間地での米作りでは、中規模ならではのこまかい気配りや作業の様子を取り上げるとよい。また、これからの食料生産の学習を視野に入れ、産地直送など販売の工夫、環境や文化の面からみた水田の価値についてもとりあげたい。農業は地域に密接にかかわっているので地域教材を生かして展開することも十分考えられる。その場合は、日本全体の様子についても目を配っておきたい。

これらをふまえ、【学習のキーワード】には生産の過程、工夫、消費、安全、産地、貿易、課題、自然、文化をあげたい。

（岸野存宏）

はじめて手にとる１冊

「米」で総合学習
みんなで調べて育てて食べよう！ 全4巻

【キーワード】
☑ 生産の過程
☑ 工夫
☑ 消費
□ 安全
☑ 産地
□ 貿易
☑ 課題
☑ 自然
☑ 文化

全巻構成
1．イネを育てる　種もみの準備から収穫まで
2．図解　米なんでも情報
3．米を食べる　栄養と調理
4．改訂版 都道府県別　米データ集

池田良一 監修　横田不二子（1）／松本美和（2・3）／高田裕（4）文
鳥飼規世／大井知美 画　金の星社 刊
29×22　48～64ページ
本体：2,800円～3,200円
2002年／改訂版 2008年

稲の育て方、米なんでも情報・米の食べ方（栄養・調理）・都道府県別米データ集という４巻構成でまとめた本。写真やイラストも豊富。索引やホームページ紹介もある。

第１巻は、写真やイラストが多用されていて、実際の作業の様子がよくわかる。不耕起田植えやアイガモ農法などいろいろな方法が紹介されていたり、実際の農家の人の仕事の様子がコラム的に書かれていたりするので、そこから生産のための工夫も読み取れるようになっている。また、田んぼの雑草、生き物、収穫後の仕事や秋から冬の田んぼの様子など、環境や自然とのかかわりについても調べることができる。２巻は、米の歴史、価格の決まり方、これからの稲作など20項目にまとめられていて、調べ学習に活用できる。４巻は都道府県別の米作りの特徴や作付け面積、収穫量などをまとめている。ＨＰ紹介もある。

くわしい！わかる！ 図解日本の産業 全10巻
（1）米

【キーワード】
☑ 生産の過程
☑ 工夫
☐ 消費
☐ 安全
☐ 産地
☐ 貿易
☐ 課題
☐ 自然
☐ 文化

保岡孝之 監修
学習研究社 刊
A4判変型
48ページ
本体：3,000円
2006年

全巻構成

1 米
2 野菜・くだもの
3 水産物・畜産物・林産物 → P.54
4 自動車・化学製品 → P.60
5 新技術とハイテク製品
6 交通運輸・貿易
7 商業・サービス業
8 マスコミ・IT → P.62
9 国土の利用と産業
10 自然保護と地球環境

庄内平野の米作りについてイネの生長や米作りの1年間の様子、土作りや苗作り、米の保管と管理などについてくわしくまとめられている。品種改良については味にこだわる新形質米を取り上げ、肥料や農薬のページでは有機栽培や特別栽培農産物について表示や認定のされ方などを紹介している。後継者問題では農業人口の減少と新規就農制度、米離れの問題では日本人の食生活の変化と米の地産地消など、今日的な課題と、それに対する取り組みをのせているところがよい。カラー刷り。

調べるっておもしろい！ 第1期 全5巻
お米は、なぜ食べあきないの？

【キーワード】
☑ 生産の過程
☑ 工夫
☐ 消費
☐ 安全
☐ 産地
☐ 貿易
☐ 課題
☐ 自然
☑ 文化

山口進 著
アリス館 刊
四六判
112ページ
本体：1,300円
1999年

冒頭に調べ方についてのレクチャーがあり、調べるためのテキストとして活用できる。本屋をまわったり、図書館で調べたり、参考文献リストをみたりと、著者がお米について調べていく過程を読むことは学び方を学ぶためにも有効。世界の主食、植物としての米の特徴、米作りの歴史など書かれている分野も広い。読み物として教室や学校図書館においておくのもよいし、田んぼで米を作ることと日本の風土の関係、主食とは何かなど、教師自身の教材研究のための本としても価値がある。

いのちの ふるさと 水田稲作 水田は国土と文化をまもる

【キーワード】
☐ 生産の過程
☐ 工夫
☐ 消費
☐ 安全
☐ 産地
☐ 貿易
☑ 課題
☑ 自然
☑ 文化

ジャパン・プレス・フォト 編
ジャパン・プレス・フォト 刊
A4判
40ページ
本体：1,748円
1991年

どの写真も大判で美しい。小さな字で書かれている内容にも農業を考える大事な視点が含まれている。まず、日本の水田の価値を語るために、焼き畑農業や酸性雨、モノカルチャー農業による連作障害や地下水の枯渇、砂漠化といった農産物以外の視点で、農業への問題提起が行われている。次に、国土をまもるという視点で、地下水をたくわえる、空気の浄化、土砂崩れを防ぐといった水田のはたらきにふれている。食料自給率や日本人の食生活について考える場面で取り上げたい1冊。

この本もオススメ

これからの食料生産　全４巻　とれたて産地情報

（１）米・麦・大豆

→このシリーズの全巻構成は
P.53にあります

【キーワード】
☑ 生産の過程
☑ 工夫
☐ 消費
☑ 安全
☐ 産地
☐ 貿易
☐ 課題
☐ 自然
☑ 文化

高橋永一 監修
文研出版 刊
AB判
56ページ
本体：3,000円
2004年

教科書に載っていない情報が充実しているという点では、ナンバー１でもよい本。お米のブランド化、田植えをしない米作りなど、アイガモ農法、農薬を使わない農法など、最新の話題がくわしく解説されている。このシリーズの２巻「野菜・くだもの」では、新しく農業を始める人についてもページを割いている。

写真でわかる ぼくらのイネつくり　全５巻

【キーワード】
☑ 生産の過程
☐ 工夫
☐ 消費
☐ 安全
☐ 産地
☐ 貿易
☐ 課題
☐ 自然
☑ 文化

農山漁村文化協会 編
赤松富仁 写真
農山漁村文化協会 刊
AB判
各40ページ
本体：各1,800円
2001～2002年

１～３巻では、バケツ稲の収穫までの道のりが写真とともに紹介されている。その時期のポイントやなかなか自分では見られない内部の写真や拡大写真なども豊富。４巻はお米の炊き方や料理法、ワラ加工などがのっていて、日本人が米とどれだけ密接にかかわってきたかがよくわかる。５巻は田んぼの授業紹介。

福音館の科学シリーズ

りんご　津軽 りんご園の１年間

【キーワード】
☑ 生産の過程
☐ 工夫
☐ 消費
☐ 安全
☑ 産地
☐ 貿易
☐ 課題
☐ 自然
☐ 文化

叶内拓哉 写真・文
福音館書店 刊
26×24
56ページ
本体：1,700円
2006年

青森県弘前市のりんご農家の１年間の仕事やりんご園の様子を写真で綴った本。写真には、りんごとりんご園に来る鳥や動物、そして農家の人の仕事の細やかさが写っている。ふれられている仕事をすべてあげると、13種類にものぼる。高齢化によってリンゴ農家をたたんだ場合についても紹介されている。

モノから知る 日本と世界の結びつき　全６巻

（１）食べるモノから見る、日本と世界

【キーワード】
☐ 生産の過程
☐ 工夫
☑ 消費
☐ 安全
☐ 産地
☑ 貿易
☑ 課題
☐ 自然
☐ 文化

保岡孝之 監修
学習研究社 刊
A４判変型
48ページ
本体：2,800円
2006年

食糧自給率と輸入食材を生産している国についての本。米以外の野菜、肉、魚介類などについて、子どもの身近なハンバーガー、寿司などから取り上げている。いかに日本の食糧事情が海外に依存しているかがわかる。生産されている外国の様子やそこから日本にどう届いているのかなどが写真とともに紹介されている。

絵本の時間

田んぼのきもち

【キーワード】
☑ 生産の過程
☐ 工夫
☐ 消費
☐ 安全
☐ 産地
☐ 貿易
☑ 課題
☑ 自然
☐ 文化

社団法人 農村環境整備センター 監修
森雅浩 作
松原裕子 絵
ポプラ社 刊
A４判変型
32ページ
本体：1,200円
2004年

田んぼにとって幸せなことは、いろんな人や生き物が訪れてくれること、そしてお米がたくさん実ること。田んぼになって、たくさんの米を実らせて、やがて休耕田に、それが里山での農業体験の舞台に。実際の棚田で起こった出来事を、田んぼの気もちになって綴った絵本。農業単元の導入で使いたい。６年生でも可。

福音館の科学シリーズ

棚田を歩けば

【キーワード】
- ☑ 生産の過程
- ☐ 工夫
- ☐ 消費
- ☐ 安全
- ☐ 産地
- ☐ 貿易
- ☐ 課題
- ☑ 自然
- ☑ 文化

青柳健二 文・写真
福音館書店 刊
26×24
72ページ
本体：1,900円
2007年

1年間の棚田の風景を写した写真集。お米の花の写真、朝焼けや夕焼けに染まった棚田、お辞儀している稲穂、天日に干すためにハサ木にかけられている写真などを通して、棚田について考えさせたい。後半の解説にはたくさんの棚田の秘密が書かれている。アジア・アフリカの棚田も紹介されている。

お米は生きている　自然と人間

【キーワード】
- ☐ 生産の過程
- ☑ 工夫
- ☐ 消費
- ☑ 安全
- ☐ 産地
- ☐ 貿易
- ☑ 課題
- ☑ 自然
- ☑ 文化

富山和子 著
間瀬なおかた 写真
講談社 刊
A5判
142ページ
本体：1,400円
1995年

お米を文化的な側面から取り上げた本。稲作の伝来によって国がはじまったこと、ため池づくり、古墳を支えた技術も稲作とつながっていること、さらにはまつりと米作りとの関係にまでふれている。また、わらと日本人の衣食住とのかかわりについても書かれている。最後は食糧自給や国土の保全の大切さを説いている。

イワサキ・ノンフィクション

（4）米が育てたオオクワガタ

【キーワード】
- ☐ 生産の過程
- ☑ 工夫
- ☐ 消費
- ☐ 安全
- ☐ 産地
- ☐ 貿易
- ☑ 課題
- ☑ 自然
- ☑ 文化

山口進 写真・文
岩崎書店 刊
A5判
216ページ
本体：1,200円
2006年

オオクワガタの生態を調べることからはじまり、雑木林の不思議な姿をしたクヌギの秘密にせまっていく著者。里山の雑木林には、自然と共存しながら生活してきた日本人の知恵がかくされていることを教えてくれる。たい肥や刈敷といった技術の意味と価値を理解した上で、自然とどうかかわっていくのかを考えたい。

ＹＡ新書 よりみちパン！セ

いのちの食べかた

【キーワード】
- ☑ 生産の過程
- ☐ 工夫
- ☑ 消費
- ☐ 安全
- ☐ 産地
- ☐ 貿易
- ☑ 課題
- ☐ 自然
- ☑ 文化

森達也 著
100%ORANGE/及川賢治 装画
理論社 刊
四六判
124ページ
本体：1,000円
2004年

魚の解体はよくテレビでみるけど、なぜ牛や豚の解体はやらないのか。そんな疑問からスタートし、他の生き物のいのちが食べられるようになるまでに起きていることを丁寧に書いている本。考えればわかるはずなのに目をそむけていることについて考えさせてくれる。屠殺という単語は今のパソコンでは変換不可。

シリーズ21世紀への宿題　全５巻

（4）ぼくらは未来を食いつぶす？

【キーワード】
- ☑ 生産の過程
- ☐ 工夫
- ☑ 消費
- ☑ 安全
- ☐ 産地
- ☐ 貿易
- ☑ 課題
- ☐ 自然
- ☐ 文化

藤田千枝 編
菅原由美子 文
大月書店 刊
A5判
160ページ
本体：1,600円
1998年

20世紀に書かれた本だが、十分21世紀にも価値がある。37.5％の食料が食べ残しとして捨てられている食料廃棄率の問題、自給率の問題、タイではツナ缶と日本向けのペットフードが同じ工場で作られていること、フェアトレードなど今日的な問題の事実や背景について、平易な言葉で説明している。グラフも豊富。

この本もオススメ

ものづくり探検 身近なものができるまで 全5巻

(1) 食べもののできるまで

【キーワード】
- ☑ 生産の過程
- ☐ 工夫
- ☑ 消費
- ☑ 安全
- ☐ 産地
- ☑ 貿易
- ☑ 課題
- ☐ 自然
- ☐ 文化

ものづくり探検編集室 編著
理論社 刊
A4判
48ページ
本体：2,400円
2003年

身近な食べものがどのようにしてつくりあげられているかを紹介した本。原材料を考えることは、これからの食糧生産や日本の食料自給率を考えるために必要。麦と大豆については、輸入元の国についても書かれている。生産工程の部分をよく見ると、添加物や薬品の使用、濃縮還元などについても書かれている。

ポプラ社いきいきノンフィクション

アイガモ家族 カモが育てるゆかいな米づくり 品切れ

【キーワード】
- ☑ 生産の過程
- ☑ 工夫
- ☐ 消費
- ☑ 安全
- ☐ 産地
- ☐ 貿易
- ☑ 課題
- ☐ 自然
- ☑ 文化

佐藤一美 著
ポプラ社 刊
20.5×15.5
176ページ
1997年

有機農業を志した主人公の古野さんが、アイガモ農法を進めていく上での苦労、問題をどう克服していったかについて書かれたノンフィクション。アイガモ農法の苦労がよくわかる。また、秋に成長したアイガモを食べる場面では、命について考えさせられる。働くことの意味など、キャリア教育的な視点もある。

あんちゃんのたんぼ 品切れ

※

【キーワード】
- ☑ 生産の過程
- ☑ 工夫
- ☐ 消費
- ☐ 安全
- ☐ 産地
- ☐ 貿易
- ☐ 課題
- ☑ 自然
- ☐ 文化

梅田俊作 著
童心社 刊
26×26
47ページ
1982年

修学旅行に行く費用をためるために荒地を開墾し、稲作をする兄の姿を、弟の視点で追っていく。あぜを作り、大木の根を掘り起こす。ヒルにたかられながらの田植え、草取り、下肥運び。そして台風の襲来…。米を収穫することが、どれほどの手間と労力を必要とするのか、それが叙情豊かな絵本になっている。

その他の資料

農林水産省 子どものためのコーナー

【キーワード】
- ☑ 生産の過程
- ☑ 工夫
- ☑ 消費
- ☑ 安全
- ☑ 産地
- ☑ 貿易
- ☑ 課題
- ☑ 自然
- ☑ 文化

http://www.maff.go.jp/j/kids/index.html

注目ポイント

ジュニア農林水産白書、子どものための農業教室など、食料生産にかかわるホームページのリンク集。

THE OKAWARI

【キーワード】
- ☑ 生産の過程
- ☑ 工夫
- ☑ 消費
- ☑ 安全
- ☐ 産地
- ☐ 貿易
- ☑ 課題
- ☑ 自然
- ☑ 文化

http://www.ne.jp/asahi/kiichiro/hp/index.html

注目ポイント

お米屋さんが作った、宣伝を目的としないページ。お米についての様々な情報が満載。

ご飯ですよ

【キーワード】
- ☑ 生産の過程
- ☑ 工夫
- ☑ 消費
- ☑ 安全
- ☑ 産地
- ☐ 貿易
- ☐ 課題
- ☐ 自然
- ☐ 文化

http://www.ne.jp/asahi/014/584/

注目ポイント

安全な食材を探すというコンセプトで作られたページ。お米や野菜、調味料などの生産者につながる。

※印は高桑弥須子執筆

土に生きる…　文学と絵本

★幾多の苦難の中でも

『十三湖のばば』

鈴木喜代春　らくだ出版

腰まで冷たい水につかり、泥にまみれて米を作る。次々と子どもを失いながらも、田にしがみつき、一心不乱にたくましく生きていく。

『うえにん地蔵』　おぎのいずみ　石風社

現代っ子の美紀が享保の飢きんの時代に迷いこみ、村の子どもとして生きる。周りの人は次々と命を失っていくが、美紀はなすすべもない。

★耕地開墾

『いのちの大地　ある開拓者の物語』

高橋昭　ポプラ社

「おれは百姓だ」鍛冶屋の弟子になったものの、佐一郎の百姓の血はうずいてやまない。誰もがあきらめている沼地の開墾に着手し、私財を投じて挑戦し続けた。

『父母の原野』ほか原野シリーズ４巻

更科源蔵　偕成社

『北へ行く旅人たち』新十津川物語全10巻

川村たかし　偕成社

農業王国北海道となるためには、先人達の終わりなき苦難と、多くの犠牲があったのだ。

★後藤竜二作品

『天使で大地はいっぱいだ』講談社

『大地の冬のなかまたち』講談社

『故郷』　偕成社

『風景』　岩崎書店

絵本**『紅玉』**　新日本出版社

→ P.116

絵本**『りんご畑の九月』**

新日本出版社

絵本**『りんごの花』**

新日本出版社

野菜・果樹農家出身である作者の、家業に対する誇りや喜びと葛藤。

★自然界の微生物や虫たちが農業を生かす

『みどりの大地はわが心』

桜井信夫　PHP 研究所

『カブトエビの寒い夏』

谷本雄治　農山漁村文化協会

『ぼくは農家のファーブルだ』

谷本雄治　岩崎書店

★かつての農山村の暮しの中から生まれた、子どもの詩

『山里の四季をうたう』

井出 孫六／石埜 正一郎編　岩波書店

『山びこ学校』　無着成恭編　岩波書店

★農業で国際貢献

『モンゴルに米ができた日』

鈴木喜代春　金の星社

『魔術師のくだものづくり』

岡本文良　くもん出版

『ブータンの朝日に夢をのせて』

小暮正夫　くもん出版

★絵本

『おにぎり ぱくりん』

今西祐行　全国学校給食協会

『農業小学校のうた』

今西祐行　木魂社

『おじいさんの机』

立松和平　河出書房新社

『田んぼのいのち』

立松和平　くもん出版

まとめ：高桑弥須子

5年生

Ⅰ．わたしたちのくらしと食料生産を調べよう

2 水産業

日本の水産業について、様々な問題点をもちつつ、現在の私たちの食生活をささえている「とる漁業」と、これからの漁業の可能性を含めた「育てる漁業」を中心に学習をすすめていく。これからの漁業では、とる漁業では資源管理、育てる漁業では環境保全の取り組みを考えさせたい。冷凍冷蔵技術の発達に注目し、生産と消費を結ぶ運輸のはたらきをここで取り上げる場合も多い。

【学習のキーワード】
1 生産の過程
2 生産の工夫
3 消費
4 安全
5 産地
6 貿易
7 課題
8 自然
9 文化

水産業は、農業と並ぶ日本の第１次産業である。水産業と農業とを比較すると、自然環境の影響が大きい、国際的な問題とのつながり、限りある資源である、輸送技術の発展が著しい、長い時間をかけた取り組みが求められるなどの特徴がある。

学習指導要領では、食料生産の様子や生産と人々の生活とのつながり、分布や土地利用の特色、人々の工夫や努力、自給率の問題などを、盛んな地域の具体的な事例を通して学習するとされている。また、新たに価格、費用についても扱うようになった。

教科書においては、「とる漁業」「育てる漁業」「これからの漁業」という三つにふれた構成が多く、そのなかで人々の工夫や漁獲高の減少、食生活の変化、自然の豊かさと環境とのかかわりなどを学ぶようになっている。

実際の学習では、まず、魚介類の消費の場面である家庭まで、どのような道筋を通って届くのかをきちんと学ばせたい。すると、その過程にはとったり育てたりする人々、安全に気を配りながら加工に携わる人々、流通の仕組みの中で働く人々など、多くの人の工夫や努力によって支えられていることが理解できる。

また、単元の後半には「これからの漁業」、そして農業とあわせて「これからの食料生産」の学習へと広がっていく。ここでは、まず輸入される稚魚の放流や漁師の植林の取り組みなど、漁業をとりまく環境についての長年にわたる人々の努力を取り上げる一方で、後継者不足や輸入される水産物が増えているといった課題も取り上げ、自分たちの食生活の変化や消費行動などをどう見直すかも考えさせたい。

これらをふまえ、【学習のキーワード】には生産の過程、工夫、消費、安全、産地、貿易、課題、自然、文化をあげたい。

（岸野存宏）

はじめて手にとる１冊　調べよう 日本の水産業　全５巻

【キーワード】
☑ 生産の過程
☑ 生産の工夫
☑ 消費
☐ 安全
☑ 産地
☑ 貿易
☑ 課題
☐ 自然
☑ 文化

全 巻 構 成
1．海の自然と漁業
2．くらしと漁業
3．漁業のいま・これから
4．わたしたちの食べる魚
5．都道府県別にみる水産業

坂本一男 監修
岩崎書店 刊
A4判変型
各48ページ
本体：各2,800円
2005年

シリーズ５冊で日本の水産業にかかわることはほとんど網羅されていて、調べ学習をする子どもに広く答えられる１冊。都道府県別にみた５巻は地域学習にも生かせる。

第１巻では、海や海流、海岸線や港など水産業を取り巻く環境について取り上げている。第２巻では銚子大漁港、中規模の豊浜漁港、京都府伊根町の小漁港を取材している。消費量や漁法についても掲載。とる漁業についてはこの巻を活用したい。第３巻では、養殖や栽培漁業についてくわしくまとめられている。また200海里問題や輸入の問題なども取り上げている。将来のタンパク源、輸入先の国の様子など、他の本にはない視点も興味深い。第４巻では実際に食べている魚について、季節や地方毎に紹介していて、ちょっとした水産物図鑑になっている。川魚やクジラなどにもスポットを当てている。第５巻では都道府県別にそれぞれの水産業を紹介している。

これからの食料生産　全4巻　とれたて産地情報

(4)魚・貝・海そう

【キーワード】
- ☑ 生産の過程
- ☑ 生産の工夫
- ☐ 消費
- ☐ 安全
- ☑ 産地
- ☑ 貿易
- ☑ 課題
- ☐ 自然
- ☑ 文化

高橋永一 監修
文研出版 刊
AB判
56ページ
本体：3,000円
2004年

全巻構成
1 米・麦・大豆 →P.48
2 野菜・くだもの
3 肉・たまご・牛乳
4 魚・貝・海そう

中表紙の日本地図に情報の発信源を書いているところがまず目を引く。目次に書かれている見出しも工夫されている。とる漁業については、最新技術や資源管理型漁業や資源保護など現代の漁業が目指す方向について丁寧に書かれている。養殖漁業、栽培漁業、漁業と植林とのかかわり、陸上での完全養殖など最新の漁業の状況についてもくわしい。9章で取り上げられている加工されて輸入される骨なし魚は、食生活や食文化を考える上でとてもいい資料になる。カラー刷りで図解も豊富。索引があるのもよい。

漁師さんの森づくり　森は海の恋人

【キーワード】
- ☑ 生産の過程
- ☑ 生産の工夫
- ☐ 消費
- ☑ 安全
- ☑ 産地
- ☐ 貿易
- ☑ 課題
- ☑ 自然
- ☑ 文化

畠山重篤 著
カナヨ・スギヤマ 絵
講談社 刊
A5判
174ページ
本体：1,200円
2000年

社会科の教科書でも取り上げられている、畠山重篤さんが小中学生に向けて書いた本。カキの養殖がどのように行われているのかをまとめた第2章は、日本のカキ養殖の技術の高さを実感でき、養殖漁業の1年間を知る上でもわかりやすい。4章は、カキの不漁から環境破壊への気づき、植林活動へと広がっていった畠山さんの取り組みがわかりやすく書かれている。さらに5章では植林活動の学術的な根拠についてもふれられ、漁師の経験の偉大さ、昔の人々の知恵についても考えさせられる。

日本の産業まるわかり大百科　全7巻

(3)水産業 かつお漁・養殖漁業ほか

【キーワード】
- ☑ 生産の過程
- ☑ 生産の工夫
- ☑ 消費
- ☐ 安全
- ☐ 産地
- ☐ 貿易
- ☑ 課題
- ☐ 自然
- ☐ 文化

梶井貢 監修
ポプラ社 刊
A4判変型
64ページ
本体：2,980円
2005年

全巻構成
1 農業①
2 農業②
3 水産業
4 工業 →P.58
5 運輸・貿易 →P.58
6 情報通信 →P.64
7 国土と環境保全

具体的な事例として鹿児島県枕崎のカツオ漁を取り上げ、一本釣り漁とまきあみ漁の両方を紹介したり、後半の魚の食べ方のページもカツオ節を取り上げたりと、同じ魚が何度も出てくる点がおもしろい。また、漁業制限についてわかりやすく解説していたり、日本と外国の魚文化についてもページを割いたりしている点が特徴的である。資料活用の点からみると、ほぼ2ページに1ページはグラフが登場する。調べる情報館、索引など、子どもが自分で調べるための手助けとなるページも充実。

この本もオススメ

みんなで出かけよう！　わたしたちの社会科見学　全６巻

(6)森をつくるってどういうこと？　林業・漁業を体験しよう　品切れ

【キーワード】
- ☐ 生産の過程
- ☑ 生産の工夫
- ☐ 消費
- ☐ 安全
- ☐ 産地
- ☐ 貿易
- ☐ 課題
- ☐ 自然
- ☑ 文化

コンパスワーク 編著
偕成社 刊
30×22
48ページ
2003年

博物館などの見学や体験の主な内容を紹介している本。シリーズには、公共施設や機関、工場についてとりあげたものもある。ホームページや見学先のリスト、もっと調べるための問い合わせ先など、この本をきっかけにさらに深く調べられるようになっている。林業・漁業についての工夫や昔の様子についても書かれている。

探検・発見　わたしたちの日本　全８巻

→この全巻構成は、P.59 にあります

(４)漁業からみる日本

【キーワード】
- ☑ 生産の過程
- ☐ 生産の工夫
- ☑ 消費
- ☐ 安全
- ☐ 産地
- ☐ 貿易
- ☐ 課題
- ☐ 自然
- ☑ 文化

谷川彰英 監修
長谷川康男 著
小峰書店 刊
A４判変型
39ページ
本体：2,600円
2005年

お寿司の魚からスタートし、最後は魚の流通の仕組み、魚屋さんの様子と子どもがとりつきやすい構成。見開き１ページでコンパクトに内容がまとめられ、記述もやさしくわかりやすい。川や湖の漁業や、魚屋さんの様子などが特徴的な内容となっている。巻末にＱ＆Ａコーナーがあり、江戸や明治の様子にもふれている。

グラフィック・ライブラリー　魚市場

【キーワード】
- ☐ 生産の過程
- ☑ 生産の工夫
- ☑ 消費
- ☐ 安全
- ☐ 産地
- ☐ 貿易
- ☐ 課題
- ☐ 自然
- ☐ 文化

沢田重隆 絵・構成
評論社 刊
31.6×24.2
36ページ
本体：1,800円
1985年

築地市場の１日をマグロを中心に紹介した本。マグロのセリや解体の様子、たこの加工場、取引される魚やエビ・貝・カニなどが色彩豊かな絵で紹介されている。働いている人々の様子が細かく描き込まれていて、絵画資料としても活用できる。働く人の服装や魚をさばくための道具を載せたページもあり。

くわしい！わかる！図解日本の産業　全10巻

→この全巻構成は、P.47 にあります

(３)水産物・畜産物・林産物

【キーワード】
- ☑ 生産の過程
- ☑ 生産の工夫
- ☐ 消費
- ☐ 安全
- ☐ 産地
- ☑ 貿易
- ☑ 課題
- ☐ 自然
- ☐ 文化

保岡孝之 監修
学習研究社 刊
A４判変型
48ページ
本体：3,000円
2006年

水産業・畜産業・林業について取り上げた本。事例を取り上げるというよりは概説的な紹介が多い。遠洋漁業、近海漁業、養殖、栽培漁業、水産加工などについて取り上げている。畜産物について取り上げた本は少ないのでその点ではおすすめ。最後にこの三つの産業の共通の問題点である輸入の問題が取り上げられている。

日本各地の伝統的なくらし　全７巻

(３)漁村の伝統的なくらし

【キーワード】
- ☐ 生産の過程
- ☑ 生産の工夫
- ☐ 消費
- ☐ 安全
- ☐ 産地
- ☐ 貿易
- ☐ 課題
- ☐ 自然
- ☑ 文化

須藤功 著
小峰書店 刊
A４判変型
55ページ
本体：3,200円
2006年

昔の漁村の様子を写真とイラストで構成した本。ちょっと昔の伝統的な漁師の生活、漁の様子、漁村の伝統行事などが紹介されている。塩作りや行商、水産品の加工やのりの養殖などは、昔と今の漁業とを比較する場面で活用できる。運動会のソーラン節を取り上げる際に紹介するのもよい。

シリーズ 自然 いのち ひと

(5) 海を歩く 海人オジィとシンカの海

【キーワード】
☐ 生産の過程
☑ 生産の工夫
☐ 消費
☐ 安全
☐ 産地
☐ 貿易
☐ 課題
☑ 自然
☑ 文化

西野嘉憲 写真・文
ポプラ社 刊
A4判変型
42ページ
本体：1,300円
2004年

沖縄の漁師、海人《うみんちゅ》の漁の様子を写真で紹介した本。産業としての漁業ではなく、日々の糧を得るための漁という原点へと帰らせてくれる。出てくる人々の笑顔がよい。働く人の願いについて考えさせるきっかけになる本。単元の導入で使うのもよい。世代の違う6人の漁師にスポットを当てるとキャリア教育の視点も見えてくる。

「資源」の本　全5巻

(3) 海洋資源をかんがえる

【キーワード】
☑ 生産の過程
☐ 生産の工夫
☐ 消費
☐ 安全
☐ 産地
☐ 貿易
☑ 課題
☐ 自然
☐ 文化

岩田一彦 監修
加藤由子 文
岩崎書店 刊
A4判変型
40ページ
本体：3,000円
2003年

漁業も海洋資源の一つという視点を持った本。「資源の本」シリーズの3巻にあたる。海洋資源なので、鉱物資源やエネルギーについてのページもある。他に水産資源の管理、魚の流通など漁業全般についても書かれている。Q＆A方式で、一つの質問について見開き1ページでまとめられている。グラフが多い。

自然の中の人間　海と人間編 全10巻

(5) 魚をとるくふう

【キーワード】
☑ 生産の過程
☑ 生産の工夫
☐ 消費
☐ 安全
☐ 産地
☐ 貿易
☑ 課題
☐ 自然
☐ 文化

農林水産省農林水産技術会議事務局 監修
森田祥 著
倉品吉克 絵
農山漁村文化協会 刊
A4判変型
40ページ
本体：2,000円
1989年

魚をとるための人間の工夫が歴史とともに発達してきたこと、その工夫のすばらしさがわかる本。また、その技術の発達が引き起こした漁業資源の減少をどうするかについても、持続可能なとり方、効率のよいとり方、産卵期の禁漁、国際ルール、科学技術など新たな魚をとるくふうを紹介している。

森は呼んでいる

【キーワード】
☐ 生産の過程
☑ 生産の工夫
☐ 消費
☐ 安全
☐ 産地
☐ 貿易
☑ 課題
☐ 自然
☐ 文化

及川和男 作
中村悦子 絵
岩崎書店 刊
A5判
184ページ
本体：1,262円
1992年

「森は海の恋人」を合言葉に、山に植林をはじめたひとりのカキ養殖家、P.53で紹介した畠山重篤さんをモデルにしたフィクション。山に住む少年の視点から、山や川の荒廃の様子も伝えている。また本人の本では書かれていない、漁師が森に木を植えることが認められていくまでの困難や苦労についても書かれている。

森は生きている 自然と人間

→P.73 コラム

【キーワード】
☐ 生産の過程
☐ 生産の工夫
☐ 消費
☐ 安全
☐ 産地
☐ 貿易
☐ 課題
☑ 自然
☐ 文化

富山 和子 著
和地あつを 画
講談社 刊
A5判
134ページ
本体：1,400円
1994年

日本の国土の7割は森林で、日本人は昔からその恵みを受けてきた。木を使う暮らしも、豊かな水も、安定した気候も、作物を生み出す土も、すべて森林の贈り物である。そして、その森林を守ってきた人々がいるからこそ、現代の国土と美しい景観があるのだ。これからも私たちはそれを守り続けなければならない。

その他の資料

教えてお魚

【キーワード】
☑ 生産の過程
☑ 生産の工夫
☑ 消費
☑ 安全
☑ 産地
☑ 貿易
☑ 課題
☑ 自然
☑ 文化

http://www.zengyoren.or.jp/kids/oshiete/index.html

注目ポイント

現在の漁業について、Q＆A方式でまとめてある。リンクしているお魚アイランドもおすすめ。

なるほどデータ for きっず

【キーワード】
☐ 生産の過程
☐ 生産の工夫
☑ 消費
☐ 安全
☑ 産地
☑ 貿易
☑ 課題
☐ 自然
☐ 文化

http://www.stat.go.jp/kids/

注目ポイント

漁業に限らず、様々な統計データが用意されている。グラフ、表、基になった資料が揃っているのが良い。

秋田県漁業協同組合

【キーワード】
☑ 生産の過程
☑ 生産の工夫
☐ 消費
☐ 安全
☑ 産地
☐ 貿易
☑ 課題
☑ 自然
☐ 文化

http://www9.ocn.ne.jp/~atgyokyo/

注目ポイント

ハタハタの漁獲量激減に対して漁協が行った、３年間の禁漁、漁獲制限、稚魚の放流などについて紹介。

WWF 持続可能な漁業の推進

【キーワード】
☐ 生産の過程
☐ 生産の工夫
☑ 消費
☑ 安全
☑ 産地
☐ 貿易
☑ 課題
☐ 自然
☐ 文化

http://www.wwf.or.jp/activity/marine/sus-use/index.htm

注目ポイント

水産資源の管理、世界の漁業の課題、日本の現状、海のエコラベルなどについての解説あり。

重茂漁業協同組合

【キーワード】
☑ 生産の過程
☑ 生産の工夫
☑ 消費
☑ 安全
☑ 産地
☐ 貿易
☑ 課題
☑ 自然
☐ 文化

http://www.jfomoe.or.jp/index.html

注目ポイント

漁協で扱う海産物についての解説、加工品のトレーサビリティ、付加価値をつけた加工品などを紹介。

book column

捕鯨船に同乗したカメラマンが見た商業捕鯨は

鯨を捕る

市原基 文・写真
偕成社 刊
A4判変型
64ページ
本体：1,800円
2006年

鯨を食べてきた民族は世界中にいくつもあるそうだ。日本人も昔から鯨の肉を大切に食べてきた。油や皮まで鯨を余すところなく使ってきていた。国際的に、鯨が絶滅すると言って捕鯨禁止が唱えられているが、それは種類による。

市原基氏は捕鯨船に乗って24年もの間取材を続けてきた。日本から離れて13000キロ、赤道をこえて南氷洋へ捕鯨船は向かう。途中天候が変わり暴風圏に入ったこともあった。冬が近づくとロープも凍ってしまい、海がスマッシュアイスといわれるシャーベット状のドロドロの氷の海になる。

捕鯨船は普通、母船、キャッチャーボート４隻、仲積船の３種類の船によって行われている。キャッチャーボートによって鯨をしとめられ、それを解体して肉や皮、内蔵など各部位にまとめるのが母船である。母船は300人以上の乗組員が乗っている大きな船だ。

キャッチャーボートで鯨を撃つ鉄砲さんは利き腕や鯨のクセ、太陽の位置まで頭に入れて銛を打つために船を鯨に近づける。銛が打たれ、しとめられた鯨はキャッチャーボートに引き寄せられる。しとめた鯨が４頭ほどになると母船に引き渡す。捕鯨とは何かを写真で問うている。

吉岡裕子

〈資料〉漁業のパスファインダー

としょかんでまなぶ

5年　　組・名前

日本の水産業のようすを調べよう

パスファインダー（Pathfinder）とは…
みなさんが調《しら》べる時《とき》に　役立《やくだ》つ資料《しりょう》をわかりやすくしょうかいした１まいのチラシのことです。
必要《ひつよう》な情報《じょうほう》が発見《はっけん》できるよう、いろいろな資料《しりょう》の一部をしょうかいします。

狛江六小の「パスくん」は、
調べることがとくいです！
「パスくん」といっしょに
いろいろな資料《しりょう》を探《さが》してみよう！

＜かだい＞　日本の水産業《すいさんぎょう》のようす
（魚のとりかた、流通《りゅうつう》、育てる漁業、問題点など）を　調べてみよう

１．手がかりとなるキーワード

かだい　から　関係《かんけい》のあることばを　たくさん出し合ってみよう。

海　魚　水産業《すいさんぎょう》　漁業　漁師《りょうし》　漁村《ぎょそん》　寒流《かんりゅう》（親潮《おやしお》）暖流《だんりゅう》（黒潮《くろしお》）…
遠洋漁業《えんようぎょぎょう》　沿岸漁業《えんがんぎょぎょう》　沖合漁業《おきあいぎょぎょう》　２００海里《かいり》　漁獲量《ぎょかくりょう》…
養殖《ようしょく》　栽培《さいばい》　いけす…
冷凍保存車　活魚車…
漁法《ぎょほう》　はえなわ　トロール　一本釣《つ》り…
海の汚れ…
魚の加工《かこう》　かんづめ　ねり製品　つくだに　ひもの…

２．調べるテーマを決めよう

ウェビング（webbing）や　マンダラート法(mandal-Art)を使って、調べるテーマを決めよう。

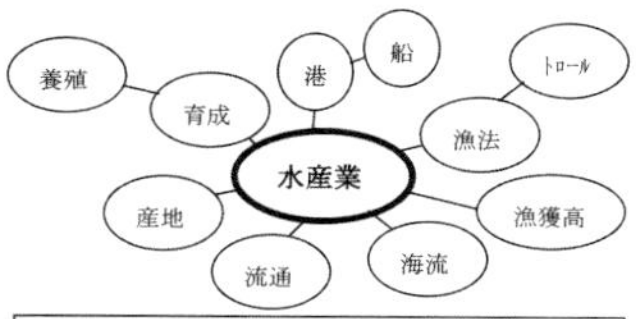

漁師さんのくらし	市場のようす	魚をとる
海のよごれ	水産業	魚をそだてる
環境をまもる	魚をはこぶ	魚をたべる

＜ウェビング＞
くものすのように　テーマを　つぎつぎと　広げていく。テーマ全体のようすがわかる。

＜マンダラート法＞
たて３つ、よこ３つのワクを作り、
まん中に大テーマをおく。
大テーマのまわりに、考えを広げていく。

３．じしょ、じてんを使おう

大まかな情報《じょうほう》や新しい情報《じょうほう》を　じしょ　や　じてん　を使って調べてみよう。

手がかりとなる キーワード を使って調べます。

目次（もくじ）や　索引（さくいん） を使うとべんりです。

書名《しょめい》（本のなまえ）	分類《ぶんるい》（本の番号）	所蔵《しょぞう》（本のある場所）
総合百科事典　ポプラディア	０３	六小としょかん
ワンダーワールド	０３	六小としょかん
２１世紀こども百科	０３	六小としょかん
まんがこども大百科	０３	六小としょかん
学習百科大事典	０３	六小としょかん

４．とうけい資料《しりょう》を使おう

とうけい資料《しりょう》を使って調べることもできます。

手がかりとなる キーワード を使って調べます。

目次（もくじ）や　索引（さくいん） を使うとべんりです。

書名《しょめい》（本のなまえ）	分類《ぶんるい》（本の番号）	所蔵《しょぞう》（本のある場所）
朝日学習年鑑	０５	六小としょかん
日本のすがた	０１	六小としょかん

５．雑誌《ざっし》・パンフレットを使おう

雑誌《ざっし》やパンフレットから調べることができます。
　しょうかいしたパンフレット以外にもたくさんの　しりょうが　あります。

書名《しょめい》（本のなまえ）	分類《ぶんるい》	所蔵《しょぞう》（本のある場所）
ふるさとの海へⅡ　マンガ漁業白書	パンフレット	六小としょかん
いかにもすごいイカの本	パンフレット	六小としょかん
漁業の？わかるかな	パンフレット	六小としょかん

６．ビデオを使おう

ビデオテープから調べることができます。

ﾋﾞﾃﾞｵﾃｰﾌﾟの題名《だいめい》	分類《ぶんるい》	所蔵《しょぞう》（ﾋﾞﾃﾞｵのある場所）
まぐろ大好き	ﾋﾞﾃﾞｵﾃｰﾌﾟ	六小としょかん

７．図書を使おう

六小としょかんにある本から…
　図書は、分類《ぶんるい》ごとにおいてあります。
　しょうかいした本以外にもたくさんの本があります。
　本だなを　じっくり見てみよう。

内容《ないよう》（分かること）	書名《しょめい》（本のなまえ／しゅっぱん社）	分類《ぶんるい》（本の番号）
海	かがくのほん　海　／福音館書店	４５
漁業（ぎょぎょう）	調べよう日本の水産業　1～5巻　／岩崎書店	６６
〃	日本の水産業　とる漁業と育てる漁業　／学研	６６
〃	おみせやさんシリーズ　くらしとかんぶつ　／ひかりのくに	６６
漁師（りょうし）	新日本各地のくらし　漁村のくらし　／ポプラ社	２９
〃	海を歩く　海人オジイとシンカの海　／ポプラ社	３８
〃	漁師　東京湾で魚をとる　／あかね書房	６６
漁法（ぎょほう）	農林水産はすてきなしごと　魚をとる　／文研出版	６６
〃	ちしきの絵本　魚をとるはなし　／ポプラ社	６６
〃	日本人は水をどのように利用してきたか　／あすなろ書房	２１
〃	シリーズ船　魚をとる船　／国土社	５５
〃	産業の発達に見る日本の歴史　漁業と日本人／あすなろ書房	６０
環境（かんきょう）	よみがえれ、えりもの森　／新日本出版	５１
〃	環境をまもる　海　／小峰書店	５１
〃	漁師さんの森づくり　森は海の恋人　／講談社	６６
食べ物	絵本すいぞくかん　さかなをたべる　／アリス館	５９
〃	お寿司のネタもよくわかるさかな食材絵事典／PHP	６６
〃	地図絵本　世界の食べもの　／素朴社	６１
〃	いわしくん　／文化出版局	絵本

出版《しゅっぱん》されている本から…
どんな本があるか　さがしてみよう。六小にない本は、よやくをしよう。

書名《しょめい》（本のなまえ）	分類《ぶんるい》（本の番号）	所蔵《しょぞう》（本のある場所）
どの本で調べるか	０２	六小としょかん

８．利用《りよう》できる施設《しせつ》

■狛江市立中央図書館　　http://www.library.komae.tokyo.jp/komae03.htm
狛江市和泉本町１－１－５　　電話：03－3488－4414
　市立としょかんも利用《りよう》しましょう。インターネットで本を探《さが》すことができます。

■問《と》い合わせをするときに役立《やくだ》つ本です。

書名《しょめい》（本のなまえ）	分類《ぶんるい》（本の番号）	所蔵《しょぞう》（本のある場所）
調べ学習ガイドブック	０３	六小としょかん

９．インターネットで調べよう

ホームページの一部をしょうかいします。手がかりとなる キーワード を使って調べます。
（★は、子ども用のサイトです）

★農林水産省子どものためのコーナー　http://www.maff.go.jp/child/index.html

★教えてお魚（全国漁業協同組合連合会）　http://www.zengyoren.or.jp/kids/oshiete/index.html

★なるほどデータ for きっず（総務省統計局）　http://www.stat.go.jp/kids/index.htm

ザ・築地市場　http://www.tsukiji-market.or.jp/index.html

焼津市水産振興会　http://www.tokai.or.jp/yaizu-city/suisan/

漁網のページ　http://www.nn.iij4u.or.jp/~ookatou/

フィッシュワールド（社団法人大日本水産会おさかな普及協議会）http://www.fishworld.or.jp/

栽培漁業センター　http://ncse.fra.affrc.go.jp/

おさかな探検団（香川県漁業協同組合連合会）　http://www.jf-net.ne.jp/kagyoren/seaclub/fish/

はちのへの水産　http://www.city.hachinohe.aomori.jp/index.cfm/8,0,16,31,html

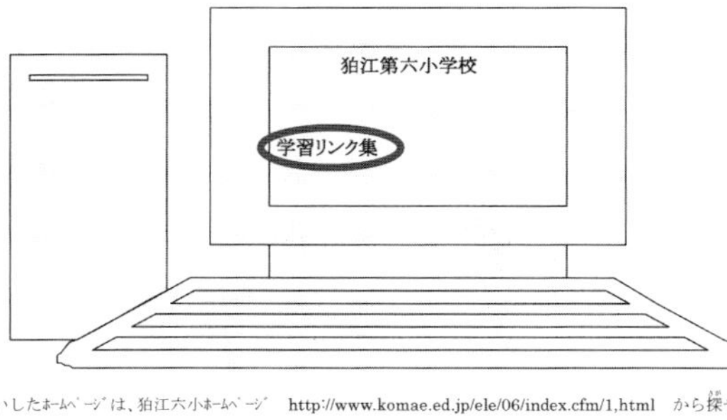

しょうかいしたﾎｰﾑﾍﾟｰｼﾞは、狛江六小ﾎｰﾑﾍﾟｰｼﾞ　http://www.komae.ed.jp/ele/06/index.cfm/1,html　から探《さが》せます。

１０．さいごに

しょうかいしたのは、ほんの一部です。
みなさんが、じぶんで探《さが》すと、たくさんの発見《はっけん》があるでしょう。
もし、まよった時は、ししょの先生に聞いてください。

「パスファインダー」については66ページを参照して下さい。

作成：青木和子

5年生　Ⅱ．わたしたちのくらしと工業生産を調べよう

1　自動車工業・その他の工業

身近な工業製品に目を向けることから始まり、まずは自分たちの生活は工業生産によって支えられていることをつかむ。そして工業生産とはどのような仕組みで、働く人々はどんな仕事をしているのかを、調べたい。また工業生産には欠かせない運輸業と貿易についても学習する。単元の終わりには、環境への配慮や世界とのかかわり、そして未来へつながる工業の役割も考えさせたい。

【学習のキーワード】

1　自動車工場・関連工場
2　工場の立地条件
3　生産ライン
4　未来の自動車
5　働く人の様子
6　海外生産
7　消費者のニーズ
8　貿易

学習指導要領では主に「国民生活を支える工業製品」「工業生産の様子と工業地域の分布」「工業生産に従事する人々の工夫や努力」「工業とかかわる運輸と貿易」という大きな柱が示されている。また、新たに価格、費用についても扱うようになった。

教科書においては「国民生活を支える工業製品」では昔と今で、工業生産が発展したことによってもたらされた便利さを児童の日常生活とつなげて調べるように示されている。「工業生産の様子」では自動車工業を事例に、組立工場や部品工場の様子が説明される。「工業生産に従事する人々」については、自動車工場であれば、組立工場における流れ作業の特色、部品工場における細かな作業の工夫や苦労が紹介されている。「運輸と貿易」では工業製品を運ぶ輸送方法だけでなく、日本全国の運輸業の発展が地図を中心に説明される。貿易では、輸出入の特色や海外現地生産の特色も説明されている。

これらをふまえ、【学習のキーワード】には、自動車工場・関連工場、工場の立地条件、生産ライン（流れ作業・大量生産・ロボット）、未来の自動車、働く人の様子、海外生産、消費者のニーズ、貿易（原材料の輸入、自動車の輸出）を設定した。

工業の学習では、工場の仕組みだけを理解するのではなく、生産から消費までの流れを調べ、その過程が、私たちの生活を向上させていることに気付かせたい。また工場の立地条件や貿易の話題では抽象的になり、児童の理解が曖昧になってしまうことのないように資料を多用したい。工場見学ができない場合には、掲載した図書資料の様子を見せることで、工業生産における共通した工夫や知恵を気付かせることも大切であろう。

（柴生田明）

はじめて手にとる1冊　日本の産業まるわかり大百科　全7巻　(4)、(5)

→このシリーズの全巻構成は、P.53にあります

【キーワード】

- ☑ 自動車工場・関連工場
- ☑ 工場の立地条件
- ☐ 生産ライン
- ☐ 未来の自動車
- ☐ 働く人の様子
- ☐ 海外生産
- ☐ 消費者のニーズ
- ☑ 貿易

4．工業

5．運輸・貿易

梶井貢 監修　ポプラ社 刊　A４判変型
各64ページ　本体：各2,980円　2005年

工業について、教科書の内容についてさらに調べ学習やレポートづくりをする際に、さらに詳しくする内容のシリーズである。用語説明も分かりやすく使いやすい内容である。

「４工業」で自動車工業を中心に、工業生産がさかんな地域やくらしと工業製品のつながりが説明されている。自動車工業については開発・生産から部品工場、組立工場、運輸の働きまでの流れを追っていて、写真やイラストも資料集のような内容で、児童も使いやすいであろう。その他石油化学コンビナートや電子工業や食品工業にも触れており、調べ学習の幅を広げるには、よいきっかけになる。

「５運輸と貿易」の中では、子どもたちの身近な「宅配便の流れ」を分かりやすいイラストで説明される。貿易については輸出入や原材料についてのグラフが多用されている。船や港の様子や巻末には授業での調べ方も説明されている。

ポプラディア情報館
（4）自動車

【キーワード】
- ☑ 自動車工場・関連工場
- ☐ 工場の立地条件
- ☐ 生産ライン
- ☑ 未来の自動車
- ☐ 働く人の様子
- ☐ 海外生産
- ☑ 消費者のニーズ
- ☐ 貿易

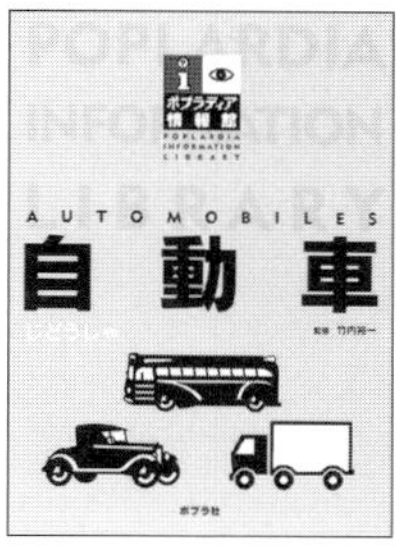

竹内裕一 監修
ポプラ社 刊
A4判変型
215ページ
本体：6,800円
2005年

自動車について総論的な１冊。自動車の生産、世界の現状、歴史、安全性と事故の実情、環境対策など、丁寧に説明がされている。工業単元を自動車工業で組もうとする際には、本書を教師が読み通すことで、自動車に関する知識を十分につかめる内容となっている。また自動車のリサイクルや未来の車社会などの記述も十分に記されている。文章も多いが、児童も調べ学習の視点を得るきっかけにもなり、調べ学習に活用できる。この１冊があれば、自動車工業の単元の指導計画なども組めるであろう。

探険・発見　わたしたちの日本 全８巻
（5）工業からみる日本

【キーワード】
- ☐ 自動車工場・関連工場
- ☐ 工場の立地条件
- ☑ 生産ライン
- ☐ 未来の自動車
- ☐ 働く人の様子
- ☐ 海外生産
- ☑ 消費者のニーズ
- ☐ 貿易

谷川彰英 監修
利根川賢 著
小峰書店 刊
A4判変型
39ページ
本体：2,600円
2005年

全巻構成

1. 国土と各地のくらし
2. 米づくりからみる日本
3. 野菜づくりからみる日本
4. 漁業からみる日本 →P.54
5. 工業からみる日本
6. 情報からみる日本
7. 都道府県からみる日本（1）
8. 都道府県からみる日本（2）

教科書で説明されている内容と合わせながら読み進められ、さらに一歩深めた内容になっている。児童も見やすいイラストが多用されており、説明も子ども向けであり、自動車産業について、児童自身が調べ学習をするのに適した１冊であろう。

自動車工業についてだけではなく、工業地帯や貿易についても紹介されており、日本の工業の特色を調べながら、考える内容となっている。

日本の工業　21世紀のものづくり　全６巻
（4）鉄鋼業・石油化学工業

【キーワード】
- ☐ 自動車工場・関連工場
- ☐ 工場の立地条件
- ☑ 生産ライン
- ☐ 未来の自動車
- ☐ 働く人の様子
- ☑ 海外生産
- ☐ 消費者のニーズ
- ☐ 貿易

竹内淳彦 監修
岩崎書店 刊
A4判変型
48ページ
本体：2,800円
2006年

全巻構成

1. これからの工業
2. 自動車工業
3. 機械工業
4. 鉄鋼業・石油化学工業
5. 電機・電子工業
6. 食品・繊維工業

工業単元では自動車工業を中心に取り上げることが多いが、色々な工業の分野が関わり合っていることも、教師も知る必要がある。このシリーズでは工業の様々な分野の製造過程を分かりやすく紹介している。題名の通り、それぞれの工業に関して、世界との関わりや環境問題（工場内のリサイクル等）への取り組みも挙げられている。まずは教師が工業単元に入る前に、読み通したい。児童が使いこなすには難しいが、工業の分類の際には見せてイメージを広げたい。

この本もオススメ

国際理解に役立つ　わたしたちのくらしと世界の産業 全８巻

(4) わたしたちのくらしを豊かにする工業製品

【キーワード】
- ☐ 自動車工場･関連工場
- ☐ 工場の立地条件
- ☐ 生産ライン
- ☑ 未来の自動車
- ☐ 働く人の様子
- ☐ 海外生産
- ☐ 消費者のニーズ
- ☐ 貿易

清成忠男／志太勤一 監修
ポプラ社 刊
A4判
48ページ
本体：2,800円
2001年

「国際理解」との関連で産業をまとめたシリーズ。海外生産や輸出についてその仕組みを説明している。またハイブリッドカーや燃料電池車、新交通システムにも触れており、これからの自動車の未来についても述べている。児童が使用するには難しい文章であるので、教師が教材として、または資料として扱いたい。

日本の産業シリーズ きみの手にとどくまで 全10巻

(9)車がとどくまで[自動車] 品切れ

【キーワード】
- ☑ 自動車工場･関連工場
- ☐ 工場の立地条件
- ☑ 生産ライン
- ☐ 未来の自動車
- ☐ 働く人の様子
- ☐ 海外生産
- ☐ 消費者のニーズ
- ☐ 貿易

武良竜彦 文
岩崎書店 刊
A4判変型
40ページ
1998年

自動車が製品となるまでに、自動車会社、製鉄所、自動車工場、部品工場（ホイール、タイヤ、ガラス、照明、精密機器等）のを通る様子が紹介される。一つの製品を作るまでの過程がよくわかる。工業だけでなく運輸業の学習にもなり、児童にとっても多くの人々が従事していることを知るきっかけにもなる。

くわしい！わかる！図解日本の産業全10巻

→このシリーズの全巻構成は、P.47 にあります

(4)自動車・化学製品

【キーワード】
- ☐ 自動車工場･関連工場
- ☐ 工場の立地条件
- ☑ 生産ライン
- ☐ 未来の自動車
- ☐ 働く人の様子
- ☐ 海外生産
- ☐ 消費者のニーズ
- ☐ 貿易

保岡孝之 監修
学習研究社 刊
A4判変型
48ページ
本体：3,000円
2006年

工業製品ができるまでの過程を記している。自動車と化学製品が生産される仕組みや工業全体の特色も紹介されている。また日本における工業地帯・工業地域や伝統工業についても説明がされており、工業全体の特色を知るための１冊となる。工場内の写真や工業に関するグラフも多数載っている。

ぼくは「つばめ」のデザイナー　九州新幹線800系誕生物語

【キーワード】
- ☐ 自動車工場･関連工場
- ☐ 工場の立地条件
- ☐ 生産ライン
- ☐ 未来の自動車
- ☐ 働く人の様子
- ☐ 海外生産
- ☑ 消費者のニーズ
- ☐ 貿易

水戸岡鋭治 著
講談社 刊
A5判
155ページ
本体：1,200円
2004年

九州新幹線「つばめ」のデザインが完成するまでのデザイナー自身がその過程を記した。児童にとって、かっこよく未来を感じさせる乗り物は楽しくさせる。そんな夢を感じさせる職業であり、その作る人にも、利用する人々への気持ちも込められている事が伝わってくる。

「職場体験学習」にすぐ役立つ本 全16巻

(10)工業の職場　筆記具工業・ねじ工業

【キーワード】
- ☑ 自動車工場･関連工場
- ☐ 工場の立地条件
- ☐ 生産ライン
- ☐ 未来の自動車
- ☑ 働く人の様子
- ☐ 海外生産
- ☐ 消費者のニーズ
- ☐ 貿易

森茂 監修
学習研究社 刊
AB判
32ページ
本体：2,000円
2003年

中学校の生徒達が職場体験をする様子がまとめられている。えんぴつが製品となるまでの工程やねじを磨くうえでの注意するところなどは、工業生産に従事する方々の日常的な苦労や知恵がうかがえる場面である。単元で取り上げる工業ではないが、身近な物も工場で作られることを知るには読みやすい資料である。

夢が現実に！ ロボット新時代 全4巻 社会で活やく

(3)人を助けてはたらくロボット

【キーワード】
☐ 自動車工場･関連工場
☐ 工場の立地条件
☐ 生産ライン
☑ 未来の自動車
☐ 働く人の様子
☐ 海外生産
☐ 消費者のニーズ
☐ 貿易

全巻構成
1．ロボットの歴史としくみ
2．暮らしを豊かにするロボット
3．人を助けてはたらくロボット
4．みんなで実現！ 未来のロボット

毛利衛 監修 学習研究社 刊
A4判変型 48ページ
本体：各3,200円 2005年

工業の学習では、未来の工業製品のあり方や夢の製品を考える場面が多い。このシリーズはそのような際に出てくるロボットについて詳しく紹介している。本書では「危険な場所、ものづくり、福祉・医療、受付・警備」の現場で実際に働くロボットが挙げられ、子どもたちの興味を大きく広げるきっかけになるであろう。

はじめよう総合学習 全8巻

(6)電気自動車･リニアモーターカーを調べる 品切れ

【キーワード】
☐ 自動車工場･関連工場
☐ 工場の立地条件
☐ 生産ライン
☑ 未来の自動車
☐ 働く人の様子
☐ 海外生産
☐ 消費者のニーズ
☐ 貿易

梅澤実 監修
学習研究社 刊
34センチ
39ページ
1999年

自動車産業における環境への取り組みについて、児童が調べていくきっかけになる本。主にハイブリッド自動車とリニアモーターカーについて説明されている。環境に配慮するその理由と目的も説明されており、自動車を通して環境とのつながりを考えさせたい授業を進めるときに置いておきたい１冊。

調べ学習にやくだつ わたしたちの生活と産業 全10巻

(5)自動車をつくる 豊田市の自動車工業 品切れ

【キーワード】
☑ 自動車工場･関連工場
☐ 工場の立地条件
☑ 生産ライン
☐ 未来の自動車
☐ 働く人の様子
☐ 海外生産
☐ 消費者のニーズ
☐ 貿易

前野和久 監修
飯島博 著
ポプラ社 刊
26.5×22
48ページ
1995年

「自動車ができるまで」のひと通りの流れを示している。工場に働く人の１日の生活を基本にして、工場の様子が児童にも分かりやすい記述になっている。工場内の生産ライン上での作業の様子や、部品工場や海外への輸出についても書かれている。工業製品ができるまでの一般的な授業展開に沿った内容である。

その他の資料

小学生のための よくわかる自動車百科

【キーワード】
☑ 自動車工場･関連工場
☐ 工場の立地条件
☐ 生産ライン
☑ 未来の自動車
☐ 働く人の様子
☐ 海外生産
☐ 消費者のニーズ
☐ 貿易

http://www.jama.or.jp/children/encyclopedia/3_4.html

注目ポイント

HP上の教科書のような内容となっている。大人向けのページには、自動車関連の最新ページもある。

ホンダ 自動車の工場見学 くるまやバイクができるまで

【キーワード】
☑ 自動車工場･関連工場
☐ 工場の立地条件
☑ 生産ライン
☑ 未来の自動車
☐ 働く人の様子
☐ 海外生産
☐ 消費者のニーズ
☐ 貿易

http://www.honda.co.jp/kengaku/

注目ポイント

自動車メーカーのページは各社閲覧してみるとよい。このページには製作過程の動画が見られる。

株式会社 エコトラック

【キーワード】
☐ 自動車工場･関連工場
☐ 工場の立地条件
☐ 生産ライン
☑ 未来の自動車
☐ 働く人の様子
☐ 海外生産
☑ 消費者のニーズ
☐ 貿易

http://www.ecotruck.co.jp/

注目ポイント

電気自動車を含めて、環境に配慮した自動車について、紹介されている。工業の学習の発展になる。

5年生

Ⅲ．わたしたちのくらしと情報を調べよう

くらしと情報のかかわりについて、自分たちの生活のなかでの情報の活用、情報が作られるまで、情報の発信者としてという三つで構成されていて、それらを具体的な事例を通して学習する。情報が作られるまでの学習ではテレビか新聞を作る人の工夫と苦労、情報の活用ではコンビニエンスストアやインターネットなどが取り上げられることが多い。時代ごとに内容が大きく変わってきている単元である。

【学習のキーワード】

1 インターネットとネチケット
2 広告・ＣＭのできるまで
3 新聞・番組のできるまで
4 情報の選択・活用
5 携帯電話
6 著作権と情報モラル
7 文化

私たちのくらしは情報産業と密接にかかわっている。そして、そうした情報がどのようにつくられているのかについてはメディアを活用するという点から考えてとても重要である。また、最近は生活の中で接する情報の量は圧倒的に増えてきているので、そうした情報とどうかかわっていくのかという視点も重要になってきている。
学習指導要領では、情報産業と国民生活のかかわり、情報化社会と国民生活とのかかわりについて調べ、情報化の進展は国民の生活に大きな影響を及ぼしていることや情報の有効な活用が大切であることを考えるようにするとされている。

教科書においては、天気や災害などの情報を活用している生活やお店の様子。テレビや新聞が情報を発信している過程。情報を受信したり発信したり上で考えなければならないことなどが取り上げられている。

実際の授業では、まず、情報とはどういうもので、どこで得られているのかについて、生活の中から振り返る場面を作りたい。情報がどのようにつくられているのかについては、テレビ局や新聞社を取り上げて学習を進める。その際には働く人の工夫や努力とともに、その情報が誰かの手で加工されたものであることを押さえておきたい。このことは、インターネットなどを活用する場面でその情報の確かさを考えることにつながる。そして情報の発信者としての学習では、これまでの学習を生かし、伝える内容や方法、著作権などの問題についても考えさせたい。

これらをふまえ、【学習のキーワード】にはインターネットとネチケット、広告・ＣＭのできるまで、新聞・番組のできるまで、情報の選択・活用、携帯電話、著作権と情報モラル、文化をあげたい。

（岸野存宏）

はじめて手にとる1冊

くわしい！ わかる！ 図解日本の産業 全10巻
（8）マスコミ・ＩＴ

→このシリーズの全巻構成はP.47にあります

【キーワード】
☑インターネットとネチケット
□広告・CMのできるまで
☑新聞・番組のできるまで
☑情報の選択・活用
☑携帯電話
□著作権と情報モラル
□文化

保岡孝之 監修
学習研究社 刊
A4判変型
48ページ
本体：3,000円
2006年

マスコミの役割、電話・ネットワークの歴史、コンビニの情報ネットワーク、GPSやＩＣチップ等ＩＴ活用など、マスコミ・ＩＴについての過去から未来まで取り上げられている。

五つの章で構成されている。テレビ・ラジオ、新聞の役割の章では、テレビと新聞の情報が、家庭に届くまでの道筋を取り上げられ、比較することでメディアの特徴をとらえることができる。新聞記者の１日のページは、働く人の姿を考えるよい材料となる。ネットワークのあゆみの章では、通信の歴史からはじまり、直接的な通信の発達から情報通信に変わっていったこと、その情報を積極的に活用しようとする生活や産業の様子が取り上げられている。進化する情報化社会の章では、ＧＰＳを使って居場所がわかるシステムやＩＣチップ等による情報管理によって安全で便利な生活や快適な交通システムが紹介されている。情報化社会の課題については補足が必要。

インターネットにおけるルールとマナー　こどもばん公式テキスト

【キーワード】
- ☑インターネットとネチケット
- □広告・CMのできるまで
- □新聞・番組のできるまで
- □情報の選択・活用
- □携帯電話
- ☑著作権と情報モラル
- □文化

財団法人 インターネット協会 著
財団法人 インターネット協会 刊
B５判
112ページ
本体：1,600円
2005年

１～２ページでネチケットやインターネットを使う上での注意事項、インターネットにかかわるなかで直面しそうな問題についてまとめられている。本の題名が表すように、調べるための本というよりはテキストであり、やり方や禁止事項などが上段、説がその下に書かれている。著作権、肖像権、プライバシーについてもふれられている。またインターネットを使ったコミュニケーションとして、掲示板やチャット、オンラインゲームなどについても書かれている。カラー刷りで見やすい。

テレビでたどる子どもの文化　全３巻

（3）テレビ CM（コマーシャル）

【キーワード】
- □インターネットとネチケット
- ☑広告・CMのできるまで
- □新聞・番組のできるまで
- ☑情報の選択・活用
- □携帯電話
- □著作権と情報モラル
- ☑文化

片岡輝 総監修
尾崎司 著
岩崎書店 刊
A４判変型
56ページ
本体：3,000円
2005年

キャラクターやキャッチコピーなどについて、そのルーツや目的などが、具体的な CM をもとに書かれている。子どもが、なにげなく見ている CM を分析していくときの手がかりとして使えそう。学習した子どもたちは、いかに、気がつくと口ずさんでいる CM ソングや耳に残っているキャッチコピーが多いかを実感できる。後半のメディアリテラシーについて触れている。キャラクター商法やメディアミックス商法、CM とのつきあい方などの項目は授業づくりの観点としても読むことができる。

おしごと図鑑　全８巻

（8）それいけ！新聞記者

【キーワード】
- □インターネットとネチケット
- □広告・CMのできるまで
- ☑新聞・番組のできるまで
- ☑情報の選択・活用
- □携帯電話
- □著作権と情報モラル
- □文化

くさばよしみ 著
多田歩実 絵
フレーベル館 刊
19×13
160ページ
本体：1,200円
2006年

全巻構成

1．かがやけ！ ナース
2．うまいぞ！ 料理人
3．ワザあり！ 大工
4．いきいき！ 保育士
5．キラリッ☆ 美容師
6．アツいぜ！消防官 →P.16
7．はばたけ！ 先生
8．それいけ！ 新聞記者

全ページイラストで新聞記者の仕事を紹介した本。吹き出しや図解が多く、読みやすい。朝刊ができるまで、新聞記者の１日、紙面の説明などについてわかりやすくまとめられている。また、見出しの作り方や取材の仕方、一つの出来事を多面的に見ていくほうほうなど、新聞作りの本、メディアリテラシーを深めるための本としても価値がある。本来は、新聞記者としての心得や悩みのついてのインタビュー、どうやったら新聞記者になれるかなど、キャリア教育のための本として書かれている。

この本もオススメ

日本の産業まるわかり大百科　全７巻

→このシリーズの全巻構成は
P.53にあります

（６）情報通信　テレビ・新聞・インターネット

【キーワード】
- ☑インターネットとネチケット
- ☑広告・CMのできるまで
- ☑新聞・番組のできるまで
- ☑情報の選択・活用
- ☐携帯電話
- ☑著作権と情報モラル
- ☐文化

梶井貢 監修
ポプラ社 刊
A４判変型
64ページ
本体：2,980円
2005年

情報って何だろう、テレビ、新聞、インターネットと未来という流れで書かれている。情報の概念を整理してから内容に入っている。番組だけではなくＣＭとのつきあい方や情報は発信者の立場によって変わってくることなど、情報化社会の課題についても丁寧に書いてある。ホームページの紹介、索引のページもある。

「よのなか」がわかる総合学習　広告！ しる・みる・つくる　全５巻

（１）、（２）

広告って何だ？　広告のしくみ

【キーワード】
- ☐インターネットとネチケット
- ☑広告・CMのできるまで
- ☐新聞・番組のできるまで
- ☑情報の選択・活用
- ☐携帯電話
- ☐著作権と情報モラル
- ☑文化

藤川大祐 監修
学習研究社 刊
A４判変型
各48ページ
本体：各3,000円
2005年

実際の広告がどのようにつくられているかが、印刷された広告、音の広告、テレビ広告に分けて解説されている。また、ウェブ広告やメディアミックスの手法についてもページを割いている。このシリーズの（１）は、広告とは何か、広告の目的や効果、責任といった広告を考える基礎についてふれているので、あわせて読むのもよい。

ＹＡ新書　よりみちパン！セ

世界を信じるためのメソッド　ぼくらの時代のメディア・リテラシー

【キーワード】
- ☐インターネットとネチケット
- ☐広告・CMのできるまで
- ☐新聞・番組のできるまで
- ☑情報の選択・活用
- ☐携帯電話
- ☐著作権と情報モラル
- ☐文化

森達也 著
100%ORANGE/及川賢治 装画
理論社 刊
四六判
154ページ
本体：1,200円
2006年

メディアが人によって作られていること。間違いをおかすこと。メディアを読み解く力がどうして必要なのか。メディアの内容はどのようにつくられていくのか、といったことを具体的な事件は事例をもとに読み手に語るように書いている。情報を読み解くための考え方が学べる。ふりがなもあって読みやすい。

学校図書館の著作権問題 Q&A

【キーワード】
- ☐インターネットとネチケット
- ☐広告・CMのできるまで
- ☐新聞・番組のできるまで
- ☐情報の選択・活用
- ☐携帯電話
- ☑著作権と情報モラル
- ☐文化

日本図書館協会著作権委員会 編著
日本図書館協会 刊
A5判
55ページ
本体：700円
2006年

授業につかうために本をコピーすることは許されるのか、参観者に授業で使う資料を複写して配ってよいか等々、著作権が気になる具体的な50の場面を想定してＱ＆Ａ形式でまとめた本。著作権法35条の一部改正法公布による影響や学校図書館がどう対応するかというガイドライン的な本でもある。一度は読んでおきたい本。

メディア業界ナビ　全６巻

（2）テレビ局・ラジオ局　64の仕事

【キーワード】
- ☐インターネットとネチケット
- ☑広告・CMのできるまで
- ☑新聞・番組のできるまで
- ☑情報の選択・活用
- ☐携帯電話
- ☐著作権と情報モラル
- ☐文化

メディア業界ナビ編集室 編著
理論社 刊
B５判変型
183ページ
本体：2,000円
2006年

スポーツ、報道など実際の番組づくりを取り上げた本。働いている人のインタビューからは、仕事の内容、その人が工夫していることや大事にしていること、情報をどのように扱っているか等が読み取れる。番組作成のタイムスケジュールなども写真付きで紹介されている。イベント、広報、宣伝などの仕事もよくわかる。

その他の資料

コピーライト・ワールド

【キーワード】
- ☐インターネットとネチケット
- ☐広告・CMのできるまで
- ☐新聞・番組のできるまで
- ☐情報の選択・活用
- ☐携帯電話
- ☑著作権と情報モラル
- ☐文化

http://www.kidscric.com/

注目ポイント

日常の生活、Q＆Aやクイズを通して著作権を学べる。クイズやテストの解説が丁寧。用語辞典あり。

財団法人　インターネット協会

【キーワード】
- ☑インターネットとネチケット
- ☐広告・CMのできるまで
- ☐新聞・番組のできるまで
- ☐情報の選択・活用
- ☑携帯電話
- ☐著作権と情報モラル
- ☐文化

http://www.iajapan.org/

注目ポイント

「インターネット利用のためのルールとマナー集」、携帯についてのリーフレットのダウンロードが可能。

ネタブラカダブラ

【キーワード】
- ☑インターネットとネチケット
- ☐広告・CMのできるまで
- ☐新聞・番組のできるまで
- ☐情報の選択・活用
- ☐携帯電話
- ☐著作権と情報モラル
- ☑文化

http://www.nhk.or.jp/school/netabra/index.html

注目ポイント

インターネットならではの面白さ、上手に使うためのちょっとしたコツやルールを面白く学べる。

ズームイン!!　FCT

【キーワード】
- ☐インターネットとネチケット
- ☐広告・CMのできるまで
- ☑新聞・番組のできるまで
- ☐情報の選択・活用
- ☐携帯電話
- ☐著作権と情報モラル
- ☐文化

http://www.fct.co.jp/zoomfct/

注目ポイント

ルビ付きで、番組・ニュースができるまでや働いている人についての説明が書かれている。

日本新聞博物館　NEWSPARK

【キーワード】
- ☐インターネットとネチケット
- ☐広告・CMのできるまで
- ☑新聞・番組のできるまで
- ☐情報の選択・活用
- ☐携帯電話
- ☐著作権と情報モラル
- ☑文化

http://newspark.jp/newspark/index.html

注目ポイント

日本の新聞人、収蔵資料の紹介など歴史的な内容が充実。メディアリテラシーの視点で活用したい。

column

情報の切り取り、思い込み

モンゴルの訪問者を迎えた４年生に、モンゴルの昔話や『**世界の子どもたち**』（**ユニセフ企画　ほるぷ出版**）から、住まいのゲルや民族衣装を着たモンゴルの子どもたちを紹介した。続いて韓国のページを開けて、やはり民族衣装を着た双子の男の子の写真を見せて、その後に「さて、日本のページにはどんな子どもがでてくるかな？」と予測してもらった。

「お正月の着物かな？」「七五三の袴だよ」という期待の声。そこで、日本のページを開いて見せると、ジャージをはいた小学生の兄と赤い吊りスカートの妹が黄色い安全帽を被ってランドセルを背負っている。しかも靴下なしで運動靴をはく。「えっー!!」と落胆の声があがった。

また、アジア各国の子どもたちが見開きにずらりと並んでいる写真（P.46-47）の中で、日本の子どもを探させると、左端に指で眼鏡を作って片足をあげた男の子だとわかる。他の国の子どもたちがかっこよく、きちんと立っている中にあっては、唯一の「お茶目なおどけもの」である。これもがっかりした様子で、何人もがため息をついていた。

掲載されていた子たちも日本の子どもの一人には違いない。しかし、日本全国全員がジャージに靴下無しで登校しているわけではないし、全員が「おどけもの」なのでもない。掲載された子がそうだったということなのである。でも逆に私たちも写った一人の子どもがその国のすべてと思い込んだりしていないだろうか？ と問いかけた。ＴＶや新聞・雑誌、本にある情報も、つねに切り取られて編集されている。読み解く時には気をつけたいねと注意を促した。図書館からの情報ワンポイントアドバイスである。

中山美由紀

司書のまなざし

パスファインダーって何だろう？

Pathfinder（パスファインダー）は、開拓者・探検者という意味を持つが、図書館用語としては“道案内・みちしるべ”という意味で使われている。

2005年に石狩管内高等学校司書業務担当者研究会がブックレット※を発行し、愛知淑徳大学図書館が『パスファインダー・LCSH・メタデータの理解と実践：図書館員のための主題検索ツール作成ガイド』を発行した。図書館から発信するツールとして、近年注目が集まっている。

利用案内や参考図書リストと混同する場合も見られるが、本来は特定のトピックを扱ったテーマ別の調べ方案内である。留意点としては、資料を網羅的に載せないこと、児童・生徒が調査をすすめていくプロセスを考えて作成することである。パスファインダーを道案内にして児童・生徒が自力で資料を収集することが期待されている。インターネット上で提供する例もあるが、直接配布する場合は、持ち運びしやすいように、１枚の折りたたみリーフレットにすることが多い。

パスファインダーの掲載内容は

- 関連語（キーワード、件名）
- 入門書（古典的な図書）
- 参考図書（事典、年鑑、時事用語）
- 図書（分類から代表的な本を抽出、所在情報を入れる）
- 逐次刊行物（関連する新聞、雑誌）
- AV資料・ウェブ（ホームページ、有効リンク）
- 出版情報（ホームページも含む）
- 類縁機関（人も含む）などである。

＜本校での取組み＞

本校では、小学校５・６年生向けにパスファインダーを作成している。児童にパスファインダーの具体的なイメージを持ってもらうために、子犬のパスくんというキャラクターを登場させた。「探し物の名人のパスくんは、ここ掘れワンワン…と、資料が見つかりそうな所を教えてくれる。パスくんと一緒に資料探しを始めよう」と投げかけている。

調べ学習が始まると身近に資料が必要になるため、学級や学年に資料を移動させる事が多い。しかし、導入時には、パスファインダーを使って児童・生徒自身が学校図書館の棚から、テーマの本を探す時間を確保したい。

課題解決には、図書資料と共にウェブ情報も扱う。本校ではホームページ上に学習リンク集を設け、ウェブ情報も載せている。フリーワード検索だけに頼らずリンク集も提示し、学習の手立てとして活用している。しかし、高学年でもパスファインダーを使って資料を探し出す事は難しい。児童・生徒が今までどれだけ図書館を使って学習しているか、子どもたちの学習経験が問われる。狛江市では、情報活用能力の系統表を作り、学年ごとに百科事典や図鑑、パンフレットや雑誌の活用、ウェビングやマンダラート等を教えている。低・中学年で積み上げてきた情報活用能力を高学年でパスファインダーという形で集約したい。

＜自校の資料群＞

パスファインダーを作成することで、学校図書館の所蔵資料が見えてくる。多様な資料に出会わせるために、自校の資料群（コレクション）を作っていく事が基本であるが、同時に調べるプロセスを提示することも必要である。パスファインダーでは、テーマに対してどんな資料があるか探索範囲を示すと共に、それぞれのメディアの持つ特性についても触れる事ができる。

パスファインダーを学ぼう（参考資料）

※『パスファインダーを作ろう　情報を探す道しるべ』学校図書館入門シリーズ⑫　石狩管内高等学校司書業務担当者研究会著　全国学校図書館協議会 刊 2005年

・北広島市図書館
http://www.lib.city.kitahiroshima.hokkaido.jp/lib/passfinder/passfinder.htm

・しなのがくと　篠原由美子氏
「パスファインダーづくりを始める前に」
http://shinanogakuto.blog4.fc2.com/blog-entry-8.html

・愛知淑徳大学図書館
http://www2.aasa.ac.jp/org/lib/j/netresource_j/pf_j.html

東京都狛江市立狛江第六小学校　司書　青木和子

● パスファインダーの例

としょかん
で
まなぶ

6年　　組・名前

日光に行こう・日光を調べてみよう

パスファインダー（Pathfinder）とは…
みなさんが調《しら》べる時《とき》に　役立《やくだ》つ資料《しりょう》をわかりやすくしょうかいした1まいのチラシのことです。
必要《ひつよう》な情報《じょうほう》が発見《はっけん》できるよう、いろいろな資料《しりょう》の一部をしょうかいします。

狛江六小の「パスくん」は、
調べることがとくいです！
「パスくん」といっしょに
いろいろな資料《しりょう》を探《さが》してみよう！

＜かだい＞　日光に行こう！　日光について調べてみよう。

１．手がかりとなるキーワード

かだい　から　関係のあることばを　たくさん出し合ってみよう。
社会の教科書や資料集から、キーワードになる　ことばをさがしてみよう。

日光東照宮《にっこうとうしょうぐう》　徳川家康《とくがわいえやす》

世界遺産《せかいいさん》　日光彫《にっこうぼ》り　足尾銅山《あしおどうざん》　三猿《さんざる》　戦場ヶ原《せんじょうがはら》　華厳《けごん》の滝《たき》

ほかのキーワードは…

２．調べるテーマを決めよう

ウェビング（webbing）やマンダラート法(mandal-Art)を使って調べるテーマを決めよう。

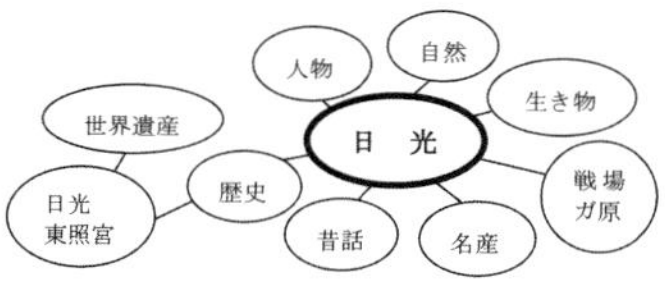

伝説 むかし話	人びとの くらし	交通
自然 山・湖	日　光	歴史
生きもの	観光名所 名産	世界遺産《いさん》

＜ウェビング＞
くものすのように　テーマを　つぎつぎと　広げていく。テーマ全体のようすがわかる。

＜マンダラート法＞
たて3つ、よこ3つのワクを作り、
まん中に大テーマをおく。
大テーマのまわりに、考えを広げていく。

３．辞書、事典を使おう

大まかな情報《じょうほう》や新しい情報《じょうほう》を　辞書　や　事典　を使って調べてみよう。

手がかりとなる キーワード を使って調べます。

目次（もくじ）や　索引（さくいん）を使うと便利です。

書名《しょめい》 （本の名前）	分類《ぶんるい》 （本の番号）	所蔵《しょぞう》 （本のある場所）
総合百科事典　ポプラディア	０３	六小図書館
ニューワイド学習百科事典	０３	六小図書館
ワンダーワールド	０３	六小図書館
２１世紀こども百科	０３	六小図書館
まんがこども大百科	０３	六小図書館
学習百科大事典	０３	六小図書館

４．統計資料　や地図・時刻表を使おう

統計資料を使って調べることもできます。

手がかりとなる キーワード を使って調べます。

目次（もくじ）や　索引（さくいん）を使うと便利です。

書名《しょめい》 （本の名前）	分類《ぶんるい》 （本の番号）	所蔵《しょぞう》 （本のある場所）
朝日ジュニア百科年鑑	０５	六小図書館
日本のすがた	０１	六小図書館
時刻表	０１	六小事務室
社会科資料集　小学生の地図帳	０１	六小図書館

５．雑誌《ざっし》・パンフレットを使おう

雑誌《ざっし》やパンフレットから調べることができます。
　しょうかいしたパンフレット以外にもたくさんの　資料が　あります。

書名《しょめい》 （本の名前）	分類《ぶんるい》	所蔵《しょぞう》 （本のある場所）
新・美しい自然公園　⑫奥日光 （自然公園美化管理財団）	パンフレット	六小図書館
日光 （狛江市教育委員会）	パンフレット	六小図書館
奥日光ハイキングガイド （自然公園美化管理財団）	パンフレット	六小図書館

６．図書を使おう

六小図書館にある本から…
　図書は、分類《ぶんるい》ごとにおいてあります。
　しょうかいした本以外にもたくさんの本があります。
　本だなを　じっくり見てみよう。

内容《ないよう》 （分かること）	書名《しょめい》 （本の名前／しゅっぱん社）	分類《ぶんるい》 （本の番号）
人物	徳川家康	２８
〃	２１世紀子ども人物館	２８
地理・地図	JTB エースガイド　③日光・鬼怒川・那須	２９
〃	るるぶ楽楽　　日光　戦場ヶ原	２９
〃	修学旅行の本　　③日光	２９
〃	てくてく歩き　　③日光/戦場ヶ原/奥鬼怒	２９
〃	たっぷり日光歴史ウォーキング	２９
〃	改訂　日光パーフェクトガイド	２９
〃	おもしろガイド修学旅行　①日光	２９
〃	新訂版楽しい修学旅行ガイド　日光	２９

出版《しゅっぱん》されている本から…
どんな本があるか　さがしてみよう。六小にない本は、予約をしよう。

書名《しょめい》 （本の名前）	分類《ぶんるい》 （本の番号）	所蔵《しょぞう》 （本のある場所）
どの本で調べるか	０２	六小図書館

７．利用《りよう》できる施設《しせつ》

■　狛江市立中央図書館　http://www.library.komae.tokyo.jp/komae03.htm
　狛江市和泉本町１−１−５　電話：03−3488−4414
　市立図書館も利用《りよう》しましょう。インターネットで本を探《さが》すことができます。

■　問《と》い合わせをするときに役立《やくだ》つ本です。

書名《しょめい》 （本の名前）	分類《ぶんるい》 （本の番号）	所蔵《しょぞう》 （本のある場所）
調べ学習ガイドブック	０３	六小図書館

どんな資料を使ったか…
出典を必ず書きましょう

８．インターネットで調べよう

ホームページの一部をしょうかいします。
手がかりとなる キーワード を使って調べます。

日光市役所　観光（にっこう　しやくしょ　かんこう）
http://www.city.nikko.lg.jp/kankou/index.html

社団法人　日光観光協会（しゃだんほうじん　にっこう　かんこうきょうかい）
http://www.nikko-jp.org/index.shtml

栃木県立日光自然博物館（とちぎけんりつ　にっこう　しぜんはくぶつかん）
http://www.nikko-nsm.co.jp/

日光東照宮（にっこう　とうしょうぐう）
http://www.toshogu-koyoen.com/toshogu/

日光野鳥研究会（にっこう　やちょうけんきゅうかい）
http://www.nwbc.jp/

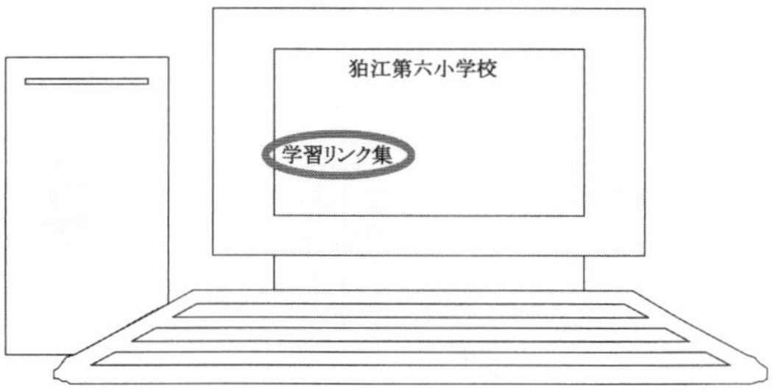

紹介したホームページは、狛江六小ホームページ　http://www.komae.ed.jp/ele/06/index.cfm/1,html　から探《さが》せます。

９．さいごに

しょうかいしたのは、ほんの一部です。
みなさんが、自分で探《さが》すと、たくさんの発見《はっけん》があるでしょう。
もし、迷った時は、司書《ししょ》の先生に聞いてください。

作成：青木和子

5年生

Ⅳ. わたしたちの国土と環境を調べよう

豊かな自然の様子や環境を守る人々の働きを知り、児童がこれから成長する中で、自然にかかわっていく一人としての意識を育てたい。だが、寒い地域や沖縄や、公害が発生した地域等、教材となるものが、児童自身が見学をすることは難しいので、図書・統計資料や写真を有効活用したい。また児童が言葉として知っているものも、その仕組みや働きを理解する点にも考慮したい。

【学習のキーワード】
1 地球儀
2 日本の四季
3 沖縄の暮らし・北海道や雪の多い地方のくらし
4 地形と領土
5 森と林業
6 公害
7 地球温暖化
8 自然保護

学習指導要領では、大きく「国土の自然」「公害とその克服」「国土の保全」という三つから構成されている。「国土の自然」で位置、地形や気候の様子、気候から見て特色ある地域を挙げる。「公害」については大気汚染や水質汚濁など、実際に日本で発生した公害を具体的事例として挙げる。また現在の生活の中で起きている公害にも着目させる。「国土の保全」では森林資源の働きや森林資源の保護等に従事する人々や、多くの人々の協力の重要性を学習することとなる。

教科書において、国土の自然については日本地図を中心に、日本全体の地形の様子を調べ、理解することが示されている。また気候条件からみて特色ある地域については寒い地域では北海道や日本海側の雪の多い地域が挙げられ、暖かい地域では沖縄県が事例として挙げられている。それらの地域の暮らしぶりは細かく紹介されている。公害については水俣病等、高度経済成長期に発生した公害や現在の国民生活の中で発生している生活公害について触れている。国土の保全については林業に従事する人々の仕事の様子や白神山地などの世界自然遺産も挙げられている。

【学習のキーワード】として地球儀、日本の四季（桜前線・気候・降水量）、沖縄の暮らし・北海道や雪の多い地方のくらし、地形と領土、森と森林、公害（四大公害病）、地球温暖化、自然保護（世界自然遺産・ナショナルトラスト）を挙げた。これらのキーワードは、それぞれ一つずつが独立してあるものではなく、「自然を守る」「環境を守る働き」といったつながりの中で相互に関連している。また一つずつの言葉を覚えるということではなく、その言葉から考えられる仕組みや人々の働きを考えられるような単元構成を考えたい。

（柴生田明）

はじめて手にとる1冊　なるほど知図帳　日本2008

【キーワード】
- □地球儀の使い方
- ☑日本の四季
- □沖縄の暮らし・北海道や雪の多い地方のくらし
- ☑地形と領土
- □森と林業
- □公害
- □地球温暖化
- □自然保護

昭文社編集部 編
昭文社 刊
A4判
304ページ
本体：1,600円
2007年

今がわかる　時代がわかる
日本地図　2008年版

正井泰夫 監修
成美堂出版 刊
A4判
256ページ
本体：1,600円
2007年

考える力がつく
子ども地図帳〈日本〉

深谷圭助 監修
草思社 刊
B5判
96ページ
2006年

国土の学習には、地図を上手に活用することが重要であろう。お勧めとして今多く出版されているテーマ毎の地図帳を数冊挙げた。教師が授業で地図を楽しく活用できるきっかけにしたい。

『なるほど知図帳』は産業・政治、スポーツや文化など都道府県毎に関わりがあるものが写真も多く、豊富な情報量がある。同様のものとして『今がわかる時代がわかる日本地図 2008 年版』（成美堂出版）もある。どちらも地図をもとにして、各種のランキングや都道府県毎の統計資料が掲載されている。国土の学習だけでなく、５年生の各単元においても活用できる。調べ学習を進める際、児童自らが地図を開き、活用できるような指導の一助となるだろう。また『考える力がつく子ども地図帳〈日本〉』（草思社）は各都道府県・県庁所在地の説明が児童にも使える文章でまとめられている。都道府県カルタも収められていて、楽しく地図を使えるきっかけになる。

ビジュアル学習 日本のくらし　全5巻

【キーワード】
☐地球儀の使い方
☑日本の四季
☑沖縄の暮らし・北海道や雪の多い地方のくらし
☐地形と領土
☐森と林業
☐公害
☐地球温暖化
☐自然保護

(1) 寒い地域のくらし
(2) 暖かい地域のくらし
(5) 各地のくらしと学校生活

全巻構成
1. 寒い地域のくらし
2. 暖かい地域のくらし
3. 山や川のある地域のくらし
4. 海のある地域のくらし
5. 各地のくらしと学校生活

小泉武栄 監修　旺文社 刊
B５判 48～64ページ
本体：各3,000円　2005年

このシリーズの副題にも掲げられている“くらべてわかるさまざまな生活と知恵”という見方が全巻通じてなされている。農業や生活の工夫など、寒い地域の中でも色々な違いがあることがよくわかる。第５巻に掲載されている気候区分ごとの小学校の様子の違いは「１年間のこよみ」や特色ある学校での活動が紹介されており、子どもが読んでみても、気候が一人ひとりの生活に影響を与えていることが分かる部分である。教師も児童も使用できるシリーズである。

日本列島の健康診断 全６巻 ／ 図説―木のすべて 全5巻
(1)日本の森林 ／ (4)森ができるまで

【キーワード】
☐地球儀の使い方
☐日本の四季
☐沖縄の暮らし・北海道や雪の多い地方のくらし
☐地形と領土
☑森と林業
☐公害
☐地球温暖化
☐自然保護

只木良也 編著
草土文化 刊
B５判
56ページ
本体：2,427円
1993年

小澤普照 監著
大日本図書 刊
B５判
47ページ
本体：2,800円
1999年

「木のすべて」全巻構成
1. さまざまな木のすがた
2. 木と人間の歴史
3. 現代における木の利用
4. 森ができるまで
5. 人間を生かす森

日本国内における地域による森林の様子の違いを説明している。「森林からのめぐみ」「森林の危機」「これからの森林とのつきあい方」といった章立てがされており、教師が単元指導計画を作成する際に、もっとも基本的な流れに沿うと考えられる。また児童に対しても、昔の写真が使われており、現状との違いなど、興味のきっかけになるであろう。森林に関する本としては『木のすべて　森ができるまで』（小沢普照 監・著　大日本図書）もシリーズとして詳しく説明がされている。

ワールドウォッチ研究所
ジュニア地球白書 2007～08 持続可能な都市をめざして

【キーワード】
☐地球儀の使い方
☐日本の四季
☐沖縄の暮らし・北海道や雪の多い地方のくらし
☐地形と領土
☐森と林業
☐公害
☐地球温暖化
☑自然保護

クリストファー・フレイヴィン 編著
林良博 監修
ワールドウォッチジャパン 刊
21.2×15.2
221ページ
本体：2,400円
2008年

「地球白書」を小学生高学年から読めるように日本語訳されたもの。世界の現状やこれからの世界の動向を知るための導入となるであろう。
毎年刊行されており、本書では「中国とインド」「工場式畜産」「バイオ燃料」「ナノテクノロジー」等、用語としては聞いていても、その詳細については大人でも説明し切れない内容が挙げられている。高学年の児童と環境を考えていく場合、教師が一歩先の知識を持っているのは重要である。平易な文章と関連したコラムが豊富に入っている。

この本もオススメ

沖縄まるごと大百科　全5巻

全巻構成
1. 沖縄の自然
2. 沖縄のくらし
3. 沖縄の産業
4. 沖縄のことばと文化
5. 沖縄の歴史 →P.110

【キーワード】
☐地球儀の使い方
☐日本の四季
☑沖縄の暮らし・北海道や雪の多い地方のくらし
☐地形と領土
☐森と林業
☐公害
☐地球温暖化
☐自然保護

宮城勉 他 監修
渡辺一夫 他 文
ポプラ社 刊
26.5×19
48ページ
本体：各2,800円
2005年

５冊シリーズで、それぞれのテーマ毎にたいへん豊富な写真と説明がされている。「（２）沖縄のくらし」には市場・食べもの・住まい・祭りと行事という目次に沿って、人々の暮らしぶりも具体的に説明がされている。教科書の単元構成に合わせながら、授業や作品作りに使いやすいシリーズとなっている。

自然とともに　全10巻

雪国の自然と暮らし

【キーワード】
☐地球儀の使い方
☐日本の四季
☑沖縄の暮らし・北海道や雪の多い地方のくらし
☐地形と領土
☐森と林業
☐公害
☐地球温暖化
☐自然保護

市川健夫 著
小峰書店 刊
21×16
115ページ
本体：1,300円
2003年

長野・新潟県境にまたがる「秋川郷」を中心に豪雪地帯の四季をまとめている。秋川郷の人々の苦労や先人から伝わる知恵を地理的要因や道具等の説明がなされて、雪国の暮らしぶりが伝わってくる。児童も読むことで、安易な調べ学習で留まらず、人々の暮らしを想像できるきっかけになるであろう。

新・日本各地のくらし　全10巻

（1）あたたかい土地のくらし 品切れ （2）寒い土地のくらし 品切れ

【キーワード】
☐地球儀の使い方
☐日本の四季
☑沖縄の暮らし・北海道や雪の多い地方のくらし
☐地形と領土
☐森と林業
☐公害
☐地球温暖化
☐自然保護

次山信男 監修
（1）吉田忠正 文
（2）渡辺一夫 文
ポプラ社 刊
26.5×19
48ページ
1999年

寒い土地は北海道別海町、あたたかい土地として沖縄県玉城村が紹介されている。特色ある気候の様子だけでなく、その地域に住む児童の作文が掲載され、その文中から気候とくらしのつながりが読み取れる。授業では直接見学もできない地域の学習であるから、このような児童の声を授業で活用しても良いだろう。

たくさんのふしぎ傑作集

森へ

【キーワード】
☐地球儀の使い方
☐日本の四季
☐沖縄の暮らし・北海道や雪の多い地方のくらし
☐地形と領土
☑森と林業
☐公害
☐地球温暖化
☐自然保護

星野道夫 文・写真
福音館書店 刊
26×20
40ページ
本体：1,300円
1996年

自然風景で有名な写真家の写真絵本。南アラスカからカナダに広がる原生林の風景が載っている。葉・根・茎が織りなす不思議な光景、森林と関わりが深い動物の生活、人間の足跡など、題名の通り「森へ」入っていくことで感じる雰囲気が伝わってくる。単元の導入で、森林のイメージを広げるきっかけに使えるだろう。

縄文杉に会う 品切れ

【キーワード】
☐地球儀の使い方
☐日本の四季
☐沖縄の暮らし・北海道や雪の多い地方のくらし
☐地形と領土
☑森と林業
☐公害
☐地球温暖化
☐自然保護

立松和平 文
日下田紀三 写真
講談社 刊
A５判
47ページ
1995年

屋久島縄文杉を題材にして、自然の懐の深さや、森を介した動植物の生活を思い描くきっかけにしたい。この本の中にある一節を児童に読みきかせをして、子どもたちの森林へのイメージを広げてもよいのではないだろうか。森林はたいせつにしなくてはいけないという言葉だけでなく、森林の持つ豊かさを感じさせたい。

用語がわかる！ 実践できる！ 環境用語事典

【キーワード】
- □地球儀の使い方
- □日本の四季
- □沖縄の暮らし・北海道や雪の多い地方のくらし
- □地形と領土
- □森と林業
- □公害
- ☑地球温暖化
- ☑自然保護

西岡秀三 監修
学習研究社 刊
28×21
176ページ
本体：6,800円
2003年

環境問題や対策に関する用語について児童が確かめるために使える１冊となる。環境についての言葉は、自分では説明できない場合が多い。調べ学習においても、用語の意味を確かめつつ進めさせたい。関連する用語の分類もされており、読み進めるだけでも環境問題への興味をひくきっかけになる。

調べ学習日本の歴史 第２期 全８巻

(16)公害の研究 ―産業の発展によってうしなわれたものとは

→このシリーズの全巻構成は、第１期がP.77に、第２期がP.81にあります →P.115

【キーワード】
- □地球儀の使い方
- □日本の四季
- □沖縄の暮らし・北海道や雪の多い地方のくらし
- □地形と領土
- □森と林業
- ☑公害
- □地球温暖化
- □自然保護

菅井益郎 監修
庭野雄一 文
ポプラ社 刊
29×22
56ページ
本体：3,000円
2001年

足尾鉱毒事件から四大公害病、そして現在のゴミや原子力関連の問題に至る流れが説明される。水俣病など、その当時の写真も多く掲載されており、公害の実情を伝える１冊となるであろう。現在の取り組みに関する資料も不可欠だが、高度経済成長と共に進行した公害を理解することは、教師としても大切な知識である。

小学生の環境見学シリーズ 全７巻

(5)見学でわかる！ 自然のたいせつさ

→このシリーズの全巻構成は、P33にあります

【キーワード】
- □地球儀の使い方
- □日本の四季
- □沖縄の暮らし・北海道や雪の多い地方のくらし
- □地形と領土
- ☑森と林業
- □公害
- □地球温暖化
- ☑自然保護

佐島群巳 監修
齋藤辰也 文
割田富士男 写真
ポプラ社 刊
A4判変型
48ページ
2002年

身近にある自然の豊かさを、社会科見学風に読み物として書かれている。雑木林の大切さを説明している章では、児童が目にしているものの中に環境問題が隠されていることをわかりやすく説明している。また干潟を守る運動など、「わたしたちにできること」も紹介されていて、環境との関わりを気付かせる１冊になる。

都道府県大図解 日本の地理 全11巻

(10)日本の国土と産業

→このシリーズの全巻構成は、P.42にあります。

【キーワード】
- □地球儀の使い方
- ☑日本の四季
- □沖縄の暮らし・北海道や雪の多い地方のくらし
- ☑地形と領土
- □森と林業
- □公害
- □地球温暖化
- □自然保護

学習研究社 編
学習研究社 刊
A4判変型
48ページ
本体：3,000円
2007年

全21のテーマ毎に見開き２ページで、グラフや表を多用し、見やすく紹介されている。それぞれのページには日本全図が掲載されており、国土とのつながりを意識しながら、作業に使いやすい１冊となっている（テーマは農業、水産業、林業、伝統産業、貿易、鉄道、空港、祭り、郷土料理、世界遺産などが挙げられている）。

朝日ジュニアブック 日本の地理 21世紀

【キーワード】
- □地球儀の使い方
- ☑日本の四季
- □沖縄の暮らし・北海道や雪の多い地方のくらし
- ☑地形と領土
- □森と林業
- □公害
- □地球温暖化
- □自然保護

朝日新聞社 編
朝日新聞出版 刊
A4判変型
224ページ
本体：2,800円
2005年

「ズームアップ」では自然や交通、国際化、食文化等テーマに沿って、授業の題材になるものが紹介されている。各都道府県紹介も産業や歴史、文化等その地域で特色とされるテーマを中心に紹介されて分かりやすい。各地方でひとつずつ、ある家庭の暮らしぶりが紹介されているのは授業で活用できる。

この本もオススメ

にっぽん探検大図鑑

【キーワード】
☐地球儀の使い方
☐日本の四季
☐沖縄の暮らし・北海道や雪の多い地方のくらし
☑地形と領土
☐森と林業
☐公害
☐地球温暖化
☐自然保護

正井泰夫／辻原康夫 監修
小学館 刊
A4判変型
304ページ
本体：4,286円
2006年

全都道府県について詳細に説明されている1冊。自然・文化・工業・人口などの統計データが写真も豊富に、各都道府県毎に6ページ掲載されている。それぞれの都道府県の特色や地形等、グループ学習等を行うときに重宝するであろう。巻末には都道府県ベスト10紹介、基本データ集等がついている。

平和・環境・歴史を考える 国境の本 全5巻

(2)日本の国境

【キーワード】
☑地球儀の使い方
☐日本の四季
☐沖縄の暮らし・北海道や雪の多い地方のくらし
☑地形と領土
☐森と林業
☐公害
☐地球温暖化
☐自然保護

池上彰 監修
岩崎書店 刊
A4判変型
48ページ
本体：2,800円
2005年

日本の国土、特に国境をテーマにして説明されている。「日本に国境があるか」という問いに、小学5年生は約60％が「ない」と答えたとのアンケートから、それぞれの国における国境の役割やそこから生まれてくる問題点を挙げている。北方領土や漁業問題についても児童が読みやすい形となって書かれている。

「資源」の本 全5巻

(2)森林資源をかんがえる

【キーワード】
☐地球儀の使い方
☐日本の四季
☐沖縄の暮らし・北海道や雪の多い地方のくらし
☐地形と領土
☑森と林業
☐公害
☐地球温暖化
☑自然保護

岩田一彦 監修
加藤由子 文
岩崎書店 刊
A4判変型
40ページ
本体：3,000円
2003年

森林資源についての児童の疑問に答える形で説明される。多くのテーマを分かりやすく説明している。森林資源と日常生活のつながりを分かりやすく説明している。児童が抱く言葉でテーマが設定され、林業、森林の将来など、幅広いテーマを扱っている。イラストやグラフが見やすく、授業で提示することもできる。

日本の林業 全4巻

※

【キーワード】
☐地球儀の使い方
☐日本の四季
☐沖縄の暮らし・北海道や雪の多い地方のくらし
☐地形と領土
☑森と林業
☐公害
☐地球温暖化
☐自然保護

全巻構成
1. 木を植える 森を育てる
2. 木を使う 木に親しむ
3. 森にくらす 森を守る
4. 森の環境 森の生きもの

白石則彦 監修　MORIMORIネットワーク編　岩崎書店 刊
A4判変型　各48ページ　本体：各2,800円　2007～2008年

木が植えられ育ち、人々の生活に役立つまでの様子や木や森林のはたらき、森林を守るボランティア活動等について4巻構成で紹介している。特に第1・2巻では、イラストや写真を多く用いて、林業に携わる人々が、どのような作業を山の中でしているのかを詳しく説明している。

森は地球のたからもの 全3巻

※

【キーワード】
☐地球儀の使い方
☐日本の四季
☐沖縄の暮らし・北海道や雪の多い地方のくらし
☐地形と領土
☑森と林業
☐公害
☐地球温暖化
☑自然保護

全巻構成
1. 森が泣いている
2. 森は命の源
3. 森の未来

宮脇昭 著　ゆまに書房 刊　B5判
各40ページ　本体：各2,500円　2008年

第1巻では、森と人間のかかわりを歴史的に振り返るとともに、現在森に起きている問題を取り上げている。第2巻では、森の役割を説明するとともに、その森を人間がどのように破壊してきたのかを説明している。第3巻では、その森を守り、つくるためにどのようなことができるのかを紹介している。

※印は松本大介執筆

司書のまなざし

1冊の本から　…広がり、つながり、まとまった

1冊の本決定まで

学習の中に調べる活動を取り入れるときに教師がめざすものは、子どもたちの自ら学び自ら考える力を育成することである。しかし安易な調べ学習は学習内容自体をあいまいにし、単なる活動だけで終わってしまう恐れがある。ねらいを明確にし、子どもたちが習得していく姿を思い描きながら、自ら学び考える力の探求をすすめていかなければならない。ここで重要なことが教材選びである。

①子どもが知りたい、調べたいと思う知的好奇心を刺激するもの

②調べる活動に入った時に、子どもが手にすることのできる資料が充実しているもの、そしてその資料が５年生の子どもにとって、理解の出来るものであること

③子どもたちの調べたことが最後はどれもつながりを持ち、お互いが調べたことの価値を実感できるもの

そういう教材であることが望ましい。

今回調べる学習をすすめる教材として、５年国語教材「森林のおくりもの」（東京書籍）を選んだ。 この「森林のおくりもの」は、**『森は生きている』（富山和子著・講談社→ P.55）**を原典とした書き下ろしである。日本は森の国であるということから始まり、くらしの中に木を多く使っていること、またそれぞれの木の特徴、昔からその特徴を生かして利用されていたということ、自然界に働く木の力についてなどが書かれており、最後に、森林が今まで守られてきたことと、これからも守らなくてはいけないという筆者の思いがある。調べていく活動とともに『森は生きている』も一人に１冊ずつ持たせ、これを各自で読むこととした。

学習の組み立て

①教材を読んで、一人ひとりの感想を書き出して印刷し、全員で感想交流。

②自分の調べたいことを明確にし、調べカードに書いて掲示。『森は生きている』を各自読みすすめる。

③調べていく過程も掲示し、お互いの課題がどこでつながっているかがわかるようにした。

④自分の調べたことと作者の主張とをすりあわせ、自分の感想や考えをまとめた。

学習を終えて

様々な環境問題を自然界の大きな営みとして説明しているこの教材の切り口は多様である。子ども達はそれぞれの興味に応じて調べていくことができた。そしてこの教材では、子どもたちの調べたことが、重なり合い、それが筆者の思いにつながっていった。

調べる活動は、ともすると調べたことで完結してしまい、子ども達がお互いに調べたことを絡め合って、さらに深化させるというところまでいくことは難しい。その点この教材は、森林を中心に、森と土と水との関わりをわかりやすいことばで説明し、子ども達がいろいろな方向から調べたことが、作者の主張に収束するようになっている。そこで子ども達は、お互いに他の子ども達が調べたことに納得がいき、自分の調べたことと関連付けてさらに考えを深めることができた。そして昔からの人間の暮しの中で、林業・農業などに従事する人々の生活がどのように営まれてきたかというところから、自分自身の生活と自然との関わりに目を向けて考えることができたのだ。

ますます加速度を増す人間の生活時間に比べて、自然界の時の流れは壮大である。ともするとたくさんの資料を集め、知ること・知識を得ることとそれを編集することに追われ、調べてまとめたことだけで満足してしまったり、ふりかえって再度考える時間をもてなかったりすることもある。今回は１冊の本をまるごと読み、グローバルな視点から考える経験となった。

千葉県市川市立稲越小学校 司書　高桑弥須子

6年生　歴史学習のはじめに

6年生の歴史学習は、これまでの調査活動や体験したことを中心に行う学習とは異なり、教科書等の間接資料を使った学習が中心となる。そのような学習に苦手意識を持つ者も出てくるが、むしろ歴史学習は資料・図書館活用を十分行い情報リテラシーを育てる場ともいえる。子どもが歴史に興味を持ち、歴史学習全般で手助けしてくれる本を知っていると、楽しんで取り組めるようになる。

６年生の歴史学習について、学習指導要領では「国家・社会の発展に大きな働きをした先人の業績や優れた文化遺産について興味・関心と理解を深めるようにするとともに、我が国の歴史や伝統を大切にし、国を愛する心情を育てるようにする。」事を目標にしている。それに応じて学習内容は「我が国の歴史上の主な事象について、人物の働きや代表的な文化遺産を中心に遺跡や文化財、資料などを活用して調べ、歴史を学ぶ意味を考えるようにするとともに、自分たちの生活の歴史的背景、我が国の歴史や先人の働きについて理解と関心を深めるようにする。」とし、九つの学習内容のまとまりを示している。小学校では基本的には通史学習を行わないことになっている。人物や文化遺産を手がかりに、私たちのくらしの変化と社会の変化を学ぶのである。その様子はしばしば串団子にたとえられる。串が時間の流れであり、団子が人物や文化遺産で学ばれる歴史事象なのである。団子となる歴史事象については人物や文化遺産を手がかりに具体的に学べるのだが、団子相互の関連性が見えにくくなりがちである。大まかな歴史の流れや変化の因果関係がわかりにくくなるのである。通史学習は難しさもあるのだが、小学校の歴史学習には通史学習でない故の難しさもあるのだ。この問題を解決する手助けが図書資料にはある。

また、歴史の学習は実際に体験したり、調査できることが限られているので、資料を使っての学習が中心となる。具体的な学習の場面では知らない人物名、事件名や用語等が多く出てくる。それらを手軽に調べることができると、理解もすすみ、歴史に対して一層興味が持てるようになる。レファレンスツールの活用が重要なのである。加えて、そのような学習を進めていく際には、先にあげたように、大まかな歴史の流れが想起できると調査活動を行いやすく、また調べたそれぞれのことについて関係性に気づき、歴史のおもしろさを味わうことができる。歴史を概観できる本が大きな手助けとなるのだ。

ここでは歴史学習を通して学習の手助けとなる①歴史を概観することのできる本、②歴史について調べることができる本（図鑑・事典等）③歴史の理解を助ける本（年表）について紹介する。

（鎌田和宏）

はじめて手にとる１冊　朝日ジュニアブック 日本の歴史 ／ 日本の歴史 全９巻

朝日新聞社 編　B５判
朝日新聞出版 刊
B５判　288ページ
本体：2,000円　2002年

吉村武彦 他 著　岩波書店 刊
新書判（岩波ジュニア新書）
202～270ページ　本体：各740円
1999～2000年

小学校は通史学習を行わないことになっているが、大きな歴史の流れが理解されていると学習は楽しくなる。本書では子どもがよく疑問に持ちそうなことを柱に通史的概観ができる。

朝日ジュニアブックの方は1989年に出された同書の改訂新版で、長く読み継がれてきた本である。日本の歴史を原始・古代、中世、近世、近・現代の４つに分け、各時代の扉では時代の特徴を解説し、その後に各時代の詳しい年表（下段に関連する写真・図版が配置）を付してある。本文は小中学生対象に実施した日本の歴史で疑問に思うこと、知りたいことのアンケート調査を元につくられた106のQ＆Aを１項目２ページで解説、図版も豊富で用語解説もあり、わかりやすい構成である。巻末にはミニ歴史人物事典がつき、索引も充実。もっと詳しくという子どもには岩波ジュニア新書『日本の歴史』（全９冊）もおすすめである。

ビジュアル

福音館の科学シリーズ

絵で見る 日本の歴史

西村繁男 文・絵
福音館書店 刊
27×31
80ページ
本体：2,300円
1985年

本書は旧石器時代から現代まで、見開き２ページを１場面とし、31の場面でビジュアルに日本の歴史を概観している。歴史学者の網野善彦らが協力しており各々の場面はよく考えて構成されており、丁寧に見ていくことによってその時代の特徴が捉えられるようになっている。巻末には各場面の解説がつけられている。

視覚に訴えてということであれば学習まんがの歴史シリーズも見逃せない。様々出ているが、監修がしっかりしているものを選びたい。集英社版は最近文庫化もされている。

辞典

ジュニア 日本の歴史辞典 ／ 21世紀こども百科 歴史館 増補版 ／ ポプラディア情報館 （６）日本の歴史人物

歴史教育者協議会 編
岩崎書店 刊
A４判変型　480ページ
本体：9,500円　2005年

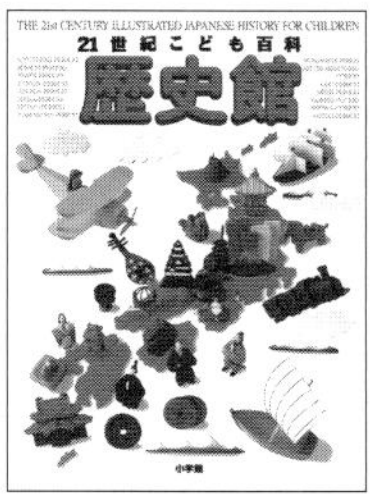

石井進／大塚初重 監修
小学館 刊
A４判変型　366ページ
本体：4,700円　2002年

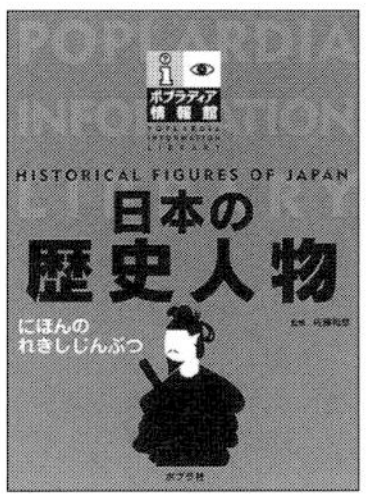

佐藤和彦 監修
ポプラ社 刊
A４判変型　287ページ
本体：6,800円　2006年

『歴史辞典』は小中学校で学習する用語を基本に約3400語集め、50音順に配列。語句の説明は簡潔でわかりやすく、重要語句は１ページを使って解説している。時代順にビジュアルに歴史を概観する図鑑もよい。木村茂光『ニューワイドずかん百科　ビジュアル日本の歴史』（学研、2006年）や石井進『21世紀こども百科 歴史館 増補版』（小学館、2002年）などもよい。また人物を調べるものとしては、佐藤和彦『日本の歴史人物（ポプラディア情報館）』（ポプラ社、2006年）等がある。

年表

すぐに使える

日本なんでも年表

政治/暮らしと産業/科学/宗教/芸術/スポーツ/人物

「日本なんでも年表」編集委員会 編
岩崎書店 刊
A４判変型
256ページ
本体：7,600円
2005年

歴史の学習を進める際に、辞典・辞典類と共に備えておきたい重要なの資料が年表と地図である。

本書は日本を中心に、政治の変化だけでなく、人物や身近な暮らしの変化や産業、文化、芸術、スポーツの発展などをテーマ別にまとめて年表にしている。この他、学校図書館向け日本の歴史シリーズものの最終巻や学習まんがのシリーズにも年表の巻が用意されている。

Ⅰ．大昔のくらしを調べよう

1 国づくりへのあゆみ

狩猟や採集によって成り立った縄文時代の人々の暮らしや、大陸から伝わった稲作農耕文化の特徴と人々の暮らしの様子を調べ、むらから小国が形作られていく過程についてつかむことができるようにする。また、地域の歴史的遺産や資料館、博物館などを意欲的に見学して、自分たちの生活する地域の歴史的背景に興味を持ち、事実にもとづいて考えることができるようにする。

【学習のキーワード】

1 旧石器
2 縄文人
3 弥生人
4 稲作
5 卑弥呼
6 邪馬台国
7 前方後円墳
8 大王
9 大和朝廷

ひとくちに大昔と言っても、この大単元のカバーする時代の幅はかなりひろい。前の指導要領では内容から削除されていた縄文の狩猟採集が復活したことは大きい。教科書では、学習内容の枠外で取り扱われていた縄文時代の遺跡は全国各地に点在し、子どもたちにとって弥生時代の遺跡よりも注目度が高いと言える。

縄文人、弥生人について調べることで、日本人は、どこから来たか、という私たちのルーツをさぐる知的な探究心を満たしてくれるに違いない。

さらに、米作りの“むら”から小規模な“くに”の成立、大和朝廷による国土の統一と大陸の技術や文化の摂取、渡来人の活躍といった古代の日本の姿を探る中で、私たちの祖先の営みの奥行きの深さを実感することになるだろう。大規模な三内丸山遺跡や前方後円墳などについては、それ自体の構造に対する探究心と同時に、それらの発掘や研究に携わった人物に対する子どもたちの関心を軸に学習を広げていくことも可能であろう。

「大昔」について学ぶ時に欠かせない大切な要素の一つが、遺跡や遺物とふれあうことである。全国各地にある郷土博物館や遺跡に付随する展示館などに足を運ぶと、縄文土器や弥生土器、埴輪や銅鏡などの実物を目の当たりにすることができる。そこでは、実物とふれあったり体験的活動に取り組んだりする機会も用意されている。こうした文化遺産や文化財とふれあう体験活動は、文献資料からは決して味わうことができない醍醐味を味わわせてくれるだろう。

そうした意味で、このブックガイドを活用して、歴史的な遺産や文化財とふれあっていくフィールドへ一歩踏み出すことになれば、生きた学びができるにちがいない。

（小瀬村聡）

はじめて手にとる1冊

NHK 日本人はるかな旅 全5巻 （3）～（5）

【キーワード】

- □旧石器
- ☑縄文人
- ☑弥生人
- ☑稲作
- □卑弥呼
- □邪馬台国
- □前方後円墳
- □大王
- □大和朝廷

3．海が育てた森の王国―日本列島にひろがった縄文人
4．イネ、知られざる１万年の旅―大陸から水田稲作を伝えた弥生人
5．そして“日本人”が生まれた―混じりあう縄文人と弥生人

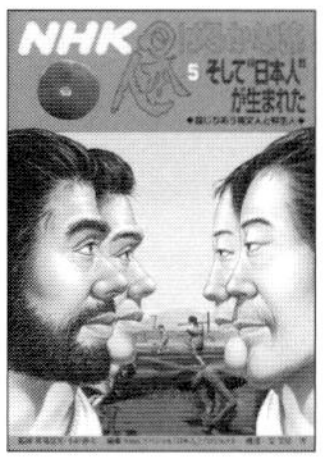

馬場悠男／小田静夫 監修
NHKスペシャル「日本人」プロジェクト 編
笠原秀 構成・文　あかね書房 刊
A４判　各40ページ　本体：各3,000円　2003年

子どもたちの関心が高い縄文・弥生の人々の姿を最新の学術的研究をもとに再現している。まさしく考古学と科学の最先端技術とが融合した研究の成果である。

縄文から古墳時代までという広い幅の中でベストを選ぶというのは難しいが、最新の情報満載のＮＨＫスペシャルを紙上に再構成したこのシリーズなら、縄文・弥生の実像に迫るには最適。３巻『海が育てた森の王国』では、変動する縄文人の暮らしを、４巻『イネ、知られざる１万年の旅』では水田耕作が大陸から伝来したなぞに迫る。５巻の『そして日本人が生まれた』では、縄文人と弥生人の境界がどうだったのか、どのように弥生人が縄文人の世界に進出していったかという現在の日本人のルーツに人類学的に迫っている。

本書のもとになった番組のＤＶＤを所蔵する公共図書館もあるので、合わせて利用すればよりよい調べ学習ができよう。

調べ学習日本の歴史 第１期 全８巻

（2）古墳の研究―なぜ古墳はつくられたのか

→このシリーズの第２期の全巻構成は、P.81にあります

【キーワード】
☐旧石器
☐縄文人
☐弥生人
☐稲作
☐卑弥呼
☐邪馬台国
☑前方後円墳
☑大王
☑大和朝廷

一瀬和夫 監修
ポプラ社 刊
29×22
48ページ
本体：3,000円
2000年

第１期全巻構成

1. 縄文のムラの研究
2. 古墳の研究
3. 奈良の大仏の研究 →P.83
4. 金閣・銀閣の研究 →P.85
5. 戦国大名の研究 →P.88
6. 鎖国の研究 →P.93
7. 明治維新の研究 →P.98
8. アジア太平洋戦争の研究 →P.108

本書は写真とイラストで構成された１冊丸ごと古墳研究の本である。

古墳や石棺の形状とその変遷、前方後円墳の造り方や埴輪の製造法など広範囲にわたって古墳研究の成果が分かり易く解説されている。

また、銅剣・銅鏡など副葬品や、装飾壁画など、古墳に付随するさまざまな関連情報が記載されているため被葬者にも子どもたちの関心が広がるだろう。

巻末には全国の古墳の遺跡ガイドが載っているので見学に行く際にも活用できる。

NHKにんげん日本史 第２期 全10巻

（11）卑弥呼―なぞの国、なぞの女王

→このシリーズの第１期の全巻構成は、P.81にあります

【キーワード】
☐旧石器
☐縄文人
☑弥生人
☐稲作
☑卑弥呼
☑邪馬台国
☐前方後円墳
☐大王
☐大和朝廷

酒寄雅志 監修
小西聖一 著
理論社 刊
B５判変型
110ページ
本体：1,800円
2004年

第２期全巻構成

11. 卑弥呼
12. 杉田玄白 →P.94
13. 豊臣秀吉 →P.90
14. 雪舟 →P.86
15. 中大兄皇子と藤原鎌足 →P.82
16. 近松門左衛門 →P.94
17. 伊藤博文
18. 足利義満
19. 西郷隆盛と大久保利通 →P.100
20. 田中正造 →P.105

シリーズの中の１冊。本書は腹話術のいっこく堂が師匠の人形と一緒に学習のナビゲーターとして登場する。そもそも資料の少ない卑弥呼の伝記を１冊にまとめるのは困難をともなう。魏志倭人伝を読み解きながら、もう一方で、考古学の発掘調査の成果を生かして、なぞの国邪馬台国となぞの女王卑弥呼に迫っていくことができる。読者にとっては、いっこく堂と師匠の対話から人物探究の世界に引き込まれていくことのできる興味深い読み物としてまとめられている。

地図でみる日本の歴史 全８巻

（1）縄文・弥生・古墳時代

【キーワード】
☐旧石器
☑縄文人
☑弥生人
☐稲作
☑卑弥呼
☑邪馬台国
☑前方後円墳
☑大王
☑大和朝廷

竹内誠 総監修
木村茂光 監修
フレーベル館 刊
31×22
72ページ
本体：2,800円
2000年

全巻構成

1. 縄文・弥生・古墳時代
2. 飛鳥・奈良・平安時代
3. 鎌倉・南北朝時代 →P.86
4. 室町・戦国時代
5. 安土桃山・江戸時代（前期） →P.89
6. 江戸時代（後期） →P.94
7. 明治・大正時代 →P.99
8. 昭和時代・平成

残念なことに旧石器のねつ造問題が発覚する以前のデータが一部掲載されている。旧石器の年代問題をのぞけば優れた資料と言える。

本書の、日本地図を中心としたレイアウトや分布図が資料としての価値を高めている。

また、特筆すべきは北海道の歴史と沖縄の歴史をそれぞれ見開きで取り上げて、独自の民俗文化を紹介していることだ。

カバーしている時代が長いことと見やすい写真やイラストに加えてシンプルな解説がわかりやすい。

この本もオススメ

土の中からでてきたよ

【キーワード】
☐旧石器
☑縄文人
☐弥生人
☐稲作
☐卑弥呼
☐邪馬台国
☐前方後円墳
☐大王
☐大和朝廷

小川忠博 著
平凡社 刊
B5判変型
44ページ
本体：1,600円
2004年

著者が写真家だけあって、ビジュアル的に大変優れている。縄文の遺物の芸術性を余すところなく表現している。調べ学習で活用するというよりは、子どもたちには、1枚1枚の写真から縄文人の息づかいを感じ取ってほしい。巻末には遺跡・資料所蔵管理者一覧が掲載されているので実物を見たい人にも便利。

日本歴史探検 タイムトラベル れきはく案内 全4巻

古代を発掘する **絶版**

【キーワード】
☑旧石器
☑縄文人
☑弥生人
☑稲作
☑卑弥呼
☑邪馬台国
☑前方後円墳
☑大王
☑大和朝廷

国立歴史民俗博物館 著
福武書店／
ベネッセ・コーポレーション 刊
B5判
98ページ
1988年

入手できれば、ベスト3までに入れたい1冊。公共図書館では所蔵している所が多い。4冊シリーズのうちの1冊。「金属器は社会のしくみをどうかえたのだろう」というように、子どもが抱くであろう疑問が見開きで1テーマ取り上げた構成で、その問いに答える形で執筆されている。絶版になったのは残念。

おとうさん、縄文遺跡へ行こう／おとうさん、弥生遺跡へ行こう

【キーワード】
☐旧石器
☑縄文人
☑弥生人
☑稲作
☑卑弥呼
☐邪馬台国
☐前方後円墳
☐大王
☐大和朝廷

結城晶子 体験文化研究会 著　小池書院 刊
22.5×18　各56ページ　本体：各1,700円　1999年

「見てみよう」「行ってみよう」「やってみよう」という三つの視点から、代表的な遺跡を紹介している。復元保存されている遺跡というフィールドや体験活動へ子どもたちを誘う。コラム記事もおもしろい。改訂版または続編を出して、新たに発見された遺跡や最新の研究に対応してほしいところだ。

日本の歴史博物館・史跡　調べ学習に役立つ 時代別・テーマ別　全7巻

(1)旧石器・縄文・弥生時代 品切れ

【キーワード】
☐旧石器
☑縄文人
☑弥生人
☑稲作
☑卑弥呼
☑邪馬台国
☑前方後円墳
☑大王
☑大和朝廷

佐藤和彦 監修
あかね書房 刊
31×22
48ページ
1999年

ねつ造旧石器を取り上げていることが惜しまれる。使い勝手のよいテーマ別の見開きページ構成。資料写真も豊富。

一番の特徴は、本書にとりあげている遺物の展示してある博物館・資料館などの施設を電話番号入りで紹介していることである。この本を読んだ子どもたちが、実物を見に足を運ぶことができる。

人物・遺産でさぐる日本の歴史　全16巻

→このシリーズの全巻構成は、P.85にあります

(1)大昔の人々の暮らしと知恵

【キーワード】
☑旧石器
☑縄文人
☑弥生人
☑稲作
☑卑弥呼
☑邪馬台国
☑前方後円墳
☑大王
☑大和朝廷

古川清行 著
小峰書店 刊
B5判
119ページ
本体：2,500円
1998年

人類誕生から弥生時代までとサブタイトルが付いているが、縄文時代以前は詳述されてはいない。ビジュアル的にはモノクロ写真が多く、今ひとつ魅力に欠けるが、文章をじっくり読み込む習慣のある子どもに向いている。事例として三内丸山、吉野ヶ里、登呂遺跡に紙面を割いて解説しているので参考にしたい。

その他の資料

特別史跡　三内丸山遺跡

【キーワード】
- ☐旧石器
- ☑縄文人
- ☐弥生人
- ☐稲作
- ☐卑弥呼
- ☐邪馬台国
- ☐前方後円墳
- ☐大王
- ☐大和朝廷

http://sannaimaruyama.pref.aomori.jp/

注目ポイント

最新の発掘成果もチェックできる公式ＨＰ。子ども向けＨＰ「サンマルタンケンタイ」もおもしろい。

登呂博物館について

【キーワード】
- ☐旧石器
- ☐縄文人
- ☑弥生人
- ☑稲作
- ☐卑弥呼
- ☐邪馬台国
- ☐前方後円墳
- ☐大王
- ☐大和朝廷

http://www.city.shizuoka.jp/deps/kyoikusoumu/torohaku_sub1.htm

注目ポイント

登呂博物館は立て替え中。平成22年に開館する。それまでは、公式ＨＰで米作りの村を学ぼう。

吉野ヶ里歴史公園

【キーワード】
- ☐旧石器
- ☐縄文人
- ☑弥生人
- ☑稲作
- ☑卑弥呼
- ☑邪馬台国
- ☐前方後円墳
- ☐大王
- ☐大和朝廷

http://www.yoshinogari.jp/

注目ポイント

日本最大級の環濠遺跡集落の見学をWeb上でどうぞ。弥生トリビアと題するＱ＆Ａがおもしろい。

book column

縄文時代の生活と文化が楽しく読める幻の本！

縄文の子どもたち

品切れ

小山修三 文
安芸早穂子 絵
朝日新聞社 刊
1996年

縄文時代とはいったいどんな時代だったのか。三内丸山遺跡の発見により、それまでの縄文時代の認識が大きく覆された。この本は、縄文研究の第一人者でもある著者が子どもたちに向けて書いたとてもわかりやすく、楽しい本だ。約１万年もの長い時代を縄文時代と呼んでいるが、どうやら縄文の人たちは長い時間をかけながら、その文化を育ててきたことがわかる。彼らも世界の始まりの神話を持ち、村を形成し、装飾品を身につけ、食糧を調理・保存し、自然を敬いながら豊かな暮らしをしてきた時期があったことが今ではわかってきている。

縄文と言えば、縄文土器が有名だが、佐世保市で見つかった土器は一説には世界最古ではないかと言われている。日本の優れた陶器の歴史は縄文に始まっていたのではというのが著者の推測。また1993年に小山市で見つかった不思議な遺跡（寺野東遺跡）は、巨大なドーナツ状をしていて、その位置からして天文観測の施設だったのではと推測されている。そこからは祭りに使われたらしき土偶、仮面、剣、耳飾りなども多数見つかっている。縄文時代にもこのような大規模な工事が可能な技術を持っていたことに驚かされる。

豊かだった縄文時代が、終わりを告げるのはなぜかも、たいへんわかりやすく書かれている。気候の変化による食糧事情の悪化が進み、同じ頃中国大陸からは稲作文化を持つ弥生人が日本にやってくる。弥生文化は縄文の人々が住む地域に急速に浸透していったのだと。

この本のイラストは歴史復元画をライフワークとする安芸早穂子さんによるものだが、縄文時代の伝統を正しくうけついだのが北海道のアイヌ民族だけということで、アイヌの人たちを彷彿させる。大昔の人々の暮らしが、粗末で貧しい暮らしだったという先入観から解放してくれる本でもある。

縄文時代はあまりにも長く、発掘された史跡だけではその全容を語るのは困難でもある。また2000年に起きた旧石器ねつ造問題の影響もあり、それ以前に出された出版物の再販は慎重を要するのかもしれないが、このまま絶版にするのは惜しい気がする。図書館でみかけたらぜひ手に取ってみてほしい。

村上恭子

6年生

Ⅰ．大昔のくらしを調べよう

2 大陸に学んだ国づくり

聖徳太子の生涯や大仏づくりの様子について調べる中で、大陸との交流を通して、文化や技術、政治のしくみなどを取り入れて、天皇や貴族を中心とした国づくりが進められたことを理解する。また、やがては大陸の文化の影響をはなれて、しだいに日本風の文化が生み出されていったことをつかむことができる。

【学習のキーワード】
1 聖徳太子
2 大化改新
3 聖武天皇
4 大仏建立
5 行基
6 鑑真
7 遣唐使
8 藤原道長
9 紫式部
10 清少納言

学習指導要領に挙げられた42人の人物の中でも、古代史上の人物は、必ずしも実像が明確ではない。記紀の成立以前の古代史上の人物、前述の卑弥呼や聖徳太子については、同時代に記された文献資料が乏しく、その生涯を物語る伝承に負うところも少なくない。時代が下るに従って、史書や文献資料が増えてくるために人物の事績に対する学習もより根拠のあるものになる。

例えば、聖武帝の事績は、続日本紀や東大寺に残された多くの文献に明確に記されており、そうした基礎資料をもとにていねいに構成された出版物も多い。

「大陸に学んだ国づくり」の単元で、子どもたちは、教科書やさまざまな出版物を使って、人物について調べていく学習に初めて取り組む。調べた成果を新聞にまとめたり、発表したりする活動を通して、よりいっそう歴史学習の面白さを味わうことになるだろう。

また、こうした活動を発端として、子どもたちの興味関心は学習指導要領に位置づけられた42人の人物だけにとどまらず、その周辺の人物、さらには同時代の庶民の姿にまで、広がっていくことだろう。

この単元のキーワードとしては、遣隋使を送った聖徳太子、律令国家形勢の重要なエポックとなた大化改新、唐から学び世界最大の鋳造仏をつくった聖武天皇、大仏づくりに協力した行基、唐から渡ってきた鑑真、そして遣唐使を挙げた。さらに、平安時代に入るとかな文字の発達から日本風の文化が生まれる。平安朝で栄華を極めた藤原道長と女流文学の草分けとなった紫式部や清少納言をキーワードとして位置づけた。子どもたちは、大陸文化から一歩踏み出した日本独自の文化に触れることになる。

（小瀬村聡）

はじめて手にとる1冊

徹底大研究 日本の歴史人物シリーズ第2期 全7巻
（9）聖武天皇

【キーワード】
- □聖徳太子
- □大化改新
- ☑聖武天皇
- ☑大仏建立
- ☑行基
- ☑鑑真
- ☑遣唐使
- □藤原道長
- □紫式部
- □清少納言

瀧浪貞子 監修
ポプラ社 刊
26.5×19
80ページ
本体：2,850円
2004年

第1期全巻構成
1．聖徳太子
2．藤原道長
3．源頼朝
4．足利尊氏
5．織田信長
6．伊能忠敬
7．福沢諭吉

第2期全巻構成
8．卑弥呼
9．聖武天皇
10．フランシスコ・ザビエル →P.90
11．豊臣秀吉
12．徳川家康
13．歌川広重
14．伊藤博文

本書は、聖武天皇の一生を縦糸にして周辺の人物や事象を横糸にして織りなした奈良時代図誌とも言える。大仏関連の記述だけにとどまらず、多面的に平城京の70年間を活写している。

本書は、「生まれながらの天皇」「混乱する政情と聖武天皇」「聖武天皇悲願の大仏造立」「晩年の聖武上皇と奈良の朝廷」の４章で構成されている。聖武天皇はなぜ巨大な奈良の大仏をつくったのか？ というサブタイトルがついている。この単元を学習する時、子どもたちは、大仏と聖武天皇の事績だけに目を奪われがちだが、本書を活用することで、平城京の姿はもちろんのこと、長屋王、藤原四兄弟をはじめとする奈良時代の貴族の生活やそれを支えた庶民の暮らしにまで視野を広げ、時代の様相を立体的にとらえることができる。

また、本書は聖武天皇没後の孝謙女帝の政治にまでふれており、平城京が栄えた約70年間をあますところなく伝えている。

NHKにんげん日本史 第１期 全10巻

(４)聖徳太子――日出ずる国に理想を

→第２期の全巻構成は、P.77 にあります

【キーワード】
☑聖徳太子
☐大化改新
☐聖武天皇
☐大仏建立
☐行基
☐鑑真
☐遣唐使
☐藤原道長
☐紫式部
☐清少納言

酒寄雅志 監修
小西聖一 著
理論社 刊
B５判変型
106ページ
本体：1,800円
2003年

第１期全巻構成

1.坂本龍馬	6.源頼朝
2.紫式部と清少納言	7.聖武天皇と行基
3.織田信長 →p.90	8.福沢諭吉
4.聖徳太子	9.徳川家康 →p.90
5.伊能忠敬	10.杉浦千畝 →p.111

ＮＨＫの番組づくりのノウハウが生かされた聖徳太子伝である。前掲の『卑弥呼』と同じシリーズで、腹話術のいっこく堂が狂言回しをしながら、太子の生涯を語っている。

中でも、「師匠のうんちく」のコーナーでは、聖徳太子のなぞについて取り上げ、太子をめぐる伝承や諸説ある太子の事績について、興味深い解説をしている。

仏教伝来や蘇我氏との関係、隋との交流など、太子の生きた時代を描きながら、子どもにとって考える材料を与える１冊。

調べ学習日本の歴史 第２期 全８巻

(12)貴族の研究――平安文化をになった貴族

→このシリーズの第１期の全巻構成は、P.77 にあります

【キーワード】
☐聖徳太子
☐大化改新
☐聖武天皇
☐大仏建立
☐行基
☐鑑真
☐遣唐使
☑藤原道長
☑紫式部
☑清少納言

瀧浪貞子 監修
小熊英文 文
ポプラ社 刊
29cm×22cm
48ページ
本体：3,000円
2001年

第２期全巻構成

9.米の研究	13.武士の研究 →P.84
10.仏教の研究	14.町人の研究 →P.92
11.都の研究	15.日本の船の研究
12.貴族の研究	16.公害の研究（シリーズ索引付） →P.71 →P.115

この時代は、日本風の文化が生まれてきたことをとらえることが、指導要領で位置づけられている。

奈良朝から平安朝にかけて、豪族がどのようにして「貴族」に変化していったか。また、その暮らしぶりはどのようだったのか。仕事と収入、学問や教養、衣食住に関することなど、これ１冊で、平安時代がまるごとわかる。

天皇を中心とした律令国家の形勢に貴族がどのような役割をはたしていたのか、という子どもたちの疑問を解決するには最適である。

ならの大仏さま

【キーワード】
☐聖徳太子
☐大化改新
☑聖武天皇
☑大仏建立
☑行基
☐鑑真
☐遣唐使
☐藤原道長
☐紫式部
☐清少納言

かこさとし 作
ブッキング 刊
30.6×22.8
80ページ
本体：2,800円
2006年
→この書籍は以前は福音館書店から発行されていました。

奈良の大仏について、その誕生から現在に至るまで、ていねいに歴史の事実を追い、叙情的なさし絵と柔らかな文体でつづられた大仏さまのバイオグラフィである。

本書は、85年の初版である。その後、廃刊になったが、復刊ドットコムに寄せられた多数の読者からの要望で再刊された名著である。

「大仏」に興味を持ち、研究をしたい子どもにとっては、まちがいなく格好の書である。調べ学習の資料として活用するもよし、物語として楽しむもよしである。

この本もオススメ

NHKにんげん日本史 第2期　全10巻

→このシリーズの全巻構成は第1期がP.81、第2期がP.77にあります

(15) 中大兄皇子と藤原鎌足—大化の改新のちかい

【キーワード】
☐聖徳太子
☑大化改新
☐聖武天皇
☐大仏建立
☐行基
☐鑑真
☐遣唐使
☐藤原道長
☐紫式部
☐清少納言

酒寄雅志 監修
小西聖一 著
理論社 刊
B5判変型
114ページ
本体：1,800円
2004年

聖徳太子の理想を受けて、中大兄皇子と中臣鎌足が、天皇中心の政治を実現するために、蘇我入鹿を倒した政変から、約20年間にわたる事績を丹念に追いながら、大化改新の実像に迫っている。

教科書学習では、聖徳太子と大仏の谷間にかくれて見落としがちな飛鳥時代に光をあてた点でも価値がある１冊。

新版 図説日本の文化をさぐる 全8巻

(3) 奈良の大仏をつくる

【キーワード】
☐聖徳太子
☐大化改新
☑聖武天皇
☑大仏建立
☐行基
☐鑑真
☐遣唐使
☐藤原道長
☐紫式部
☐清少納言

石野亨 文
井口文秀 絵
稲川弘明 図
小峰書店 刊
29×22
71ページ
本体：2,700円
2004年

大仏を「ものづくり」の観点から探究した１冊。世界最大の金銅仏としての、東大寺大仏を鋳造技術の側面から、徹底的に調べ、東大寺の基礎工事や大仏の原材料の調達から技術者や労働力の確保など、科学的に解明していった。この本を読むことで、大仏づくりが国家的な大事業であったことが改めて実感できる。

しらべ学習に役立つ日本の歴史 全12巻

(4) 遣唐使船をしらべる　品切れ

【キーワード】
☐聖徳太子
☐大化改新
☐聖武天皇
☐大仏建立
☐行基
☑鑑真
☑遣唐使
☐藤原道長
☐紫式部
☐清少納言

古川清行 監修
渡辺誠 著
小峰書店 刊
29×22
47ページ
1995年

大陸から制度や文化を運んだ船、遣唐使船にスポットライトをあて、日本と唐との交流が「人」「もの」「こと」にわたって行われていたことをまとめた書。

聖徳太子の遣隋使から、菅原道真による遣唐使の廃止まで、遣唐使の果たした役割を検証しながら、日中交流の源流をさぐる意味で手にしたい１冊。

あるいて知ろう！ 歴史にんげん物語 全8巻

(2) 鑑真と大仏建立

【キーワード】
☐聖徳太子
☐大化改新
☐聖武天皇
☑大仏建立
☐行基
☑鑑真
☐遣唐使
☐藤原道長
☐紫式部
☐清少納言

全巻構成
1. 聖徳太子と仏教伝来 →p.82
2. 鑑真と大仏建立
3. 紫式部と平安貴族
4. 日蓮と元の襲来
5. 雪舟と応仁の乱
6. 千利休と戦国武将
7. 松尾芭蕉と元禄文化
8. 福沢諭吉と明治維新

桜井信夫 文
フレーベル館 刊
B5判
48ページ
本体：2,900円
2004年

故郷揚州での少年時代の鑑真の伝承やその後、幾多の困難を乗り越えての渡航について描き、来日後、仏教興隆に貢献し唐招提寺で亡くなるまでの鑑真の伝記である。ゆかりの地を訪ね、豊富な写真や図版が示されているのが良い。また、「たずねてみよう！歴史の舞台」では、フィールドワークへと誘っている。

あるいて知ろう！ 歴史にんげん物語 全8巻

(1) 聖徳太子と仏教伝来

【キーワード】
☑聖徳太子
☐大化改新
☐聖武天皇
☐大仏建立
☐行基
☐鑑真
☐遣唐使
☐藤原道長
☐紫式部
☐清少納言

三田村信行 文
フレーベル館 刊
B5判
48ページ
本体：2,900円
2004年

飛鳥や斑鳩の豊富な写真で聖徳太子の足跡を訪ね歩きながら、太子の生涯をたどる。聖徳太子に関しては、伝承が先行し実像がつかみにくいことから、その事績についても諸説があるが、オーソドックスな太子像をつかみたいなら、最初に手にしてもよい１冊。同時代の人びとに関する解説もうれしい。

調べ学習日本の歴史　第１期　全８巻

(3)奈良の大仏の研究　―アジア世界の知恵と技術の結晶

→このシリーズの全巻構成は第１期がP.77、第２期がP.81にあります

【キーワード】
- □聖徳太子
- □大化改新
- ☑聖武天皇
- ☑大仏建立
- ☑行基
- ☑鑑真
- ☑遣唐使
- □藤原道長
- □紫式部
- □清少納言

戸津圭之介 監修
ポプラ社 刊
29×22
48ページ
本体：3,000円
2000年

前述の『ならの大仏さま』と同様、大仏の再建までの歴史をたどっている。奈良時代の政情や大仏づくりにかかわった群像、さらに技術的なことにまで論及している。平氏による焼き討ちや頼朝の再建、戦国時代の炎上と江戸時代の再建など、時代時代で、人々の心を動かした大仏の見えざる力に着目している。

その他の資料

近つ飛鳥博物館

【キーワード】
- ☑聖徳太子
- □大化改新
- □聖武天皇
- □大仏建立
- □行基
- □鑑真
- □遣唐使
- □藤原道長
- □紫式部
- □清少納言

http://www.mediajoy.com/chikatsu/index_j.html

注目ポイント

「小学生のための古墳なぜなに教室」は、子どもだけでなく先生方にも目を通してほしい優れた企画。

東大寺

【キーワード】
- □聖徳太子
- □大化改新
- ☑聖武天皇
- ☑大仏建立
- ☑行基
- □鑑真
- ☑遣唐使
- □藤原道長
- □紫式部
- □清少納言

http://www.naranet.co.jp/todaiji/

注目ポイント

「東大寺の歴史」は、東大寺のあゆみを創建から現在まで簡潔にまとめているので調べ学習に役立つ。

唐招提寺

【キーワード】
- □聖徳太子
- □大化改新
- □聖武天皇
- □大仏建立
- □行基
- ☑鑑真
- □遣唐使
- □藤原道長
- □紫式部
- □清少納言

http://www.toshodaiji.jp/ganjin.html

注目ポイント

「映像で見る唐招提寺」は、いながらにして、唐招提寺の四季を味わうことができるWeb上の古寺探訪。

book column

歴史をつむぐ名も無き人々―『国銅 上・下』―

帚木蓬生 著
新潮社 刊（新潮文庫）

問い、「奈良の大仏は、だれがつくったか」。

答え、「聖武天皇」ではない。それは「名もなき人足たち」である。

長門周防に「奈良登り」はあった。天皇へ棹銅を納めるため、毒気の脅威に晒されながら真っ暗な狭い穴に入って璞石を削り、灼熱の釜場で銅を取り出す。国人（くにと）はそこで、常なる飢餓感も過酷な労役も全てを受け入れ、黙々と働き続ける。そして在野の僧・景信に出会うことによって薬草の知識を得、文字を覚え、仏の心を吸収していくのだった。

大仏建立の詔（みことのり）が発せられ、四方から人足が集められた。国人も仏造営の作業に携わる。ここでもやはり終わりの見えない労役が続く。しかし彼は倦むことなく従事し、その合間に病める人のために薬草を取り、文字を学ぶ。

彼は文字の持つ不思議な力に魅せられた。「土まみれ、火まみれで日々を送る苦役　と、これらの詩句は一見異質に感じられるが、どこか響きあうものをもっている」。国人はいつか苦役を詩と歌に詠むことを夢みるのだった。

とうとう大仏は完成した。だが、役を解かれるということはそこで放り出されるということだ。故郷は遠い。病、強盗、事故…　帰り着ける者のほうがまれである。そして国人の場合帰り着いたとて、待っているのは「奈良登り」の辛酸なのだ。それでも彼は故郷を目指した。「自分が作っているのは銅だ。奈良の大仏を鋳込み、これからも大小の仏を鋳込む銅なのだ。その銅作りに一生を費やして何の悔いがあろうか」と。

これは年表の出来事の陰に連綿と続いている、名無き人々の形なき物語の一つである。見知らぬあまたの国人たちに思いを寄せよう。

高桑弥須子

6年生

Ⅱ．武士の世の中を調べよう

1 武士の政治がはじまる

源平の合戦を経て、源頼朝によって武士による政治がはじまったことを理解し、鎌倉幕府の仕組みを調べたり、室町文化を調べたりする中で、主従の関係を基盤に行われた幕府による武士の政治や武士の暮らしぶりをつかみ、このころの文化の特徴を理解することができるようにする。

【学習のキーワード】

1 源平合戦
2 平清盛
3 源頼朝
4 鎌倉幕府
5 北条氏
6 元寇
7 ご恩と奉公
8 室町文化
9 金閣と銀閣
10 雪舟

指導要領では、「源平の戦い」「鎌倉幕府のはじまり」「元との戦い」の三つの視点から、武士による政治の始まりをとらえさせようと意図されている。また、「室町文化」については、新たに別項がおこされ金閣や銀閣などの建造物や絵画から武家社会独自の文化の特徴をとらえさせようとしている。

教科書では、源平合戦の主な戦いを列挙しながら、頼朝が平清盛の政権を倒し、鎌倉に幕府を開いていった経緯を取り上げている。また、源氏政権に代わった執権北条氏が鎌倉幕府を受け継ぎ、当時アジアに強大な勢力を広げた元軍の侵攻を防いだ戦いの様子を、竹崎季長の『蒙古襲来絵詞』を通して記述している。この戦いの結果、「ご恩と奉公」の関係が揺らぎ鎌倉幕府の終焉を早めている。

室町文化については、足利義満による金閣、義政による銀閣を代表的な建造物として取り上げ、書院造りの建築様式と茶の湯や生け花、能・狂言が盛んになったことを体験的活動と組み合わせて紹介している。この時期活躍した人物として日本の水墨画を確立した雪舟を取り上げ、その作品を紹介している。

子どもたちは、武士の時代の幕開けと、武家の文化の萌芽について学習する。武士団の結束が、「ご恩と奉公」という中世的な絆で結ばれていたことや、頼朝が京から遠く離れた鎌倉で政治の実権を握っていたことなどを考えることで、武士の政治の目指していたものに思いを巡らすことができるだろう。また、鎌倉・室町期は、在地の武士が力を蓄える一方で、庶民が農業や手工業を発展させていき、貴族や武士とは一線を画した芸能や祭りをさかんにしていった時代でもある。

（小瀬村聡）

はじめて手にとる1冊

調べ学習日本の歴史 第2期 全8巻

→このシリーズの全巻構成は第１期がP.77に、第２期がP.81にあります

(13)武士の研究 ―武士の誕生から没落まで900年の歩み

［キーワード］

☑源平合戦
☑平清盛
☑源頼朝
☑鎌倉幕府
☑北条氏
☑元寇
☑ご恩と奉公
□室町文化
□金閣と銀閣
□雪舟

田代脩 監修
五十嵐清治 文
ポプラ社 刊
29×22
48ページ
本体：3,000円
2001年

この本は、武士の政治のはじまりのみならず武士の誕生から没落までの900年を追いかけて、中世近世を作っていった武士たちの姿をわかりやすく伝えている点で類を見ない。

武士の政治と言っても、900年間も続いた。武家社会は、その始まりと終末では、かなり様相が異なる。同じように論じることは無理がある。そうした武士の世の中を俯瞰しながら、その特質を明らかにしていくためには、最適な１冊である。

主従関係一つをとってみても、鎌倉、室町期と、戦国時代では武士の倫理観や武士道のありかたもちがう。

幕府の体制は、鎌倉、室町を経て江戸幕府に至る中で、より実質的な支配体制を築き上げていく。

子どもたちにとって、「武士とは何か」という問いかけは、実に大きなテーマであるが、本書を一助として武士の姿の変遷を学びながら追究してほしい。

調べ学習日本の歴史　第１期　全８巻

（4）金閣・銀閣の研究 ―日本文化のルーツをさぐる

→このシリーズの全巻構成は１期がP.77、２期がP.81にあります

【キーワード】
☐源平合戦
☐平清盛
☐源頼朝
☐鎌倉幕府
☐北条氏
☐元寇
☐ご恩と奉公
☑室町文化
☑金閣と銀閣
☑雪舟

玉井哲雄 監修
ポプラ社 刊
29×22
48ページ
本体：3,000円
2000年

１章と２章では建造物としての金閣・銀閣の徹底解剖から始まって、足利義満、義将の人物像を明らかにしている。さらに３章では、「書院造りが生んだ暮らしのかたち」と題して、能楽や茶の湯、水墨画など現在につながる文化の誕生を紹介している。

また、「京都の町と人々」では、こうした文化を支えた京の町衆や職人集団に光を当て、室町時代にさかんに作られた庭園文化にも触れている。これ１冊で室町文化が十分に理解できる構成になっている。

人物・遺産でさぐる日本の歴史 全16巻

（6）源平の戦いと鎌倉幕府

【キーワード】
☑源平合戦
☑平清盛
☑源頼朝
☑鎌倉幕府
☑北条氏
☑元寇
☑ご恩と奉公
☐室町文化
☐金閣と銀閣
☐雪舟

古川清行 著
小峰書店 刊
B５判
119ページ
本体：2,500円
1998年

全巻構成

1. 大昔の人々の暮らしと知恵 → P.78
2. 大和の国の誕生
3. 平城京と天平文化
4. 平安京の貴族と文化
5. 地方の動きと武士の誕生
6. 源平の戦いと鎌倉幕府
7. 室町幕府と民衆の成長
8. 天下統一への道
9. 江戸幕府と武士の暮らし
10. 農民・町民とその文化
11. 黒船来航と倒幕への動き
12. 明治維新と文明開化
13. 近代国家としての発展 → P.105
14. 列強の中の日本と民衆の動き
15. 第二次世界大戦と現代の日本
16. テーマ別年表と基礎知識

シリーズ全16巻のうちの１冊。源平合戦から、永仁の徳政令までを豊富な資料と詳細な文章でカバーしている。時系列で書かれているのでどのようにして鎌倉幕府が成立したのかがわかりやすい。本文をじっくり読み込んでいくことが大切だが、本文以外にも豊富なコラムが用意されており、時代の様相や武士の心情を知る手がかりとなるエピソードが多数紹介されていて、読者をあきさせない。また、キャプション欄には難しい用語解説があるので、子どもたちにとっては親切。

歴史を旅する絵本

河原にできた中世の町 ―へんれきする人びとの集まるところ―

【キーワード】
☐源平合戦
☐平清盛
☐源頼朝
☑鎌倉幕府
☐北条氏
☐元寇
☐ご恩と奉公
☑室町文化
☐金閣と銀閣
☐雪舟

網野善彦 文
司修 絵
岩波書店 刊
29.8×23.7
56ページ
本体：2,400円
1988年

河原や中州が町として形成されていく過程を時代を超えてたどった秀逸な絵本である。

調べ学習のキーワードにはあてはまりにくいが、為政者によって、賤民視された人びとの存在に光を当てている。差別され追いやられた人びとが、遍歴し、やがて河原や中州で芸能を興行するようになっていったことなど、民衆史がテーマである。

子どもたちには、この絵本から、歴史の表舞台に立った人びとだけが時代を支えたのではない、ということを読み解いてほしい。

この本もオススメ

NHKにんげん日本史 第2期 全10巻

(14) 雪舟 ―戦乱の時代 水墨画の世界

→このシリーズの全巻構成は第１期がP.81に、第２期がP.77にあります

【キーワード】
☐源平合戦
☐平清盛
☐源頼朝
☐鎌倉幕府
☐北条氏
☐元寇
☐ご恩と奉公
☑室町文化
☐金閣と銀閣
☑雪舟

酒寄雅志 監修
小西聖一 著
理論社 刊
B５判変型
110ページ
本体：1,800円
2004年

雪舟の幼少期、涙で描いたネズミの絵のエピソードは有名である。しかし、水墨画の巨匠としての活躍が、40代以降であり、都を遠く離れた大内氏の領国山口であったことや、遣明船で明国に渡り、水墨画を学んだことなどは教科書ではふれていない。雪舟と水墨画を知る上で、まずはじめに読んでおきたい１冊。

みる・しる・しらべるコレクション

雪舟筆牧牛図

【キーワード】
☐源平合戦
☐平清盛
☐源頼朝
☐鎌倉幕府
☐北条氏
☐元寇
☐ご恩と奉公
☑室町文化
☐金閣と銀閣
☑雪舟

山口県立美術館 編著
高橋範子 監修
オクターブ 刊
A４判
80ページ
本体：1,500円
2006年

雪舟筆「牧牛図」をていねいに見とりながら、構図や描き方、墨の濃淡などから水墨画をどのように見ていくのか、着眼点やとらえ方を学芸員の眼から解説。

異色だがおもしろい。後半には雪舟の生い立ちや当時の社会も紹介、用語解説と資料案内もつく。

地図でみる日本の歴史 全８巻

(３) 鎌倉・南北朝時代

→このシリーズの全巻構成はP.77にあります。

【キーワード】
☑源平合戦
☑平清盛
☑源頼朝
☑鎌倉幕府
☑北条氏
☑元寇
☑ご恩と奉公
☐室町文化
☐金閣と銀閣
☐雪舟

竹内誠 総監修
木村茂光 監修
フレーベル館 刊
31×22
72ページ
本体：2,800円
2000年

歴史の学習の中で地図の持つ力を発揮しようと意図されたシリーズの１冊。鎌倉幕府の勢力の拡大や同時代の日本全国の動向、フビライの元帝国の広がりなど、地図でしか出せない資料性を十分に生かしている。また、庶民の暮らしのようすも取り上げ、中世の農村漁村、市の様子などをイラストで表しているのが良い。

しらべ学習に役立つ日本の歴史 全12巻

(６) 元寇をしらべる 品切れ

【キーワード】
☐源平合戦
☐平清盛
☐源頼朝
☑鎌倉幕府
☑北条氏
☑元寇
☑ご恩と奉公
☐室町文化
☐金閣と銀閣
☐雪舟

古川清行 監修
渡辺誠 著
小峰書店 刊
29×22
47ページ
1995年

竹崎季長が描かせた『蒙古襲来絵詞』を読み解きながら、文永・弘安の二度にわたる元寇を通して鎌倉時代の武士の姿に迫っている。

元軍の襲来に対する幕府の取った対抗措置や幕府が全国を治めた政治のしくみ、さらに、鎌倉幕府が滅亡していった理由などをわかりやすく解説している。

衣食住にみる日本人の歴史 全５巻

(３) 鎌倉時代～戦国時代 戦乱の時代を生きた人びと

【キーワード】
☐源平合戦
☐平清盛
☐源頼朝
☑鎌倉幕府
☐北条氏
☐元寇
☐ご恩と奉公
☐室町文化
☐金閣と銀閣
☐雪舟

西ヶ谷恭弘 監修
香川元太郎 他 絵
あすなろ書房 刊
A４判
48ページ
本体：3,200円
2002年

武士の都鎌倉や鎌倉武士の館などその姿や機能などをイラストで解説。農村の形勢や生活用具や陶器の紹介など、無名の人びとの生業や日常生活を切り口に時代をさぐるというシリーズの中の１冊。瀬戸内の港町草戸千軒遺跡も取り上げられている。本書は戦国時代とあわせて１冊なので戦国時代でも参考にしたい。

源平の悲劇の武将　源義経

【キーワード】
☑源平合戦
☐平清盛
☑源頼朝
☐鎌倉幕府
☐北条氏
☐元寇
☐ご恩と奉公
☐室町文化
☐金閣と銀閣
☐雪舟

今西祐行 著
木俣清史 画
講談社 刊
新書判（講談社火の鳥文庫）
190ページ
本体：590円
1982年

『平家物語』『源平盛衰記』『義経記』を下敷きにして、源義経の伝記を今西祐行がコンパクトにまとめている。この本を読めば、源平合戦の数多くのエピソードを知ることができる。また悲劇の武将という位置づけから、読者は新たな判官贔屓になっていくだろう。調べるというより読み物として楽しんでほしい。

ふくろうの本

図説 平家物語

【キーワード】
☑源平合戦
☑平清盛
☑源頼朝
☐鎌倉幕府
☐北条氏
☐元寇
☐ご恩と奉公
☐室町文化
☐金閣と銀閣
☐雪舟

佐藤和彦／鈴木彰／樋口州男
錦昭江／松井吉昭／出口久徳 著
河出書房新社 刊
A5判変型
136ページ
本体：1,800円
2004年

「祇園精舎の鐘の…」から始まる平家物語の原文を紹介しながら、詳細な解説を加えている。もともと対象の読者は大人であり、しかも古典や歴史に関心の高い人を意識して作られた本である。

国語の指導要領に「古典」が位置づけられたとはいえ、誰もが活用できるとは限らないがランク外にするには惜しい本。

しらべ学習に役立つ日本の歴史 全12巻

（7）金閣・銀閣をしらべる　品切れ

【キーワード】
☐源平合戦
☐平清盛
☐源頼朝
☐鎌倉幕府
☐北条氏
☐元寇
☐ご恩と奉公
☑室町文化
☑金閣と銀閣
☑雪舟

古川清行 監修
本間正樹 著
小峰書店 刊
29×22
47ページ
1995年

金閣・銀閣の研究と同時に将軍義満や義政が果たした役割にも言及している。

サブタイトルに「室町文化のすがた」とあるが、茶の湯や生け花、能、狂言、水墨画など個々の文化についての記述は少ない。むしろ他の出版物にない「倭寇」や「惣村」「都市と町衆」について紙面を割いていることに注目したい。

日本の歴史博物館・史跡　調べ学習に役立つ　時代別・テーマ別　全7巻

（4） 鎌倉・南北朝・室町時代　品切れ

【キーワード】
☑源平合戦
☑平清盛
☑源頼朝
☑鎌倉幕府
☑北条氏
☑元寇
☐ご恩と奉公
☑室町文化
☑金閣と銀閣
☑雪舟

佐藤和彦 監修
あかね書房 刊
31×22
48ページ
1999年

各地の歴史博物館・史跡を訪れ、実物の展示品やレプリカなどを写真に収めてテーマ別に解説している。室町文化の茶の湯や生け花、能と狂言、水墨画と石庭などが、テーマ別にコンパクト取り上げられていて便利である。博物館や史跡のガイドも兼ねているので、旅行や帰省などの際に立ち寄ると学びが広がるだろう。

その他の資料

鎌倉時代の勉強をしよう

【キーワード】
☑源平合戦
☑平清盛
☑源頼朝
☑鎌倉幕府
☑北条氏
☑元寇
☑ご恩と奉公
☐室町文化
☐金閣と銀閣
☐雪舟

http://www.tamagawa.ac.jp/sisetu/kyouken/kamakura/

注目ポイント

歴史の先生が作った鎌倉時代百科。「小学生の質問あれこれ」では、あらゆる疑問に答えてくれる。

6年生

Ⅱ．武士の世の中を調べよう

2 全国統一への動き

信長、秀吉、家康、３人の武将に興味を持ち、資料を集め、その業績を調べる。また、３人の業績のちがいに着目して、時代背景や周囲の戦国大名の動向にも関心を持ち、進んで調べようとする。そうした学習活動を通して、全国統一への過程と武士による政治のありかたが変化してきたことをとらえる。

【学習のキーワード】
1 戦国大名
2 天下統一
3 織田信長
4 豊臣秀吉
5 徳川家康
6 安土桃山
7 鉄砲
8 長篠合戦
9 南蛮文化
10 キリスト教

子どもたちが最も意欲的に調べ学習に取り組む単元である。信長、秀吉、家康というタイプの違う戦国武将が、天下統一という偉業に向けて戦いに明け暮れるというドラマティックな展開が待っているからだ。また、人物に対する調べ学習からも武将の個性が明確に見えてくる。大きく時代が動く戦国時代は、維新史とともに歴史好きの子どもたちの心をとらえて放さない。

指導要領では、「キリスト教の伝来、織田豊臣の天下統一、江戸幕府の始まり」として位置づけられており、それに続く「参勤交代」や「鎖国」と一連の流れとして扱われている。

教科書では、長篠の合戦での鉄砲の活躍から時代の変化を見て取り、この単元の学習に入るケースが多い。その後、信長、秀吉、家康の３人を調べる学習に時間を配当している。信長のきわだった個性が古い体制を打ち破り、楽市楽座の実施やキリスト教宣教師との交流、南蛮文化を移入したことなどを学ぶ。また、秀吉では、検地と刀狩り、天下統一後の朝鮮出兵がポイントになっている。徳川家康については、江戸幕府を開いたことと江戸の町づくりが取り上げられている。

そして三代将軍家光については幕藩体制の基礎となる諸制度の整備を行った将軍として扱われている。戦国時代・安土桃山時代の学習は、３人の傑出した武将の業績に集約されるが、教科書の発展として、全国各地に割拠した群雄の事績や人物像にせまる地域学習に取り組んでみることもおすすめしたい。

（小瀬村聡）

はじめて手にとる１冊

調べ学習日本の歴史　第１期 全８巻

→このシリーズの全巻構成は第１期がP.77に、第２期がP.81にあります

（5）戦国大名の研究 ―乱世を生きた武将と民衆の姿

【キーワード】
☑ 戦国大名
☑ 天下統一
☑ 織田信長
☑ 豊臣秀吉
☑ 徳川家康
☑ 安土桃山
☐ 鉄砲
☐ 長篠合戦
☐ 南蛮文化
☐ キリスト教

池亨 監修
ポプラ社 刊
29×22
48ページ
本体：3,000円
2000年

戦国大名の登場から戦国時代の特徴など、これ１冊で、戦国時代が見えてくる。戦国大名とその時代についてかなり密度の濃い調べ学習をすることができる。

各地の有力武将の紹介や自立する戦国時代の村の解説。川中島、長篠、二つの合戦について取り上げ、実際の合戦がどのように行われていたかを紹介した「絵図から読む合戦の真実」は興味深い。

さらに、軍団の構成や甲冑や武具の図解、軍船安宅船まで、子どもたちが関心を示すであろうさまざまな情報を網羅している。

信長や秀吉を支えた堺や東アジアに門戸を開いて栄えた博多の町を紹介することで、戦国武将の経済的な基盤や「もの」の流れが明らかにされる。

戦国時代の城の変遷と安土城の研究にはページを割いている。戦国時代の城と館の全国マップは、身近な地域の戦国遺構をさがすのに役立つ。

信長とまぼろしの安土城

【キーワード】
☐ 戦国大名
☑ 天下統一
☑ 織田信長
☐ 豊臣秀吉
☐ 徳川家康
☑ 安土桃山
☑ 鉄砲
☑ 長篠合戦
☑ 南蛮文化
☐ キリスト教

国松俊英 著
文溪堂 刊
A5判
160ページ
本体：1,500円
2008年

前半の信長の伝記よりも後半の安土城に関する記述がすごい。最新の研究を生かしながら安土城の実像を解き明かしていく展開は読者を引き込む。発見された「天主指図」と発掘調査の結果に加えて、信長がヴァリニャーノ神父に与えた、まぼろしの「安土山図屏風」を発見することが、安土城の真の姿を解明することになる。そして、屏風絵探索プロジェクトはヴァチカンにまで足を運ぶ。安土城の近くで育った著者の安土城と信長に対する思いの強さが、この書を貫いている。

地図でみる日本の歴史　全８巻
（５）安土桃山・江戸時代（前期）

→このシリーズの全巻構成は p.77 にあります。

【キーワード】
☑ 戦国大名
☑ 天下統一
☑ 織田信長
☑ 豊臣秀吉
☑ 徳川家康
☑ 安土桃山
☑ 鉄砲
☐ 長篠合戦
☑ 南蛮文化
☐ キリスト教

竹内誠 監修
フレーベル館 刊
31×22
72ページ
本体：2,800円
2000年

歴史学習の中で地図の持つ力を発揮しようと意図されたシリーズの１冊。戦国時代の勢力図や信長、秀吉、家康の時代の日本全国の動向から秀吉の朝鮮出兵の軍の進路まで地図上にトレースしている。ここでも地図でしか表現できない特色を十分に生かした資料になっている。

また、「南蛮船と南蛮人」、「南蛮ファッションの流行」などをイラストで図解しているのが楽しい。「このころ世界では」として同時代の世界の趨勢を紹介しているのもよい。

きゅーはくの絵本
じろじろ　ぞろぞろ

【キーワード】
☑ 戦国大名
☑ 天下統一
☑ 織田信長
☑ 豊臣秀吉
☑ 徳川家康
☑ 安土桃山
☐ 鉄砲
☐ 長篠合戦
☑ 南蛮文化
☐ キリスト教

九州国立博物館 制作
フレーベル館 刊
22×22
28ページ
本体：1,000円
2005年

博物館が絵本を出すということのメリットは、実物を存分に見せるという新たな試みができるということだ。この本は『南蛮図屏風』の部分を切り取り、本来１枚の画面に描かれているものに、時間の経過という流れを与えて見せている。南蛮船を介しての交易の様子を描くことで、当時の日本人がどのように外国人と関わっていたのかをルポルタージュ的に読み解くことができる。実物の持つ力をいかんなく発揮した紙上の展示解説である。他の博物館も追随してほしい企画である。

この本もオススメ

NHKにんげん日本史　第1期　全10巻

→このシリーズの全巻構成は第１期がP.81に、第２期がP.77にあります

(3)織田信長—天下布武の道のり

【キーワード】
☑ 戦国大名
☑ 天下統一
☑ 織田信長
☐ 豊臣秀吉
☐ 徳川家康
☑ 安土桃山
☑ 鉄砲
☑ 長篠合戦
☑ 南蛮文化
☑ キリスト教

酒寄雅志 監修
小西聖一 著
理論社 刊
B5判変型
114ページ
本体：1,800円
2003年

信長の生涯をていねいにトレースしている。このシリーズではいっこくと師匠が進行役で、随所にクイズの形でエピソードの紹介がされている。子どもにとって、単なる伝記よりも読みやすいスタイルである。ここでもＮＨＫが積み重ねてきた情報や取材の成果が裏付けとなっており、最新の学説が生かされている。

NHKにんげん日本史　第2期　全10巻

→このシリーズの全巻構成は第１期がP.81に、第２期がP.77にあります

(13)豊臣秀吉—なにわの夢 天下統一

【キーワード】
☑ 戦国大名
☑ 天下統一
☑ 織田信長
☑ 豊臣秀吉
☑ 徳川家康
☑ 安土桃山
☐ 鉄砲
☐ 長篠合戦
☐ 南蛮文化
☑ キリスト教

酒寄雅志 監修
小西聖一 著
理論社 刊
B5判変型
114ページ
本体：1,800円
2004年

太閤記に描かれている秀吉の出生や前半生のエピソードは、後世になって創作されたものである。秀吉の前半生はなぞに包まれている。こうしたなぞの部分に、合理的な解釈を加えようとしている。

秀吉贔屓の人もそうでない人も、本書で秀吉の為政者としての功罪をもう一度とらえなおしてみると良いだろう。

NHKにんげん日本史　第1期　全10巻

→このシリーズの全巻構成は第１期がP.81に、第２期がP.77にあります

(9)徳川家康—乱世から太平の世へ

【キーワード】
☑ 戦国大名
☑ 天下統一
☑ 織田信長
☑ 豊臣秀吉
☑ 徳川家康
☐ 安土桃山
☐ 鉄砲
☑ 長篠合戦
☐ 南蛮文化
☐ キリスト教

酒寄雅志 監修
小西聖一 著
理論社 刊
B5判変型
114ページ
本体：1,800円
2004年

このシリーズの特徴は、人物を必要以上に評価していないということである。史実をもとに、できるだけ生身の人間としての家康像に迫ろうとしている。戦国の不条理な力関係のもとで、長男と妻を自害させた負の部分をもきちんと紹介している。いまのところ最もリアルな家康伝と言ってもいいだろう。

しらべ学習に役立つ日本の歴史　全12巻

(8)南蛮屏風をしらべる 品切れ

【キーワード】
☐ 戦国大名
☐ 天下統一
☐ 織田信長
☐ 豊臣秀吉
☐ 徳川家康
☑ 安土桃山
☑ 鉄砲
☐ 長篠合戦
☑ 南蛮文化
☑ キリスト教

古川清行 監著
小峰書店 刊
29×22
47ページ
1995年

『南蛮図屏風』は全国に70点ほど存在するという。一時代を画した『南蛮図』を通して、西洋との出会いを日本人がどのように受け止めていたかを読み解いていく。信長、秀吉、家康それぞれのキリスト教に対する考えや、身近な生活の中に入りこんだ南蛮文化の紹介など、取り上げている内容は幅広い。

徹底大研究　日本の歴史人物シリーズ　第2期　全7巻

→このシリーズの全巻構成はP.80にあります

(10)フランシスコ・ザビエル

【キーワード】
☐ 戦国大名
☐ 天下統一
☐ 織田信長
☐ 豊臣秀吉
☐ 徳川家康
☑ 安土桃山
☐ 鉄砲
☐ 長篠合戦
☑ 南蛮文化
☑ キリスト教

岸野久 監修
ポプラ社 刊
26.5×19
80ページ
本体：2,850円
2004年

ザビエルは日本にキリスト教をもたらした人物であり、つとに有名だが、その生涯や日本での活動についてはさほど知られていない。教科書では肖像画と簡単な紹介だけで終わっている。

本書は、ザビエルと後に続いたフロイス、ヴァリニャーノなど宣教師たちの活動も紹介したキリシタン史とも言える。

楽しく調べる 人物図解日本の歴史　全７巻

(4)知っててほしい 天下統一に活躍した人びと 戦国・安土桃山時代

【キーワード】
- ☑ 戦国大名
- ☑ 天下統一
- ☑ 織田信長
- ☑ 豊臣秀吉
- ☑ 徳川家康
- ☑ 安土桃山
- ☑ 鉄砲
- ☐ 長篠合戦
- ☑ 南蛮文化
- ☑ キリスト教

佐藤和彦 監修
千葉昇 指導
あかね書房 刊
A4判
48ページ
本体：各3,200円
2001年

この本には、他の本では取り上げていない人物にも光をあてて解説しているので参考にしたい。例えば、種子島時尭や明智光秀、お市の方、大友宗麟と高山右近、千利休、狩野永徳、北の政所と淀君、天正少年使節などがそれである。時代をつくった名脇役たちについての記述がうれしい１冊である。

日本の歴史博物館・史跡調べ学習に役立つ　時代別・テーマ別　全７巻

(5)戦国・安土桃山時代 品切れ

【キーワード】
- ☑ 戦国大名
- ☑ 天下統一
- ☑ 織田信長
- ☑ 豊臣秀吉
- ☑ 徳川家康
- ☑ 安土桃山
- ☑ 鉄砲
- ☐ 長篠合戦
- ☑ 南蛮文化
- ☐ キリスト教

佐藤和彦 監修
あかね書房 刊
31×22
48ページ
1999年

鉄砲の伝来から忍者屋敷まで、各地の歴史博物館・史跡を訪れ、実物の展示品やレプリカなどを写真に収めてテーマ別に解説している。

巻末には、「文書の見方」「城の見方」「鎧の見方」「屏風の見方」を解説しているが、ハンドブックとして持ち歩くのに適したサイズではない。

book column

遥かなりローマ ―キリシタンの受難―

今西祐行 著
太田大八 画
岩崎書店 刊 **絶版**
21.5×15
242ページ
1985年

南蛮屏風に必ず描かれている十字架を掲げた南蛮寺。ザビエルによって日本にもたらされたキリスト教の信者たちの信仰と受難を、『一つの花』で有名な今西祐行が三つの作品に描いている。

＊『遥かなりローマ』岩崎書店　1985年
　『遥かなりローマ 今西祐行全集第12巻』偕成社

天正遣欧使節でローマに行った伊東マンショの一族の物語。キリシタン大名大友宗麟の姪の子どもで、安土のセミナリヨで学んだ伊東祐勝（ジェローム）の視点で、信長や秀吉に翻弄されたキリシタンの人々を描く。当時のセミナリヨでは、聖歌や楽器の演奏、ポルトガル語、ラテン語のほか、かなりの高等教育が施されていたこともうかがえる。

＊『島原の絵師』小峰書店　1979年
　『島原の絵師 今西祐行全集第８巻』偕成社

有馬セミナリヨで油絵を学んだ南蛮絵師山田右衛門作（えもさく）は、禁教令の後は信仰を隠して絵師として城仕えをする。息子晴（はる）が天草四郎の小姓となり、妻とともに原城に入った右衛門作だったが、内通者として島原の乱でたった一人生き残った。その後も、結局は信仰を捨て切れなかった彼の苦悩の生涯が、モノローグで語られていく。

＊『浦上の旅人たち』実業之日本社　1969年
　『浦上の旅人たち 今西祐行全集第10巻』偕成社
　『浦上の旅人たち』岩波書店（岩波少年文庫）

徳川幕府の禁教令の後も信仰を続けた隠れキリシタンに対して、幕末から明治にかけて行われた弾圧事件を題材にしている。浦上の信徒たちが全国21藩に預けられて、激しい拷問と説得、強制労働で、改宗をせまられた様が、信者の娘たみと浮浪児千吉らの運命とともに描かれる。彼らが村の役所に集められ強制移送されてから、帰村が許されるまでの受難の４年間は、〈旅〉と呼ばれる。

・　・　・　・　・

今西祐行はヒロシマを描く『あるハンノキの話』や沖縄戦の『光と風と雲と樹と』など現代史を踏まえた平和を願う作品とともに、『源義経』や『肥後の石工』などの時代歴史小説も多々書いている。紹介した３作品は、天正５年から明治６年禁教令廃止までのキリシタンの信仰と受難の歴史と、その後のエピソードを語る。現在、岩波少年文庫の『浦上の旅人たち』以外は、全集でしか手に入らない。機会があれば紹介していきたい一連の作品である。

中山美由紀

6年生 Ⅱ．武士の世の中を調べよう

3 幕府の政治と人々の成長

江戸幕府による支配体制の確立と鎖国の成立、参勤交代で幕府がねらったものや身分制度や鎖国下の外交関係などを理解する。また、全国各地の生産力の向上と消費都市への物流の発達が江戸時代の経済の発展を支えたことをとらえる。さらに江戸・大阪・京都など、大都市の町人によって新しい民衆文化と新しい学問がさかんになったことを理解することがこの学習の眼目である。

【学習のキーワード】

1 江戸幕府
2 徳川家光
3 鎖国
4 大名行列
5 歌舞伎
6 浮世絵
7 蘭学
8 伊能忠敬
9 江戸
10 町人

学習指導要領では「幕府の始まり・参勤交代・鎖国について調べ、戦国の世が統一され身分制度が確立され武士による政治が安定したことが分かること」として別項がおこされていたが、改訂で天下統一から幕藩体制の確立までがまとまりとして示されるようになった。そして新たに別項となったのは「歌舞伎や浮世絵、国学や蘭学について調べ、町人の文化が栄え新しい学問が起こったこと」として江戸庶民のエネルギッシュな文化について学ぶことが本単元の中心となっている。

現行の教科書では、家光を中心に幕藩体制の確立期を扱い、武家諸法度、参勤交代や鎖国など幕府政治を支えた重要な政策を学ぶ。また、江戸や大阪など大都市で商人が経済的に力を得ていったことや、都市から発展した歌舞伎や浮世絵などの文化が広がっていくさまをとりあげている。歌川広重や近松門左衛門を取り上げて人物から文化を学ぶ一方、蘭学と国学など江戸時代の新しい学問を扱っている。

さらに、特筆すべきは、鎖国下にあって琉球や松前を通じての大陸との交流や、朝鮮通信使を介しての交流など、鎖国の時代が決して諸外国に門戸を閉ざしていたのではないことにも目を向けさせている。江戸庶民は、外国人や外国からの文物に強い関心を示し、好奇心と探究心を持っていた。

江戸・大阪・京都の三都に栄えた町人が生み出した文化は、現代にも連綿として伝わり、息づいている。江戸時代について学ぶことは、現代を見つめ直すことに通じるという言もある。昨今流行り始めた江戸時代検定なるものの受験者が増えているのも、現代人の心のどこかに江戸時代への憧憬があるからに違いない。

（小瀬村聡）

はじめて手にとる1冊

調べ学習日本の歴史　第2期　全8巻 →このシリーズの全巻構成は第1期がP.77に、第2期がP.81にあります

(14) 町人の研究 ―江戸時代の町人のくらしと文化

【キーワード】

☐江戸幕府
☐徳川家光
☐鎖国
☑大名行列
☑歌舞伎
☑浮世絵
☐蘭学
☐伊能忠敬
☑江戸
☑町人

大石学 監修
吉田忠正 文
ポプラ社 刊
29×22
48ページ
本体：3,000円
2001年

江戸時代を象徴する「町人」の世界を解き明かす１冊。本書の監修者は、数多くの時代劇やＮＨＫ大河ドラマなどの時代考証を手がけている碩学である。本書は、江戸の経済を支えた商人、職人などのさまざまな町人と周辺の農村も取り上げ、庶民の生活がどのように営まれていたかを、錦絵などの図版を駆使して解説している。

江戸の町人の娯楽や年中行事、縁日と見せ物小屋、歌舞伎や相撲の興行などを紹介。

さらに、浮世絵や黄表紙などの出版文化や各地に開かれた学問所にも光をあてている。

京都・大坂・江戸の三つの都市を中心に栄えた町人文化に目を向けることで、江戸時代の姿が浮き彫りになってくる。私たちの現代社会との類似点が見えてくる書である。

江戸時代を知るには、町人のくらしや文化に目を向けることが大切。本書は、江戸時代の主役「町人」を題材にした子どもも大人も楽しめる、“読むテーマパーク”である。

歴史を旅する絵本
絵本 夢の江戸歌舞伎

【キーワード】
- ☐江戸幕府
- ☐徳川家光
- ☐鎖国
- ☐大名行列
- ☑歌舞伎
- ☐浮世絵
- ☐蘭学
- ☐伊能忠敬
- ☑江戸
- ☑町人

服部幸雄 文
一ノ関圭 絵
岩波書店 刊
B4判変型
56ページ
本体：2,600円
2001年

文章を書いた服部幸雄氏のもとで画家の一ノ関圭氏は徹底的に歌舞伎漬けの日々を送ったという。細密・詳細な絵の中にしっかりとした考証がなされている。

芝居小屋中村座を舞台に、船乗り込み（実際には江戸では行われていなかった）から千秋楽までの楽屋・舞台裏・客席・木戸の外などをパノラマ風に描いている。中村座に雇われたばかりの“おいら”が狂言回しで物語が進む。江戸庶民のエネルギッシュな姿が描かれた絵を「絵の注」で解説を加えているのがうれしい。

おはなし名画シリーズ
葛飾北斎

【キーワード】
- ☐江戸幕府
- ☐徳川家光
- ☐鎖国
- ☐大名行列
- ☐歌舞伎
- ☑浮世絵
- ☐蘭学
- ☐伊能忠敬
- ☑江戸
- ☑町人

小澤弘 監修
西村和子 文
博雅堂出版 刊
B4判変型
64ページ
本体：3,200円
2006年

画狂人と自ら称した葛飾北斎は、齢70を過ぎてからも大きくその境地を開いていった。80を過ぎてなお、画業のために信州小布施まで行脚し、肉筆の大作を残している。

北斎が一人称で自分の生涯を語りながら自らの作品を紹介するという形で「おはなし」は進んでいく。

子ども向けの画家の伝記というアイデアもさることながら、豊富な作品を美麗な印刷で目にすることができるということは、子どもたちにとって、この上ない幸せである。本物にふれることは至福の喜びとなる。

調べ学習日本の歴史　第１期全８巻

→このシリーズの全巻構成は第１期が P.77 に、第２期が P.81 にあります

（6）鎖国の研究 ―日本はほんとうに国を閉ざしていたのか？

【キーワード】
- ☑江戸幕府
- ☑徳川家光
- ☑鎖国
- ☐大名行列
- ☐歌舞伎
- ☐浮世絵
- ☑蘭学
- ☐伊能忠敬
- ☐江戸
- ☐町人

荒野泰典 監修
ポプラ社 刊
29×22
48ページ
本体：3,000円
2000年

ヨーロッパとの出会いからキリスト教の伝来、鎖国という特異な政策の実施と、鎖国下の対外関係、ペリーの来航と開国への道まで、日本の外交について検証しながら解説。

長崎でのオランダ貿易、中国や朝鮮との関係、琉球や松前を介しての大陸との交流などを鎖国下で脈々と続けていたことは、江戸の文化や技術の発展に大きく寄与している。

鎖国がわが国の発展に負の影響ももたらしたが、別の見方をすれば、海外へのたくましい好奇心は鎖国下でも健在だったことが見えてくる。

この本もオススメ

天と地を測った男　伊能忠敬

【キーワード】
☐江戸幕府
☐徳川家光
☐鎖国
☐大名行列
☐歌舞伎
☐浮世絵
☐蘭学
☑伊能忠敬
☐江戸
☑町人

岡崎ひでたか 作
高田勲 絵
くもん出版 刊
四六判
256ページ
本体：1,500円
2003年

伊能忠敬の生涯を、忠実に描いた作品。子ども向きの安易な省略や妥協などせずに、その時々の忠敬自身の心の動きをも推察して活写している。齢49才にして学問を志し、名高い大日本沿海輿地図を作成した超人的な努力は目を見張るものがある。本書は、伊能忠敬伝の中でも読みごたえのある作品に仕上がっている。

大江戸ファンタジー～ユミとケンタの江戸への冒険～

【キーワード】
☐江戸幕府
☐徳川家光
☐鎖国
☐大名行列
☐歌舞伎
☐浮世絵
☐蘭学
☐伊能忠敬
☑江戸
☑町人

沢田真理 文・絵
パロディー社 刊
B5判
32ページ
本体：1,500円
2002年

タイムスリップしたユミとケンタが江戸の町を探検して歩くという設定の絵本。江戸の町民のくらしをわかりやすいイラストで解説している。

江戸の衣食住、祭りや年中行事、交通や子どもの教育といったテーマ別に見開きで構成。ちょっとした江戸庶民の「もの図鑑」としても活用できる。

地図でみる日本の歴史　全８巻

→このシリーズの全巻構成は、P.77 にあります

(6)江戸時代（後期）

【キーワード】
☑江戸幕府
☐徳川家光
☑鎖国
☐大名行列
☑歌舞伎
☑浮世絵
☑蘭学
☐伊能忠敬
☑江戸
☑町人

竹内誠 監修
フレーベル館 刊
31×22
72ページ
本体：2,800円
2000年

芭蕉や伊能忠敬の足跡、主な河川改修と新田開発、藩学、私塾と国別の寺子屋数、上方と江戸など、日本地図を生かした資料が興味深い。 解説文も充実しており、調べる目的なしに読んでいくだけでも楽しい。幕末の外国船来航の地図を見ると、まさに新しい時代への夜明け前の観がする。

ＮＨＫにんげん日本史　第２期　全10巻

→このシリーズの全巻構成は第１期が P.81 に、第２期が P.77 にあります

(12)杉田玄白―蘭学のとびらを開いた一冊の書物

【キーワード】
☐江戸幕府
☐徳川家光
☐鎖国
☐大名行列
☐歌舞伎
☐浮世絵
☑蘭学
☐伊能忠敬
☐江戸
☐町人

酒寄雅志 監修
小西聖一 著
理論社 刊
B5判変型
110ページ
本体：1,800円
2004年

教育テレビの番組『にんげん日本史』から生まれた本。杉田玄白と『ターヘルアナトミア』が『解体新書』として世に出るまでの苦闘を、同時代を生きた数多くの蘭学者や医師たちの思いを解き明かしていく。「ろもかじもない船で」オランダ語と格闘しながら西洋医学の夜明けを導いた杉田玄白伝の秀作。

ＮＨＫにんげん日本史　第２期　全10巻

→このシリーズの全巻構成は第１期が P.81 に、第２期が P.77 にあります

(16)近松門左衛門―日本の芝居の幕が開く

【キーワード】
☐江戸幕府
☐徳川家光
☐鎖国
☐大名行列
☑歌舞伎
☐浮世絵
☐蘭学
☐伊能忠敬
☐江戸
☑町人

酒寄雅志 監修
小西聖一 著
理論社 刊
B5判変型
110ページ
本体：1,800円
2004年

人形浄瑠璃や歌舞伎の世界を子どもたちにわかりやすく伝えるのは至難の業である。その困難なことにあえて挑戦し、みごとにやってのけたのが本書である。近松門左衛門と竹本義太夫との出会いを軸に武士の身分を捨てて芝居作家となった門左衛門の生涯をその作品を紹介しながら描いている。まず、一読したい。

絵本 もうひとつの日本の歴史

→P.120

【キーワード】
- □江戸幕府
- □徳川家光
- □鎖国
- □大名行列
- □歌舞伎
- □浮世絵
- □蘭学
- □伊能忠敬
- □江戸
- ☑町人

中尾健次 文
西村繁男 絵
解放出版社 刊
B4判変型
40ページ
本体：2,500円
2007年

「もうひとつの…」というタイトルが示すように、被差別部落の歴史をひもとく絵本。近世史に位置づけてあるが、本書は古代・中世から近現代に至るまで、差別され続けた人びとのくらしを、大判の鳥瞰図で描いた作品。巻末には絵の解説がある。この解説をしっかり読むことで、描かれている絵の意味が見えてくる。

しらべ学習に役立つ日本の歴史 全12巻

(9) 大名行列をしらべる 品切れ

【キーワード】
- □江戸幕府
- ☑徳川家光
- □鎖国
- ☑大名行列
- □歌舞伎
- □浮世絵
- □蘭学
- □伊能忠敬
- □江戸
- □町人

古川清行 監著
小峰書店 刊
29×22
47ページ
1995年

大名行列を調べることで幕藩体制が見えてくる。また、大名行列を支えた道中奉行などの藩士はもとより、街道沿いの農民や宿場の町人などにも注目している。また、江戸に置かれた上屋敷・中屋敷・下屋敷や国元の城下町の整備など、参勤交代に関連して藩の財政が大きな影響を受けたことも忘れてはならない。

日本歴史探検 タイムトラベル れきはく案内 全4巻

(3) 近世に生きる 絶版

【キーワード】
- □江戸幕府
- □徳川家光
- ☑鎖国
- ☑大名行列
- □歌舞伎
- □浮世絵
- ☑蘭学
- ☑伊能忠敬
- ☑江戸
- ☑町人

国立歴史民俗博物館 著
福武書店／
ベネッセ・コーポレーション 刊
B5判
100ページ
1988年

いまでは入手困難だが、本書は、江戸時代の実像をできるだけ忠実に写し出すことに重きを置いて編集されている。

子どもたちは、自分の興味関心のある項目だけ拾い読みしても、江戸時代を追体験した気分になれる。江戸、長崎、藩や農村、北前船、金比羅、伊勢へと空間的な広がりを持って近世へ誘う。

衣食住にみる日本人の歴史 全5巻

(4) 江戸時代~明治時代 江戸市民の暮らしと文明開化

→P.100

【キーワード】
- □江戸幕府
- □徳川家光
- □鎖国
- □大名行列
- □歌舞伎
- □浮世絵
- □蘭学
- □伊能忠敬
- ☑江戸
- ☑町人

西ヶ谷恭弘 監修
香川元太郎 他 絵
あすなろ書房 刊
A4判
48ページ
本体：3,200円
2002年

衣食住という人間生活の根本に目を向けて編集されたシリーズの1冊。江戸時代と文明開化を1冊にしてしまったのはちょっと残念。江戸東京博物館のジオラマをふんだんに掲載しており、一部カラーではないのは物足りないが、小袖や髪型、有田焼や瀬戸物など、他の資料では見られない項目もあり興味深い。

その他の資料

江戸東京博物館

【キーワード】
- □江戸幕府
- □徳川家光
- □鎖国
- □大名行列
- ☑歌舞伎
- □浮世絵
- □蘭学
- □伊能忠敬
- ☑江戸
- ☑町人

http://www.edo-tokyo-museum.or.jp/

注目ポイント

博物館の常設展示についての、クイズシートをダウンロードできる。見学には必須アイテムといえる。

司書のまなざし

『白《しら》狐《こ》魔《ま》記』で歴史好きに！

イマドキの中学生で、歴史の本を好んで借りていくのは少数派に属する。それでも確実に歴史が好きな生徒はいて、その子たちの読書の様子を見ていると、自分の興味関心を着実に広げている様子が見えて、私は嬉しくなる。そんな歴史好きのひとり、３年生のＯさんに歴史を好きになったきっかけを何気なく聞いたところ、「それはもちろん『白狐魔記』のおかげです！」と即答された。彼女にさらに詳しい話を聞いてみた。

『白狐魔記』（斎藤洋著　偕成社）を読んでくれたのは、

４年生の時の担任の先生。時々時間を作って帰りの会の時に少しずつ読み聞かせをしてくれたとのこと。毎回先生が続きを読んでくれる時間をみんな楽しみにしていたという。物語の舞台は源平の世。人間の生活に興味を持った１匹の狐が、人を化かす修行ができるという白駒山をめざす途中で平家を追詰める義経の一行に偶然命を救われる。ようやくたどり着いた白駒山では猟師に撃たれる寸前、この山に住む仙人に助けられる。狐は仙人のもとで「修行」を積み姿を変える術を身につけ白狐魔丸という名をもらう。やがて山を降りた白狐魔丸は立ち寄った寺で、今度は兄頼朝に命を狙われ逃げる途中の義経一行に出会う。義経のためなら命もいとわぬ家来たち、なかでも佐藤忠信の人柄とその心意気にひかれ、白狐魔丸は行動を共にするのだが…。歴史モノといえば、伝記のように何事か成し遂げた人物が主人公の作品が一般的だが、この『白狐魔記』は狐が主人公。そして、なぜ武士は戦いのためなら人の命を奪えるのかというおおいなる疑問を持ちながら人間世界を観察する狐の目線が、実は歴史をよく知らない小学生の目線に重なるものがあるのではないだろうか。Ｏさんは、高学年になって歴史を習った時に、この読書体験がとても役立ったと感じたそうだ。その時代に生きた人びとの想いが、彼女の中で実感を持ってとらえられたからではないだろうか。

ひとつの物語が終わると白狐魔丸は長い眠りにつき、再び目覚めると大きな時代のうねりの中に飛び込んでいく。**第２巻『蒙古の波』**は元寇の時代だ。白狐魔丸は、京で北条時輔の家来市ヶ谷小兵太から、竹崎季長なる武士に渡してくれと１枚の絵を託される。

季長を探し遠く博多までやってきた白狐魔丸は、元の大軍と遭遇。２度にわたり元の上陸を阻んだ大風の謎、そして元を導く主の正体は意外にも！

第３巻『洛中の火』は鎌倉時代末期以降の争乱の時代。村上義光の間諜・大和十蔵と知り合い、楠木正成にひきあわされた白狐魔丸は、戦いの道を選ばざるを得なかった武将の苦悩を知る。壱岐に流されていた後醍醐天皇が再び権力の座につき、権力闘争は激しさを増す。主君親子の無念の死に復讐を誓う十蔵。白狐魔丸は十蔵の復讐を阻止しようとするが…。

第４巻『戦国の雲』は、織田信長が足利十五代将軍義昭を追放してから本能寺の変までを追う。白駒山で少年不動丸に出会った白狐魔丸は、彼が信長を狙撃した罪で殺された杉谷善住坊の弟子と知る。吉野の狐雅姫の手引きで信長にひきあわされるが、戦が嫌いな白狐魔丸は、師の仇と信長を狙う不動丸の側に立つ。そして一向一揆への信長の非道なしうちを目撃することに。

どの作品もファンタジーという形式をとりながら、史実はしっかりと踏まえている。武士を嫌いながら、どこかで武士の生き方を否定しきれない白狐魔丸もまた魅力的な主人公である。歴史を学ぶことは、実は人間の愚かさと崇高さをそこに読み取り、自分達がこれからどう生きるべきかを考えることに他ならない。歴史を我が身に引きつけるためぜひ小学校高学年で出会ってほしい作品である。

前述のＯさんだが、中学３年生となった今は、毛利元就や伊達政宗といった武将の本はもちろん、その興味はすでに世界の歴史や文化に広がっている。彼女に学ぶことの面白さを気づかせてくれた一冊の力は大きい。

東京学芸大学附属世田谷中学校 司書　村上恭子

5・6年生にすすめる
歴史にいざなう作品あれこれ

★古代

『空色勾玉《そらいろまがたま》』荻原規子　徳間書店
『白鳥《はくちょう》異《い》伝《でん》』荻原規子　徳間書店
『薄紅天女《うすべにてんにょ》』荻原規子　徳間書店
『風神秘抄』荻原規子　徳間書店
『月神《げっしん》の統《す》べる森で』　たつみや章　講談社
『地の掟　月のまなざし』たつみや章　講談社
『天地のはざま』たつみや章　講談社
『月冠の巫王《ふおう》』たつみや章　講談社
『日高見戦記《ひたかみせんき》』小野裕康　理論社

★飛鳥時代

『丹生都比売《におつひめ》』梨木香歩　原生林
『絵本玉虫厨子の物語』平塚武二　童心社

★ 奈良時代

『竜と舞姫』吉橋通夫　講談社
『氷石』久保田香里　くもん出版

★平安時代

『サラシナ』芝田勝茂　あかね書房
『鬼の橋』伊藤遊　福音館書店
『えんの松原』伊藤遊　福音館書店
『水底の棺』中川なをみ　くもん出版
『なんて素敵にジャパネスク』氷室冴子　集英社
『ざ・ちぇんじ！』氷室冴子　集英社
『たかむらの井戸』たつみや章　あかね書房
『虫めずる姫の冒険』芝田勝茂　あかね書房
『新編弓張月』全２巻　三田村信行　ポプラ社

★鎌倉時代

『白狐魔記　源平の風』斉藤洋　偕成社
『白狐魔記　蒙古の波』斉藤洋　偕成社
『源平盛衰記』三田村信行　ポプラ社

★室町・戦国時代

『白狐魔記　洛中の火』斉藤洋　偕成社
『白狐魔記　戦国の雲』斉藤洋　偕成社
『のぼうの城』　和田竜　小学館
『盗角妖伝』　廣嶋玲子　岩崎書店
『本朝奇談《にほんふしぎばなし》―天狗童子』佐藤さとる　あかね書房
『大あばれ山賊小太郎』　那須正幹　偕成社
『遥かなりローマ』　今西祐行　偕成社
『つる姫』阿久根治子　福音館書店

★江戸時代

『しゃばけ』畠中恵　新潮社
『ぬしさまへ』畠中恵　新潮社
『ねこのばば』畠中恵　新潮社
『おまけのこ』畠中恵　新潮社
『ちんぷんかん』畠中恵　新潮社
『まんまこと』畠中恵　文藝春秋
『つくもがみ貸します』畠中恵　角川書店
『凛九郎①②』吉橋通夫　講談社
『なまくら』吉橋通夫　講談社
『異界から落ち来る者あり　上・下』
香月日輪　理論社
『封印の娘』香月日輪　理論社
『南総里見八犬伝』浜たかや　偕成社
『肥後の石工』今西祐行　岩波書店
『時の扉をくぐり』甲田天　BL 出版
『京のかざぐるま』吉橋通夫　日本標準

★時代が限定されていないもの

『狐笛《こてき》のかなた』上橋菜穂子　理論社

★小学生でも読める古典

少年少女古典文学館　全 25 巻　講談社
21 世紀によむ日本の古典　全 20 巻　ポプラ社
『あさきゆめみし　源氏物語』（青い鳥文庫）講談社
『姫君たちの源氏物語』倉本由布　ﾀﾞｲﾔﾓﾝﾄﾞ社
『古事記物語』（岩波少年文庫）岩波書店
『今昔ものがたり』（岩波少年文庫）岩波書店
『雪女 夏の日の夢』小泉八雲（岩波少年文庫）岩波書店

★歴史マンガ

『あさきゆめみし』大和和紀　講談社
『風光る』渡辺多恵子　小学館
『おーい！竜馬』　武田鉄也原作・小山ゆう画　小学館

まとめ：村上恭子

6年生 Ⅲ．新しい日本の国づくりを調べよう

1 新しい時代の幕開け

この単元では1853年のペリーの来航の頃から1890年の第一回帝国議会の頃までを学習する。黒船来航・不平等条約の締結から江戸末期の社会の変動、討幕運動の展開。明治時代は、現代の生活の元となる西洋風の生活文化が入ってきた時代である。衣食住をはじめ社会の様々なところで欧米化が行われていく。くらしの変化を軸に条約改正を目指す明治政府の諸改革について学習する。

【学習のキーワード】
1 開国
2 明治維新（大政奉還）
3 明治政府
4 文明開化
5 日本に招かれた外国人
6 自由民権運動
7 大日本帝国憲法
8 坂本龍馬
9 西郷隆盛
10 伊藤博文

学習指導要領では「黒船の来航、明治維新、文明開化などについて調べ、廃藩置県や四民平等などの諸改革を行い、欧米の文化を取り入れつつ近代化を進めたことが分かること。」とされている。

それを受けて教科書では①黒船来航（ペリー来航と開国、不平等条約の締結）、②大政奉還（幕末の社会不安と討幕運動、坂本龍馬、徳川慶喜）、③明治維新（五か条のご誓文、四民平等、解放令、廃藩置県、領土の確定、西郷隆盛、大久保利通、木戸孝允）、④明治政府の諸改革（地租改正、徴兵令、お雇い外国人、殖産興業、富岡製糸場）、⑤文明開化（学制令と福沢諭吉「学問のすゝめ」、断髪令、郵便、鉄道、西洋風のくらし）、⑥自由民権運動（板垣退助、大隈重信、西南戦争、民選議員設立建白書）、⑦国会開設（伊藤博文、大日本帝国憲法、選挙、帝国議会）等について項を設けて学習を構成している。

実際の学習では、明治時代になって大きく変化する人々のくらしを中心に展開されて行くことが多い。その前提として、ペリー来航をきっかけに江戸時代が終わったことが学ばれ、くらしだけでなく社会や国のが大きく変わったこととして明治政府の諸改革が学習されていくことになる。

そこで学習のキーワードを①に対応して「開国」、②③に対応して「明治維新（大政奉還）」、③④に対応して「明治政府」、④⑤に対応して「文明開化」・「日本に招かれた外国人」、⑥に対応して「自由民権運動」、⑦に対応して「大日本帝国憲法」を設定し、人物としては①②の次期の代表として「坂本龍馬」、③～⑤の次期の代表として「西郷隆盛」、⑥⑦の次期の代表として「伊藤博文」をあげた。　（鎌田和宏）

はじめて手にとる1冊

調べ学習日本の歴史　第1期 全8巻

→このシリーズの全巻構成は第1期がP.77に、第2期がP.81にあります

（7）明治維新の研究 ―封建国家から統一国家への道

【キーワード】
☑開国
☑明治維新（大政奉還）
☑明治政府
☑文明開化
☐日本に招かれた外国人
☐自由民権運動
☐大日本帝国憲法
☑坂本龍馬
☑西郷隆盛
☐伊藤博文

三谷博 監修
ポプラ社 刊
29×22
48ページ
本体：3,000円
2000年

本書は明治維新をテーマに、その前史となる幕末のペリー来航から開国、不平等条約の締結、それに伴う国内の改革の動きから明治政府の諸改革、条約改正の成功までを扱っていて、幕末～明治維新について1冊で概観できる。ペリー艦隊はなぜやってきたのか、また開国とはどのようなことかといった子どもが学習を展開する上で必然的に出てくる問いや、明治維新を理解する上で必要な事項を配列し、各事項を2ページで解説している。明治政府の諸改革は理解が難しいところだが平易な解説文と当時の写真や地図、グラフ、年表等を用いて解説されている。また、巻末には約110語の索引も備えている。

ペリー来航から幕末の大変動、そして明治政府の成立と時代は大きく変わっていく。この変化の原因と、変化の過程、新たな明治政府の取り組みを概観できる１冊である。

時代を動かした人々〔維新篇〕　全10巻
（4）西郷隆盛—薩摩ハヤトのバラード

【キーワード】
☑開国
☑明治維新（大政奉還）
☑明治政府
☑文明開化
□日本に招かれた外国人
□自由民権運動
□大日本帝国憲法
☑坂本龍馬
☑西郷隆盛
☑伊藤博文

古川薫 作
岡田嘉夫 絵
小峰書店 刊
A5判
203ページ
本体：1,600円
2001年

全巻構成

1 坂本竜馬—飛べ! ペガスス
2 高杉晋作—走れ! 若き獅子
3 勝海舟—わが青春のポセイドン
4 西郷隆盛—薩摩ハヤトのバラード
5 吉田松陰—吟遊詩人のグラフィティ
6 板垣退助—三日月に祈る自由民権の志士
7 桂小五郎—奔れ！ 憂い顔の剣士
8 アーネスト・サトウ—女王陛下の外交官
9 佐久間象山—誇り高きサムライ・テクノクラート
10 伊藤博文—明治日本を創った志士

人物を調べるには伝記を読ませたい。伝記はその人物の主な業績と共に生きた時代背景や、生い立ちや歴史に関わった経緯等がわかる。全体像を踏まえた上で人物の歴史上の役割を考えたい。本書は明治維新で活躍した薩摩藩の西郷隆盛の伝記。薩長同盟の結成、江戸城明けわたしをめぐる勝海舟との息づまる交渉、悲劇の晩年（西南戦争）等、彼の人柄と行動を描き、読み物としても魅力的に仕上がっている。本単元では本シリーズの10巻が皆役に立つ。巻末には略年譜も掲載されている。

地図でみる日本の歴史　全８巻
（7）明治・大正時代

→このシリーズの全巻構成は、P.77にあります

【キーワード】
☑開国
☑明治維新（大政奉還）
☑明治政府
☑文明開化
☑日本に招かれた外国人
☑自由民権運動
☑大日本帝国憲法
☑坂本龍馬
☑西郷隆盛
☑伊藤博文

竹内誠 監修
フレーベル館 刊
31×22
72ページ
本体：2,800円
2000年

地図を目次的に活用し歴史的事件が地理的にどう展開しているのかわかる構成になっている。本書では1853年のペリー来航から普通選挙法が公布された1925年までを扱い「ペリー来航から江戸幕府の滅亡まで」、「維新政治のはじまり」、「立憲政治のはじまりと、日清・日露の戦い」、「大正デモクラシーの時代」の主題を説明する４枚の日本全図と「このころ世界では」という世界地図を柱に構成されている（日本全図は他に５点有）。地図だけでなく写真やイラスト、図版でわかりやすい。

ビジュアル・ワイド　明治時代館

【キーワード】
□開国
☑明治維新（大政奉還）
☑明治政府
☑文明開化
☑日本に招かれた外国人
☑自由民権運動
☑大日本帝国憲法
□坂本龍馬
☑西郷隆盛
☑伊藤博文

宮地正人／佐々木隆／木下直之／鈴木淳 監修
小学館 刊
A4判変型
608ページ
本体：10,500円
2005年

目次より

巻頭特集　苦沙弥先生 明治はじめて物語
第1章 創業の時代（1868明治維新～1877西南戦争）
「電信・郵便制度始まる」
「フロックコートと背広」
「初ものづくし」
「西洋音楽を取り込む」
「御雇外国人」
「万国博覧会と内国博覧会」　他
第2章 建設の時代（1878大久保利通暗殺～1889帝国憲法発布）
「盛り上がる演説会」
「上野動物園オープン」
「壮士芝居とオッペケペー」
「首都改造の夢」　他
第3章 展開の時代（1890第1回総選挙～1905ポーツマス条約）
「拡大する美容産業」
「はじめての選挙と議会」
「家庭で洋食を楽しむ」
「新時代の結婚のあり方」
「ビール企業の成長と寡占化」　他
第4章 変質の時代（1906日露戦争後～1912明治天皇崩御）
「百貨店がつくりあげた文化」
「電車の誕生」
「写真の役割」
「相撲人気と国技館完成」
「郊外行楽の隆盛」
「明治最後の日」　他

本書は一般向け書である。当時の写真、錦絵等の資料が豊富で2000点余の写真図版が掲載されており、カラーのものも多い。解説文は子どもには少々難しいがビジュアルなものを中心に見ていけば子どもでも十分利用できる。教師の教材研究用として是非手元に置いておきたい１冊である。「創業」「建設」「展開」「変革」の４章から構成されている。巻末には主要な史料や明治時代歴史用語事典、明治時代人物人用語集、文明開化創業者列伝が収録されている。同シリーズに『江戸時代館』もある。

この本もオススメ

日本の歴史明治維新から現代　全８巻

→このシリーズの全巻構成は、P.104 にあります

(1) 民主主義と政治の歴史

品切れ

【キーワード】
☑開国
☑明治維新(大政奉還)
☑明治政府
□文明開化
□日本に招かれた外国人
☑自由民権運動
☑大日本帝国憲法
□坂本龍馬
□西郷隆盛
☑伊藤博文

坂井俊樹 監修
ポプラ社 刊
29×22
48ページ
1999年

本書はペリー来航から現代までを対象に、民主主義の政治がどう実現してきたのかを解説している。本単元では「天皇制国家と官僚政治」「富国強兵への道」「自由民権運動のもりあがり」「大日本帝国憲法と帝国議会」が利用できる。教科書の体裁での構成も（内容は詳しいが）子どもにはなじみがあって読みやすい。

NHKにんげん日本史　第２期　全10巻

→このシリーズの全巻構成は第１期が P.81 に、第２期が P.77 にあります

(19) 西郷隆盛と大久保利通―新しい時代、明治の礎となって

【キーワード】
□開国
☑明治維新(大政奉還)
☑明治政府
□文明開化
□日本に招かれた外国人
□自由民権運動
□大日本帝国憲法
□坂本龍馬
☑西郷隆盛
□伊藤博文

酒寄雅志 監修
小西聖一 著
理論社 刊
B5判変型
110ページ
本体：各1,800円
2005年

本書は2007年までNHK教育テレビで放映されていた「にんげん日本史」の内容を軸に掘り下げた伝記である。随所に対話形式で子どもが疑問に持ちやすい事柄をQ＆A形式で掲載。写真や図版、地図も多くわかりやすく、巻末の参考文献リストは一般向けも含み参考になる。同シリーズに坂本龍馬、福沢諭吉もある。

土木の絵本　おやとい外国人とよばれた人たち―異国にささげた技術と情熱

【キーワード】
☑開国
□明治維新(大政奉還)
□明治政府
□文明開化
☑日本に招かれた外国人
□自由民権運動
□大日本帝国憲法
□坂本龍馬
□西郷隆盛
□伊藤博文

おかだひでき 作
かこさとし 絵
財団法人 全国建設研修センター 刊
24×24
32ページ
学校へは無料配布
1998年

西洋の技術を伝えた外国人についての１冊。モレル(鉄道)、ブラントン(灯台、横浜の港湾建設）パーマー(水道)、ドールン(港・河川改修)、エッセル(港)、ムルデル(江戸川改修)、デ・レーケ(木曽川改修)、ケプロン(北海道開拓）について扱っている。一般書、武内博『来日西洋人名事典』がこの分野の決定版。

人物日本の歴史　全８巻

日本を変えた53人 (6) (7)

【キーワード】
☑開国
☑明治維新(大政奉還)
☑明治政府
□文明開化
□日本に招かれた外国人
☑自由民権運動
☑大日本帝国憲法
☑坂本龍馬
☑西郷隆盛
☑伊藤博文

高野尚好 監修
三田村信行 文
学習研究社 刊　AB判　各64ページ

高野尚好 監修
笠原秀 文
本体：各2,800円　2002年

学習指導要領で示された42人を中心にシリーズ全体で53人の人物を取り上げた短い伝記集。一人につき８ページ程度。本単元関連人物はペリー・徳川慶喜・大塩平八郎・勝海舟・坂本竜馬・西郷隆盛・木戸孝允・大久保利通（６巻)、福沢諭吉・明治天皇・板垣退助・伊藤博文・大隈重信・津田梅子・与謝野晶子（７巻)。

衣食住にみる日本人の歴史　全５巻

→ P.95

(4) 江戸時代～明治時代　江戸市民の暮らしと文明開化

【キーワード】
☑開国
□明治維新(大政奉還)
☑明治政府
☑文明開化
□日本に招かれた外国人
□自由民権運動
□大日本帝国憲法
□坂本龍馬
□西郷隆盛
□伊藤博文

西ヶ谷恭弘 監修
香川元太郎 他 絵
あすなろ書房 刊
A4判
48ページ
本体：3,200円
2002年

本書は江戸から明治の人々のくらしについて江戸東京博物館等の展示模型の写真やイラスト使って解説している。本単元で対象となるのは40～47ページと短いが、江戸博の展示模型の写真や東京鳥瞰図（1897年)、鹿鳴館のクロスセクション（透視見取図）と明治時代の洋装のイラストが役に立つ。

よこすか開国物語

【キーワード】
☑開国
☐明治維新(大政奉還)
☐明治政府
☑文明開化
☑日本に招かれた外国人
☐自由民権運動
☐大日本帝国憲法
☐坂本龍馬
☐西郷隆盛
☐伊藤博文

かこさとし 文・絵
瑞雲舎 刊
23×25
32ページ
本体：1,300円
2003年

本書はペリー来航150周年を記念して、上陸した横須賀でつくられた絵本。横須賀在住の日仏交渉史の専門家が監修している。横須賀造船所の建設に取り組んだ小栗上野介と、フランスから来た海軍技師ヴェルニーの動きが中心に描かれているが、開国の経緯や日本人が西洋技術をどう学んだかについても学べる。

新聞広告で見つけよう！ 明治から平成 くらしのうつりかわり 全5巻

→このシリーズの全巻構成は、P.37にあります

【キーワード】
☐開国
☐明治維新(大政奉還)
☐明治政府
☑文明開化
☐日本に招かれた外国人
☐自由民権運動
☐大日本帝国憲法
☐坂本龍馬
☐西郷隆盛
☐伊藤博文

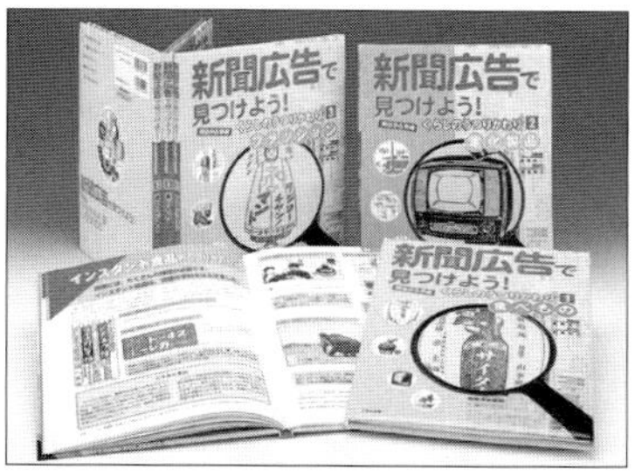

岸尾祐二 執筆指導
羽島知之 資料協力
くもん出版 刊
A4判変型
各48ページ
本体：各2,500円
2003～2004年

新聞広告を主資料に、くらしの変化を解説したシリーズ。本単元では文明開化と呼ばれ西洋風に変わっていく明治期のくらしを調べるのに、本書を用いると、食べ物（第1巻）等のジャンル毎に当時の新聞広告とその解説を利用して調べることができる。ファッション（3巻）、乗りもの（4巻）、遊び・レジャー（5巻）。

国際交流の流れがよくわかる 文明開化絵事典

【キーワード】
☐開国
☐明治維新(大政奉還)
☐明治政府
☑文明開化
☐日本に招かれた外国人
☐自由民権運動
☐大日本帝国憲法
☐坂本龍馬
☐西郷隆盛
☐伊藤博文

桑原利夫 監修
PHP研究所 刊
A4判変型
80ページ
本体：2,800円
2004年

明治時代の欧風化する社会やくらしの変化を調べる事典。「文明開化ってなんだろう」（文明開化の概要を説明）「くらしの中の文明開化」（身近なところの変化）「社会の中の文明開化」（国や社会の仕組みの変化）「文明開化がわかる小事典」の4章構成。カラー図版が多く用いられ年表・索引も備えられている。

世界へはばたけ！ 富岡製糸場 ―まゆみとココのふしぎな旅

【キーワード】
☐開国
☐明治維新(大政奉還)
☐明治政府
☑文明開化
☑日本に招かれた外国人
☐自由民権運動
☐大日本帝国憲法
☐坂本龍馬
☐西郷隆盛
☐伊藤博文

富岡製糸場世界遺産伝道師会 著
上毛新聞社 刊
A5判
144ページ
本体：800円
2004年

官営富岡製糸場について、子ども向けに書かれた解説書。居ながらにして富岡製糸場の様々な建物や施設が見学ができる構成になっている。実際に行われていた製糸の作業を当時の機械等の写真を交えて説明している。またこの工場ができた歴史的経緯や、工場を指導したブリュナ、工女の生活についても触れられている。

写真でみる20世紀の日本 全6巻

(1)学校と子どもの生活の100年 品切れ

【キーワード】
☐開国
☐明治維新(大政奉還)
☑明治政府
☑文明開化
☐日本に招かれた外国人
☐自由民権運動
☐大日本帝国憲法
☐坂本龍馬
☐西郷隆盛
☐伊藤博文

桜井信夫 編著
PHP研究所 刊
A4判
39ページ
1997年

本書は明治から現代（1996年）までを対象に学校と子どもの生活を扱っている。写真を多く用い、当時の状況が具体的にわかるようになっている。本単元では明治期の学制の開始から明治・大正期の子どもの楽しみや子ども文化の項が利用できる。本単元以外では戦争の単元の学習でも利用できる。

その他の資料

博物館 明治村

【キーワード】
□開国
☑明治維新(大政奉還)
□明治政府
☑文明開化
□日本に招かれた外国人
□自由民権運動
□大日本帝国憲法
□坂本龍馬
□西郷隆盛
□伊藤博文

http://www.meijimura.com/welcome/index.html

注目ポイント

明治時代の建造物を集めた明治村のHP。建造物だけでなく、明治時代について様々なことが調べられる。

横浜開港資料館

【キーワード】
☑開国
☑明治維新(大政奉還)
☑明治政府
☑文明開化
□日本に招かれた外国人
□自由民権運動
□大日本帝国憲法
□坂本龍馬
□西郷隆盛
□伊藤博文

http://www.kaikou.city.yokohama.jp/

注目ポイント

横浜開港資料館のHP。幕末から明治時代の風景画や横浜を中心とした写真が見られる。

東京大学附属図書館 お雇い外国人展

【キーワード】
□開国
□明治維新(大政奉還)
□明治政府
□文明開化
☑日本に招かれた外国人
□自由民権運動
□大日本帝国憲法
□坂本龍馬
□西郷隆盛
□伊藤博文

http://www.lib.u-tokyo.ac.jp/tenjikai/tenjikai97/index.html

注目ポイント

1997年に行われたお雇い外国人展のHP。お雇い外国人の胸像や生活について調べることができる。

ガスミュージアム

【キーワード】
□開国
□明治維新(大政奉還)
□明治政府
☑文明開化
□日本に招かれた外国人
□自由民権運動
□大日本帝国憲法
□坂本龍馬
□西郷隆盛
□伊藤博文

http://www.gasmuseum.jp/

注目ポイント

1872年、横浜で日本初のガス灯が灯った。ガスミュージアムの展示案内、ガスの歴史を調べられる。

高知市立自由民権記念館

【キーワード】
□開国
□明治維新(大政奉還)
□明治政府
□文明開化
□日本に招かれた外国人
☑自由民権運動
□大日本帝国憲法
□坂本龍馬
□西郷隆盛
□伊藤博文

http://www.minken.city.kochi.kochi.jp/top.html

注目ポイント

高知市立自由民権記念館の常設展示の概要を写真を交えて紹介。自由民権運動に関する資料が見られる。

高知県立坂本龍馬記念館

【キーワード】
☑開国
□明治維新(大政奉還)
□明治政府
□文明開化
□日本に招かれた外国人
□自由民権運動
□大日本帝国憲法
☑坂本龍馬
□西郷隆盛
□伊藤博文

http://www.kochi-bunkazaidan.or.jp/~ryoma/

注目ポイント

高知県立坂本龍馬記念館の展示の概要や、坂本龍馬の生涯がわかるりょうま物語や坂本龍馬検定もある。

財団法人 西郷南洲顕彰会

【キーワード】
□開国
□明治維新(大政奉還)
□明治政府
□文明開化
□日本に招かれた外国人
□自由民権運動
□大日本帝国憲法
□坂本龍馬
☑西郷隆盛
□伊藤博文

http://www.saigou.jp/index.html

注目ポイント

西郷南洲顕彰館を主催する西郷南洲（隆盛）顕彰会のHP。西郷の生涯が読める。大人向け。

写真の中の明治・大正

【キーワード】
☑開国
☑明治維新(大政奉還)
☑明治政府
☑文明開化
□日本に招かれた外国人
☑自由民権運動
☑大日本帝国憲法
☑坂本龍馬
☑西郷隆盛
☑伊藤博文

http://www.ndl.go.jp/scenery_top/index.html

注目ポイント

国立国会図書館の電子展示会のページ。当該時期の東京、関西の写真を調べることができる。

伊藤公資料館電脳頁

【キーワード】
□開国
□明治維新(大政奉還)
□明治政府
□文明開化
□日本に招かれた外国人
□自由民権運動
□大日本帝国憲法
□坂本龍馬
□西郷隆盛
☑伊藤博文

http://www.kvision.ne.jp/~momorx/index.html

注目ポイント

伊藤博文の生誕の地、山口県光市にある伊藤公資料館を紹介する館関係者の開設したHP。

教室から

歴史の学習を充実させるには？

社会科の学習の中で６年生の歴史単元は少し異色の存在である。中学年の昔の道具や地域の歴史の学習の延長線上にあるのだが、他の単元が探検、インタビュー、見学等の体験的な活動を交えながら展開できるのに対してー実物を見聞することも可能であるー、歴史単元では体験的に学べることが極々限られている。体験できるといっても、きわめて擬似的・間接的な体験である。それは学習内容が過去の出来事であることによっている。フィールドワークをして縄文の遺跡や弥生の遺跡、古墳を見学に行くといっても、それがリアルタイムで使われていた状況を見ることはできない。あくまで「跡」なのである。それまでの実体験をもとにしつつ、その「跡」から過去に思いをはせ、過去と現在を結びつけることができると歴史学習は子どもたちの身近なものとなってくる。

それ故、６年生の歴史学習の導入ではフィールドワークを位置づけたい。地域に縄文や弥生の住居址等が無くとも見るべきものはある。例えば庚申塔や、忠魂碑、墓石などはどうだろうか。

庚申塔は庚申塚ともいい、石に三猿や青面金剛（しょうめんこんごう）像が彫られているものも多く（文字のみもある）子どもの目を引く。子どもたちは、彫られた像を見て「猿だ！」とか「神様かなぁ？」と考える。そして石碑に「庚申」の文字を見つける。漢字が難しくて読めないので教師が「こうしんと読むのだよ。字を写していくと、どんなものか調べられるよ」等と助けてやる。学校に戻って､国語辞典や百科事典（『ポプラディア』には解説有)、歴史辞典（フィールドワークで地域の歴史を調べる際には大人向けの歴史辞典も必備）を調べると、庚申とは年や月、日を表す言葉であることや、庚申信仰にたどり着く。

庚申塔は室町から江戸時代に多くたてられた。当時の人々は人間の体の中に三尸《さんし》の虫というものが住んでると考えていた。そしてその虫は、庚申の日の晩になると人が寝ている間に天帝にその人間の行いを報告に行き、天帝はその報告に応じて人を早死にさせると信じられていたので、不都合な行いの報告を防ぐため、人々は集まって談笑しながら夜通し会を催していたのであるということがわかる。

「体の中に虫が住んでいて、悪いことをしたら抜け出して神様に告げ口に行くなんて、昔の人はおもしろい考え方をしていたんだね」

「今みたいに医学が発達していないから、そんな迷信が広まっていたんだよ」

「でも、みんなで60日に１回集まって楽しく話していたなんて、なんだか楽しそうだね」

そんな子どもの言葉が聞かれる。一つの石碑から、昔の人の死や神（天帝）に対する考え方、昔の暮らしの厳しさと豊かさ等を知り考えることができるのだ。そして、それらを調べる中で、実体験をメディア体験につなげることによって理解が深まり、自分なりの考え方を持つことができることも体感する。年の表し方や辞典・事典で調べることの有効性等々。

それまでは前を素通りしていたかもしれない石のかたまりも、その意味がわかると違うものに見えてくる。実体験とメディア体験をつなげる原体験を持たせることによって、その後の資料中心に展開する歴史学習への取り組みも変わっていくのである。

鎌田和宏

6年生

Ⅲ．新しい日本の国づくりを調べよう

2 二つの戦争と日本・アジア

この単元では日清戦争が行われた1894年頃から選挙法が改正された1925年頃までを学習する。日本は近隣諸国との関係の取り方を変え、日清戦争、日露戦争という２つの大きな国際戦争を経験する。そのような中、軽工業を中心に工業が発展し国民の生活も豊かになっていくが、一方で社会問題等も発生していく。国力の向上は不平等条約の改正も可能にしていく。大きな変化の時代である。

【学習のキーワード】
1 日清戦争
2 日露戦争
3 朝鮮の併合
4 条約改正
5 工業の発展
6 社会問題の発生
7 普通選挙
8 世界で活躍した日本人

学習指導要領では「大日本帝国憲法の発布、日清（にっしん）・日露の戦争、条約改正、科学の発展などについて調べ、我が国の国力が充実し国際的地位が向上したことが分かること。」とされており「国際的地位の向上」が学習の鍵となっている。

それを受けて教科書では①日清・日露戦争（下関条約、台湾割譲、賠償金、旅順の戦い、ポーツマス条約、日本海海戦、東郷平八郎）②条約改正（ノルマントン号事件、陸奥宗光、小村寿太郎、領事裁判権、関税自主権）③韓国併合（植民地、皇民化政策、三一独立運動、柳寛順、与謝野晶子、君死にたまふことなかれ、石川啄木）④産業の発達（八幡製鉄所、繊維工業、製糸、足尾鉱毒事件、田中正造、米騒動）⑤生活や社会の変化（関東大震災、デパート、全国水平社、青鞜社、平塚雷鳥、普通選挙）⑤国際社会で活躍する日本人（北里柴三郎、志賀潔、新渡戸稲造、野口英世、夏目漱石、樋口一葉）等について項目を設けて学習を構成している。

実際の学習では、日清・日露戦争が起こった背景とその被害、その後の影響調べることによって、日本の国際的な地位が向上していったこと、それに伴い不平等条約の改正交渉が成功したことが軸になる。それと共に国際社会で活躍する日本人が登場してきたこと、大正期の生活や社会の変化（一面では豊かになり大衆文化が発達したが社会問題も発生していく）を学習していくことになる。

そこで学習のキーワードを①に対応して「日清戦争」と「日露戦争」②に対応して「条約改正」③に対応して「朝鮮の併合」④に対応して「工業の発展」⑤に対応して「社会問題の発生」「普通選挙」⑥に対応して「世界で活躍した日本人」を設定した。

（鎌田和宏）

はじめて手にとる１冊

日本の歴史 明治維新から現代　全８巻
（2）日本とアジアの歴史

【キーワード】
☑日清戦争
☑日露戦争
☑朝鮮の併合
☑条約改正
☑工業の発展
☑社会問題の発生
☑普通選挙
□世界で活躍した日本人

全巻構成 品切れ

1．民主主義と政治の歴史　→P,100
2．日本とアジアの歴史
3．産業・経済と環境の歴史
4．人として生きる権利の歴史
5．国境をこえた人びとの歴史
6．沖縄と北海道の歴史
7．女性と家の歴史
8．子どもと教育の歴史

坂井俊樹 監修
ポプラ社 刊
29×22
各48ページ
1999年

本シリーズは、小学校の歴史教科書で大きく扱われ「人物」ではない人々に光をあてている。いわれない差別を受けてきた人々や少数民族、障害者、病者、女性、子ども、冤罪者、海外移民等の人々から明治維新から現代までの歴史を八つのテーマで見ていくことができるユニークなシリーズ。本稿執筆後に品切れとなり流通在庫のみとなった。再版が待たれる。教科書の体裁で書かれており本単元では２巻『日本とアジアの歴史』が主として利用できる。第１章「戦前・戦中の日本とアジア」では明治期の周辺諸国との関係を、第２章「戦後の日本とアジア」では植民地の解放と平和への動きについて調べることができる。３・４・７・８巻も関連するので見ておきたい。

明治維新から現代に至るまでの歴史を、歴史の中で埋もれていた人々の立場からテーマ別に詳しく学ぶことができる。アジアとの関係もはっきりわかる、もう一つの歴史教科書である。

たたかいの人 田中正造

【キーワード】
☐日清戦争
☐日露戦争
☐朝鮮の併合
☐条約改正
☑工業の発展
☑社会問題の発生
☐普通選挙
☐世界で活躍した日本人

大石真 著
フレーベル館 刊
22×16
286ページ
本体：1,500円
1971年／2007年

田中正造—公害とたたかった鉄の人 講談社 刊（火の鳥伝記文庫）
たたかいの人 田中正造 偕成社 刊（偕成社文庫）／
NHKにんげん日本史 第2期 **(20)田中正造**—公害の原点、足尾鉱毒事件とたたかう 理論社 刊

人物を調べる際にレファレンスツールでの調査を終えたら次に伝記を読ませたい。本書は足尾鉱毒事件の被害者救済にあたった田中正造の伝記である。初版の1971年以来長く読み継がれている（偕成社文庫版有）。田中正造についてはこの他に砂田弘『田中正造—公害とたたかった鉄の人』（講談社火の鳥伝記文庫(14)）、『NHKにんげん日本史 田中正造—公害の原点、足尾鉱毒事件とたたかう』もある。複数伝記がある場合は読み比べさせたい。著者による評価の違いがわかるからだ。

小学館版 学習まんが人物館

津田梅子／南方熊楠／野口英世

【キーワード】
☐日清戦争
☐日露戦争
☐朝鮮の併合
☐条約改正
☐工業の発展
☐社会問題の発生
☐普通選挙
☑世界で活躍した日本人

津田塾大学・
津田梅子資料室 監修・解説
菊判 160ページ
本体：850円 1997年
いずれも小学館 刊

荒俣宏 監修・解説
菊判 160ページ
本体：850円
1996年

関山英夫 監修・解説
菊判 160ページ
本体：850円
1996年

南方熊楠—森羅万象をみつめた少年 岩波書店刊（岩波ジュニア新書）／
おもしろくてやくにたつ子どもの伝記 **野口英世** ポプラ社 刊

人物を調べる際に子ども向けに書かれた伝記がなかったらどうしたらよいか。本シリーズは学習まんがであるがそのような際に選択肢になり得る。津田梅子は岩倉使節団と共に渡米し留学生となり、帰国後女子教育に力を注ぎ現在の津田塾大学を創設した。津田の他にも南方熊楠（博物学者。岩波ジュニア新書に『南方熊楠—森羅万象を見つめた少年』飯倉 照平 著）や野口英世（『野口英世 おもしろくてやくにたつ子どもの伝記（1）』ポプラ社も）、与謝野晶子などもある。

人物・遺産でさぐる日本の歴史 全16巻

(13)近代国家としての発展 明治時代後期

→このシリーズの全巻構成は、P.85にあります

【キーワード】
☑日清戦争
☑日露戦争
☑朝鮮の併合
☑条約改正
☑工業の発展
☐社会問題の発生
☐普通選挙
☐世界で活躍した日本人

古川清行 著
小峰書店 刊
B5判
119ページ
本体：2,500円
1998年

小学校の歴史学習は人物と文化遺産を手がかりに進められていく。本シリーズはシリーズ名に「人物・遺産でさぐる日本の歴史」とあるように、各巻が代表的な人物と文化遺産を核にして、書名となっているテーマの時代が具体的にわかるように構成されている。本単元では『近代国家としての発展』が利用できる。自由民権運動から国会開設、日清・日露戦争、条約改正、産業の発展を伊藤博文、板垣退助、陸奥宗光、田中正造などの人物から調べることができる。

この本もオススメ

人物日本の歴史　全８巻

日本を変えた53人（8）

【キーワード】
☐日清戦争
☑日露戦争
☐朝鮮の併合
☑条約改正
☑工業の発展
☑社会問題の発生
☑普通選挙
☑世界で活躍した日本人

高野尚好 監修
鈴木しんご 文
学習研究社 刊
AB判
64ページ
本体：2,800円
2002年

指導要領で示された42人を中心に53人の人物を取り上げた短編伝記集シリーズ。一人につき８ページ程度。本単元では条約改正交渉に携わった陸奥宗光と小村寿太郎、日露戦争の連合艦隊司令長官、東郷平八郎、細菌学者の野口英世、足尾鉱毒事件の田中正造、女性の権利を主張した青鞜社の平塚雷鳥が利用できる。

半分のふるさと　私が日本にいたときのこと

【キーワード】
☐日清戦争
☐日露戦争
☑朝鮮の併合
☐条約改正
☐工業の発展
☑社会問題の発生
☐普通選挙
☐世界で活躍した日本人

イ サンクム 著
帆足次郎 画
福音館書店 刊
22×16
432ページ
本体：1,800円
1993年
（福音館文庫版もあり）

本書は1930年に日本で生まれた朝鮮人の女の子、イ・サンクムが日本で過ごした15年の事や、日本に移住することを余儀なくされた父・母について書かれたものである。日韓併合以降、多くの朝鮮の人々が様々な経緯で日本に移り住んできた。朝鮮の人々が受けた差別や日本での生活の実態を知ることができる。

日本科学の先駆者 高峰譲吉　―アドレナリン発見物語

【キーワード】
☐日清戦争
☐日露戦争
☐朝鮮の併合
☐条約改正
☐工業の発展
☐社会問題の発生
☐普通選挙
☑世界で活躍した日本人

山嶋哲盛 著
岩波書店 刊
新書判（岩波ジュニア新書）
190ページ
本体：780円
2001年

本書はアドレナリンとタカ・ジアスターゼの発見で著名な、明治期に国際的な活躍をした高峰譲吉の評伝。幕末の金沢に生まれた高峰は国際結婚をし、アメリカの学界ではサムライ化学者と呼ばれ、独創的な研究生活を送った。岩波ジュニア新書は中高生向きだが、読書になれた高学年の子どもであれば十分読める。

カラー版　近代化遺産を歩く

【キーワード】
☐日清戦争
☐日露戦争
☐朝鮮の併合
☐条約改正
☑工業の発展
☐社会問題の発生
☐普通選挙
☐世界で活躍した日本人

増田彰久 著
中央公論新社 刊
新書判（中公新書）
224ページ
本体：980円
2001年

教科書では明治大正期に建てられた建築物の写真を掲載し、それを調べる活動を酌んでいるものもある。本書は近代日本で建設されたダムや鉄道、ホテル、刑務所等の近代化遺産の写真集である。一般向けだが子どもも十分利用できる。類書に読売新聞文化部『近代化遺産ろまん紀行　西日本編』（中央公論新社）。

明治の面影・フランス人画家　ビゴーの世界

【キーワード】
☑日清戦争
☑日露戦争
☑朝鮮の併合
☑条約改正
☐工業の発展
☐社会問題の発生
☐普通選挙
☐世界で活躍した日本人

清水勲 著
山川出版社 刊
A4判
192ページ
本体：2,300円
2002年

教科書でよく取り上げられるフランス人画家ビゴーの諷刺画337点を収録し、画に簡単な解説を付している。諷刺画雑誌『トバエ』等の解説や、ビゴーについても解説されている。画集の体であるので小学生でもとりつく島がある。教師の教材研究用としては好著で、授業で使える教材の宝庫である。

カラー版 錦絵の中の朝鮮と中国 幕末・明治の日本人のまなざし

【キーワード】
☑日清戦争
☑日露戦争
☑朝鮮の併合
☐条約改正
☐工業の発展
☐社会問題の発生
☐普通選挙
☐世界で活躍した日本人

姜徳相 編著
岩波書店 刊
B5判
96ページ
本体：2,200円
2007年

この時期の社会の様子を知るには当時描かれた錦絵が手がかりとなり、教科書にも掲載されている。この時期の錦絵は報道的性格を持っていた。本書は幕末から明治期に作成された錦絵の中でも朝鮮と中国に関するものを多く収録し、何が読み取れるのか解説を付している。一般むけだが、画集として利用できる。

その他の資料

富岡製糸場 世界遺産推進ホームページ

【キーワード】
☐日清戦争
☐日露戦争
☐朝鮮の併合
☐条約改正
☑工業の発展
☐社会問題の発生
☐普通選挙
☐世界で活躍した日本人

http://www2.city.tomioka.lg.jp/worldheritage/index.html

注目ポイント

富岡製糸場のあらましがわかるHP。時代背景や建物の紹介、当時の様子を表す絵や写真が調べられる。

日清戦争と宇品港

【キーワード】
☑日清戦争
☐日露戦争
☐朝鮮の併合
☐条約改正
☐工業の発展
☐社会問題の発生
☐普通選挙
☐世界で活躍した日本人

http://www.pcf.city.hiroshima.jp/virtual/VirtualMuseum_j/visit/est/panel/A2/2106_1.htm

注目ポイント

広島平和祈念資料館のHP。日清戦争時には広島に大本営が置かれた。この頃のことを調べることができる。

記念艦 三笠(みかさ)こどもページ

【キーワード】
☐日清戦争
☑日露戦争
☐朝鮮の併合
☐条約改正
☐工業の発展
☐社会問題の発生
☐普通選挙
☐世界で活躍した日本人

http://www.kinenkan-mikasa.or.jp/kids/index.html

注目ポイント

日露戦争時、日本海海戦で活躍した戦艦三笠を中心に当時の社会や日露戦争について解説している。

史料にみる日本の近代

【キーワード】
☐日清戦争
☐日露戦争
☑朝鮮の併合
☐条約改正
☐工業の発展
☐社会問題の発生
☐普通選挙
☐世界で活躍した日本人

http://www.ndl.go.jp/modern/index.html

注目ポイント

国立国会図書館の電子展示会のページ。第2章の明治国家の展開に「日韓併合」のページがある。

野口英世記念館

【キーワード】
☐日清戦争
☐日露戦争
☐朝鮮の併合
☐条約改正
☐工業の発展
☐社会問題の発生
☐普通選挙
☑世界で活躍した日本人

http://www.noguchihideyo.or.jp/

注目ポイント

福島県にある野口英世記念館のHP。英世の年譜があり、生涯について調べることができる。

足尾電脳博物館

【キーワード】
☐日清戦争
☐日露戦争
☐朝鮮の併合
☐条約改正
☑工業の発展
☑社会問題の発生
☐普通選挙
☐世界で活躍した日本人

http://ashio.shokokai-tochigi.or.jp/dennouhakubutukan/index.html

注目ポイント

足尾鉱毒事件の背景や、環境破壊と公害について写真や文章を調べることができる。

水平社博物館

【キーワード】
☐日清戦争
☐日露戦争
☐朝鮮の併合
☐条約改正
☐工業の発展
☑社会問題の発生
☐普通選挙
☐世界で活躍した日本人

http://www1.mahoroba.ne.jp/~suihei/index.html

注目ポイント

身分差別問題、被差別部落問題と人権問題に関する写真や文書資料資料を調べることができる。

6年生

Ⅳ．戦争から平和への歩みを調べよう

1 戦争と人々のくらし

この単元では中国との戦争が本格化する1931年頃からアジア太平洋戦争が終結する1945年頃までを学習する。台湾・朝鮮を植民地にした日本が、なぜ中国と戦争を始め、またその戦争が広がっていったのはなぜか。戦争はどのようにして広がっていき、その中で人々はどのようになくらしをしていったのか、また戦争はどのように終わったのかについて学習していく。

【学習のキーワード】

1 満州事変(日中戦争)
2 アジア・太平洋戦争
3 青い目の人形
4 空襲
5 戦争と国民生活
6 沖縄
7 ヒロシマ・ナガサキ
8 敗戦

学習指導要領では「日華事変、我が国にかかわる第二次世界大戦、日本国憲法の制定、オリンピックの開催などについて調べ、戦後我が国は民主的な国家として出発し、国民生活が向上し国際社会の中で重要な役割を果たしてきたことが分かること。」(日華事変とは1937年の盧溝橋事件以降の日中戦争を指す)とされており、本単元では、日本が関わったアジア太平洋戦争について学習することが中心となる。

それを受けて教科書では、①中国との戦争の広がり(満州事変、満州国、盧溝橋事件)②アジア太平洋に広がる戦争(アジア太平洋戦争、上海事変、南京事件、第２次世界大戦、真珠湾攻撃、赤紙、杉原千畝)③戦争の中の人々のくらし(青い目の人形、どんぐりと戦争、勤労動員、疎開、軍事教練、配給制・切符制、空襲)④沖縄・広島・長崎そして敗戦(沖縄戦、原爆投下、敗戦)等について項目を設けて学習を構成している。

実際の学習では、身近な地域に残る戦争の痕跡の調査や、戦争を体験された方からの聞き取り調査、それらと関連する事柄を調べる活動等が行われることが多い。それらの調べる活動を軸にして、中国との戦争がなぜ始まり・どのように広がっていったか、戦争がアジアや太平洋地域へとどう広がり、どう終わったのか、またその中で人々のはどのような被害を受けたのか、くらしはどのようであったかを学習していくことになる。

そこで学習のキーワードを①に対応して「満州事変(日中戦争)」、②に対応して「アジア太平洋戦争」、③に対応して「青い目の人形」「空襲」「戦争と国民生活」、④に対応して「沖縄」「ヒロシマ・ナガサキ」「敗戦」を設定した。　(鎌田和宏)

はじめて手にとる1冊

調べ学習日本の歴史　第1期　全8巻

→このシリーズの全巻構成は第１期がP.77に、第２期がP.81にあります

(8)アジア太平洋戦争の研究－日本はなぜ戦争をしたのだろう

【キーワード】
☑満州事変(日中戦争)
☑アジア・太平洋戦争
□青い目の人形
☑空襲
☑戦争と国民生活
☑沖縄
☑ヒロシマ・ナガサキ
☑敗戦

鎌田和宏 監修
ポプラ社 刊
A4判変型
48ページ
本体：3,000円
2000年

目次より
- アジア太平洋戦争とは
- 満州事変と軍部の台頭
- 「満州国」の建国
- 中国との全面戦争がはじまる
- 第2次世界大戦がはじまる
- 真珠湾攻撃～なぜアメリカとも戦争をはじめたのだろう
- アジア太平洋戦争の拡大
- アジア諸国への日本の占領政策
- 各地で敗退する日本軍
- アメリカに遅れをとった日本の科学技術
- 「赤紙がきた」ってどんなこと？
- 戦争中はどんな生活だったのだろう
- こどもの世界も戦争一色
- 学童疎開をした都市のこどもたち
- 空襲が日本全土に広がった
- 県民をまきこんだ沖縄の戦い
- 広島、長崎に原子爆弾投下
- 1945年8月15日、その日世界は
- 戦後はどんな生活をしていたのだろう
- 日本は戦後どのように変わったのだろう
- 核兵器のない世界をめざして
- 「アジア太平洋戦争」をどう考えたらよいか？

どうして戦争が始まったのだろうか？ どんな風に戦争は広がっていったの？　多くの子どもが抱く疑問に写真・図版を豊富に使って応えてくれるのがこの１冊だ。

本書はアジア太平洋戦争(1931～45年)について、その前史となる1890年代の東アジアの国際関係から戦後の原水爆禁止運動までを扱っている。アジア太平洋戦争がなぜ起こったのかという最も重要な疑問に答えられるよう、日清戦争時期から扱って説明しているものは少ない。アジア太平洋戦争の学習を展開する上で必然的に出てくる子どもの問いや、アジア太平洋戦争を理解する上で必要な事項を時系列に配列し、１つのテーマを２ページで構成している。各ページでは、当時の写真や、説明のための必要事項が書き込まれ図解化された地図、グラフ、年表などが適宜用いられ、理解しやすくなっている。

ビジュアルブック

語り伝えるヒロシマ・ナガサキ 全5巻

【キーワード】
☐満州事変（日中戦争）
☐アジア・太平洋戦争
☐青い目の人形
☐空襲
☐戦争と国民生活
☐沖縄
☑ヒロシマ・ナガサキ
☐敗戦

安斎育郎 監修
新日本出版社 刊
B5判
各32ページ
本体：各1,800円
2004年

全巻構成

1．あの日、家族が消えた —広島への原爆投下
2．天主堂も友達も消えた！ —長崎への原爆投下
3．原爆はなぜ落とされたのか？
4．あの日を忘れない 被爆体験を語り伝える 広島編
5．平和をひろげよう 被爆体験を語り伝える 長崎編

ビジュアルブックの表題通り、写真と図版をふんだんに使って、なぜ原爆が投下されたのか、原爆の被害はどのようなものであったのかを小学生にもわかりやすく解説してくれる。1巻では広島の原爆投下前後の広島の状況を、2巻では長崎の原爆投下前後状況を扱っている。3巻では原爆とは何か、原爆投下がなぜ行われたのか、またなぜ広島と長崎であったのかを扱い4・5巻ではヒロシマ・ナガサキに分けて、被爆者の体験を収録し、戦後の原水爆禁止運動も扱っている。

語りつぎお話絵本

せんそうってなんだったの？ 全8巻

【キーワード】
☐満州事変（日中戦争）
☑アジア・太平洋戦争
☐青い目の人形
☑空襲
☑戦争と国民生活
☑沖縄
☑ヒロシマ・ナガサキ
☐敗戦

田代 脩／
NPO「昭和の記憶」監修
学習研究社 刊
AB判
各48ページ
本体：各2,000円
2007年

全巻構成

1．生活
2．遊び
3．家族
4．学校
5．戦場
6．空襲
7．原爆・沖縄
8．戦後

教科書では戦争体験の聞き取りを行う活動が取り上げられているが、敗戦から60年以上たち、戦争を経験した世代も高齢化が進んでいる。いずれ戦争体験の聞き取りは困難になっていくだろう。本書はそのような状況を踏まえ、高齢者の戦争体験を聞き取って小学校3年生以上の子どもが読めるように平易な表現で表したものである。

著者の昭和の記憶は高齢者の記憶を後世に残そうと活動するNPOで活動やその他の資料を紹介するHPがある。
http://home.memory-of-showa.jp/

戦争とくらしの事典

【キーワード】
☐満州事変（日中戦争）
☑アジア・太平洋戦争
☐青い目の人形
☑空襲
☑戦争と国民生活
☐沖縄
☐ヒロシマ・ナガサキ
☐敗戦

戦争とくらしの事典編纂室 編著
ポプラ社 刊
A4変形判
191ページ
本体：4,750円
2008年

青空教室／赤紙／慰問袋／衣料切符／沖縄／学童疎開／学徒出陣／学徒動員／鬼畜米英／教育勅語／玉音放送／金属回収／空襲／軍医／軍歌／軍国の妻／軍事教練／軍需工場／軍隊／軍服／警戒警報／ゲートル／原爆／憲兵／興亜奉公日／国債／国民学校／国民服／国家総動員法／米つきびん／従軍看護婦／出征／焼夷弾／少国民／植民地／女子挺身隊／墨ぬり教科書／零戦／戦災孤児／千人針／占領軍／大日本婦人会／代用品／徴兵検査／敵性語／伝単／灯火管制／東京大空襲／特高／特攻隊／隣組／ナガサキ／配給制／バラック／Ｂ29／引き揚げ／非国民／日の丸弁当／ひめゆり学徒隊／ヒロシマ／米穀通帳／奉安殿／防空演習／防空ごう／防空頭巾／奉公袋／防毒／マスク／もんぺ／焼け野原／闇市／ラッパ／ララ物資

1935年から敗戦の翌年である46年頃の戦争と国民のくらしについて72のキーワードで調べることができる事典。特に太平洋戦争期の国民生活について充実しており、国民服、米つきびん、代用品等、戦時下の国民生活を具体的に知ることができる。見出語は50音順に並べられ、一見出語について見開きで写真を豊富に使いわかりやすく解説している。コラムも子どもが知りたいことによくあげてくるテーマが選ばれている。巻末の年表や歴史地図、用語集も便利。索引も充実している。

この本もオススメ

集団疎開の絵本　お母ちゃんお母ちゃーんむかえにきて

【キーワード】
☐満州事変（日中戦争）
☑アジア・太平洋戦争
☐青い目の人形
☑空襲
☑戦争と国民生活
☐沖縄
☐ヒロシマ・ナガサキ
☐敗戦

奥田継夫 文
梶山俊夫 絵
小峰書店 刊
24×25
35ページ
本体：1,300円
1985年

戦時中、大阪に住んでいた著者の奥田氏が島根県に疎開した体験を元にして描かれた絵本。中学年の子どもでも読むことができ、疎開児童のくらしと感覚的側面が子どもの言葉と素朴な絵から伝わってくる。入手は困難だが山田清次『三年生の学童疎開戦記』（近代文芸社、1994年）も手にとってほしい。

福音館の科学シリーズ

絵で読む　広島の原爆

【キーワード】
☐満州事変（日中戦争）
☐アジア・太平洋戦争
☐青い目の人形
☐空襲
☐戦争と国民生活
☐沖縄
☑ヒロシマ・ナガサキ
☐敗戦

那須正幹 文
西村繁男 絵
福音館書店 刊
27×31
84ページ
本体：2,600円
1995年

原爆について調べる時に、被害に遭われた方々の写真のショックで前に進めない子どもがいる。西村繁男氏の絵は決して惨状を鈍化させてはいないが、冷静に被害の実態を調べ考えるにはこの本はお薦めである。戦争の原因から始まり、原爆投下に関わる様々な資料、戦後の核問題等も掲載され、また絵図の解説も丁寧。

世界と出会う日本の歴史　全６巻

(5)アメリカからきた青い目の人形　―第１次・第２次世界大戦　品切れ

【キーワード】
☑満州事変（日中戦争）
☑アジア・太平洋戦争
☑青い目の人形
☐空襲
☐戦争と国民生活
☐沖縄
☑ヒロシマ・ナガサキ
☑敗戦

歴史教育者協議会 編
ほるぷ出版 刊
27×21
47ページ
1999年

1927年日米親善のためにアメリカの宣教師の手によりたくさんの人形が日本に贈られた。日本全国の小学校に配られたこの人形は対米戦が始まると敵国の人形として処分されたが、それを守った人々もいた。本書はこの間の経緯を詳しく示している。戦争をめぐるアジアやヨーロッパ等、外国との関係を調べるのによい。

わたしたちのアジア・太平洋戦争　全３巻

（１）広がる日の丸の下で生きる

【キーワード】
☑満州事変（日中戦争）
☑アジア・太平洋戦争
☐青い目の人形
☑空襲
☑戦争と国民生活
☐沖縄
☐ヒロシマ・ナガサキ
☐敗戦

全巻構成
第１巻　広がる日の丸の下で生きる
第２巻　いのちが紙切れになった
第３巻　新しい道を選ぶ

古田足日／米田佐代子／西山利佳 編
童心社 刊　B5判変型　328ページ
本体：3,300円　2004年

日本がアジア諸国に対して行った侵略の事実、植民地の人々の生活と思い、日本国民が受けた被害、国民が戦争を支持していった経緯、戦後の平和への道筋等を個人の体験の記録によって残す体験集。平易な言葉で表現されているが、難しい用語には説明がつき、索引が完備しているので索引から調べることもできる。

ビジュアルブック　語り伝える沖縄　全５巻

【キーワード】
☐満州事変（日中戦争）
☐アジア・太平洋戦争
☐青い目の人形
☐空襲
☐戦争と国民生活
☑沖縄
☐ヒロシマ・ナガサキ
☐敗戦

全巻構成
第１巻　沖縄のいま、むかし
第２巻　沖縄戦はなぜおきた？
第３巻　島ぐるみの悲劇の戦争
第４巻　美ら島と米軍基地
第５巻　命どぅ宝のこころ

安斎育郎 監修　新日本出版社 刊　B5判 32ページ
本体：1,800円　2006年～2007年

沖縄まるごと大百科（5）沖縄の歴史 ポプラ社 刊 →P.70

タイトルの通り、写真・図版をふんだんに使ってアジア太平洋戦争以後の沖縄を中心に解説している。１巻では12世紀以降の歴史も含め、今の沖縄の概観。２巻では沖縄戦の前史、３巻では沖縄戦の実際、４巻では戦後の米軍基地の問題、５巻では沖縄戦を知る施設・戦跡案内を扱っている。

NHKにんげん日本史　第１期　全10巻

(10) 杉原千畝－命のビザにたくした願い

→このシリーズの全巻構成は第１期がP.81 に、第２期がP.77 にあります

【キーワード】
☐満州事変（日中戦争）
☑アジア・太平洋戦争
☐青い目の人形
☐空襲
☐戦争と国民生活
☐沖縄
☐ヒロシマ・ナガサキ
☐敗戦

酒寄雅志 監修
小西聖一 著
理論社 刊
B5判変型
110ページ
本体：1,800円
2004年

６年生の歴史学習では、日本の国土を中心とした戦争の学習が展開するが、外国にも目を向けさせたい。「日本のシンドラー」と呼ばれ、リトアニア大使館でナチスドイツの迫害から逃れようとするユダヤ人を助け人道的見地からビザを発給した杉原千畝について目を向けさせる好著。年表・参考文献等も掲載。

愛蔵版　シリーズ戦争　全５巻

【キーワード】
☑満州事変（日中戦争）
☑アジア・太平洋戦争
☐青い目の人形
☑空襲
☑戦争と国民生活
☑沖縄
☑ヒロシマ・ナガサキ
☑敗戦

全巻構成
1　蒼い記憶
2　灰色の十字架
3　黄金色の風
4　朱花の空
5　赤い靴はいた

藤原彰 監修　草土文化 刊　A5判　各224～292ページ
本体：1,942～2,330円　1991年（コミック版もあり）

近現代史研究者の藤原彰氏が監修した学習まんが。扱うテーマが他の学習まんがとは異なる。①では満蒙開拓青少年義勇軍に志願する少年、②は銃後の生活と空襲、③は兵士の軍隊戦場体験、④は日本の支配下におかれた朝鮮、中国、シンガポールの子どもたち、⑤は東京大空襲、沖縄戦、広島の原爆投下について扱っている。

母と子でみる　ひめゆりの乙女たち 品切れ

【キーワード】
☐満州事変（日中戦争）
☐アジア・太平洋戦争
☐青い目の人形
☐空襲
☐戦争と国民生活
☑沖縄
☐ヒロシマ・ナガサキ
☐敗戦

朝日新聞企画部 編
草土文化 刊
菊判
114ページ
1983年

アジア太平洋戦争末期、沖縄では多くの非戦闘員が戦死した。その中でもひめゆり学徒隊沖縄女子師範の学生たちの悲劇を知る１冊。写真や、当事者の手紙等もあり具体像がわかる。ただし入手は困難。現在、沖縄にはひめゆり平和祈念資料館があり、同館のガイドブック『ひめゆり平和祈念資料館』も参考になる。

戦争遺跡から学ぶ

【キーワード】
☑満州事変（日中戦争）
☑アジア・太平洋戦争
☐青い目の人形
☑空襲
☑戦争と国民生活
☑沖縄
☑ヒロシマ・ナガサキ
☐敗戦

戦争遺跡保存全国ネットワーク 編
岩波書店 刊
新書判（岩波ジュニア新書）
286ページ
本体：820円
2003年

歴史の学習に見学等が取り入れられると子どもたち取り組みも積極的になる。本書は日本全国に残る戦争関係の遺跡を紹介したもの。戦争遺跡も近代化遺産と同様、全国各地で見られる。取り上げたものは岩波ジュニア新書で多少難しいが、写真が多く小学生でも使える。類書も見ておきたい。

ジュニア版写真で見る　日本の侵略

【キーワード】
☑満州事変（日中戦争）
☑アジア・太平洋戦争
☐青い目の人形
☑空襲
☑戦争と国民生活
☑沖縄
☑ヒロシマ・ナガサキ
☐敗戦

アジア民衆法廷準備会 著
大月書店 刊
A4判変型
176ページ
本体：4,800円
1995年

教科書や資料集ではあまり詳しくわからない日本のおこなった侵略の実態を知ることのできる写真集。解説も付されている。北海道、沖縄等の国内はもとより、中国、朝鮮、東南アジア、南洋諸島、オーストラリア等400枚近い写真を掲載している。ただし、近年真偽が議論されている写真も掲載されている。

その他の資料

写真で見た戦中・戦後の県民生活

【キーワード】
- ☑満州事変（日中戦争）
- ☑アジア・太平洋戦争
- □青い目の人形
- □空襲
- ☑戦争と国民生活
- □沖縄
- □ヒロシマ・ナガサキ
- □敗戦

http://www.pref.okayama.jp/hoken/hohuku/engo/photo/seikatu6-20.htm

注目ポイント

岡山県のHP。1931年から1945年までの岡山県民と戦争に関する写真を調べることができる。

青い目の人形資料館

【キーワード】
- □満州事変（日中戦争）
- □アジア・太平洋戦争
- ☑青い目の人形
- □空襲
- □戦争と国民生活
- □沖縄
- □ヒロシマ・ナガサキ
- □敗戦

http://www.ne.jp/asahi/saitama/jt/museum.htm

注目ポイント

平和の使者としてアメリカから送られた青い目の人形の歴史と戦中、戦後の事を調べることができる。

語り継ぐ学童疎開

【キーワード】
- □満州事変（日中戦争）
- □アジア・太平洋戦争
- □青い目の人形
- ☑空襲
- ☑戦争と国民生活
- □沖縄
- □ヒロシマ・ナガサキ
- □敗戦

http://www.ne.jp/asahi/gakudosokai/s.y/

注目ポイント

1944年から行われた学童疎開の経緯や概要、体験者の証言について調べることができる。

広島に落とされた原子爆弾について調べよう

【キーワード】
- □満州事変（日中戦争）
- □アジア・太平洋戦争
- □青い目の人形
- ☑空襲
- ☑戦争と国民生活
- □沖縄
- ☑ヒロシマ・ナガサキ
- □敗戦

http://kids.s24.xrea.com/heiwa/

注目ポイント

広島の原爆について子どもが調べたことを掲載したページ。小学校の先生が管理している。

RCC　PEACE

【キーワード】
- □満州事変（日中戦争）
- □アジア・太平洋戦争
- □青い目の人形
- □空襲
- ☑戦争と国民生活
- □沖縄
- ☑ヒロシマ・ナガサキ
- □敗戦

http://www.rcc.net/heiwa.htm

注目ポイント

RCCのページ。平和記念式典の様子や、原爆関連番組の情報、被爆体験を伝える語り部の動画証言を見られる。

長崎原爆資料館

【キーワード】
- □満州事変（日中戦争）
- □アジア・太平洋戦争
- □青い目の人形
- □空襲
- □戦争と国民生活
- □沖縄
- ☑ヒロシマ・ナガサキ
- □敗戦

http://www1.city.nagasaki.nagasaki.jp/na-bomb/museum/

注目ポイント

資料館の展示案内や、原爆Q&A等で長崎に投下された原爆について調べることができる。

広島平和記念資料館WEB SITE

【キーワード】
- □満州事変（日中戦争）
- □アジア・太平洋戦争
- □青い目の人形
- □空襲
- ☑戦争と国民生活
- □沖縄
- ☑ヒロシマ・ナガサキ
- □敗戦

http://www.pcf.city.hiroshima.jp/

注目ポイント

バーチャル・ミュージアムで広島の原爆を調べることができる。子ども向けキッズ平和ステーションあり。

ひめゆり平和祈念資料館

【キーワード】
- □満州事変（日中戦争）
- □アジア・太平洋戦争
- □青い目の人形
- □空襲
- ☑戦争と国民生活
- ☑沖縄
- □ヒロシマ・ナガサキ
- □敗戦

http://www.himeyuri.or.jp/top.html

注目ポイント

ひめゆり平和祈念資料館のHP。資料館の概要や沖縄戦やひめゆり部隊について調べることができる。

対馬丸記念館

【キーワード】
- □満州事変（日中戦争）
- □アジア・太平洋戦争
- □青い目の人形
- □空襲
- ☑戦争と国民生活
- ☑沖縄
- □ヒロシマ・ナガサキ
- □敗戦

http://www.tsushimamaru.or.jp/

注目ポイント

沖縄から本土への疎開者をのせた対馬丸が沈められた事件に関する記念館のHP。子ども向けページあり。

第二次世界大戦の読み物・絵本

戦争を知らない世代が大半を占めるようになった日本。この平和を守っていくためにも、過去の戦争体験を語りついでいくことは大切である。第二次世界大戦の学習をした時に発展として、物語や絵本を紹介したい。(絵本は＊印)

★日本編

＜空襲・疎開など＞

『ちいちゃんのかげおくり』あまんきみこ　あかね書房　＊
『猫は生きている』早乙女勝元　理論社　＊
『1945年３月９日　あしたのやくそく』
吉村勲二他文　新日本出版社　＊
『うしろの正面だあれ』海老名香葉子　金の星社
『ガラスのうさぎ』高木敏子　金の星社
『ラストメッセージ－ガラスのうさぎとともに生きて』
高木敏子著　メディアパル
：『ガラスのうさぎ』で伝えきれなかった思いを綴る。
『おかあさんの木』大川悦生　ポプラ社
『ボクちゃんの戦場』奥田継夫　ポプラ社

＜沖縄＞

『おきなわ　島のこえ』丸木位里・丸木俊　小峰書店　＊
『ひめゆりの少女たち』那須田稔　偕成社
『白旗の少女』比嘉富子　講談社
『少年長編叙事詩ハテルマシキナ－よみがえりの島・波照間』
桜井信夫　津田櫓冬絵　かど創房
『ウミガメと少年』
野坂昭如作 男鹿和男絵　スタジオジブリ（徳間書店）＊

＜広島＞

『絵本おこりじぞう』山口勇子原作　金の星社　＊
『絵本まっ黒なおべんとう』児玉辰春　新日本出版社　＊
『ひろしまのピカ』丸木俊　小峰書店　＊
『いしぶみ―広島二中一年生全滅の記録』
広島テレビ放送編　ポプラ社
『つる―サダコの願い』
エリナー・コア　日本図書センター　＊
『おりづるの旅―さだこの祈りをのせて―』
うみのしほ　ＰＨＰ研究所　＊
『折り鶴は世界にはばたいた―平和への祈り・折り鶴をめぐる人びとの物語』うみのしほ　ＰＨＰ研究所
『川とノリオ』
いぬいとみこ　理論社
『あの戦争のなかにぼくもいた』石浜みかる　国土社
『ヒロシマの歌』今西祐行　岩崎書店
『あるハンノキの話』今西祐行　偕成社
『はだしのゲン』（全10巻）中沢啓治　汐文社
：漫画。中公文庫版漫画や小説版もあり。

＜長崎＞

『被爆者－60年目のことば』会田法行写真・文　ポプラ社＊
『かよこ桜』山本典人　新日本出版社
『娘よ、ここが長崎です－永井隆の遺児、茅乃の平和への祈り』
筒井茅乃　くもん出版
『永井隆　平和を祈り愛に生きた医師』
中井俊已　童心社

＜中国残留孤児・引き上げ・その他＞

『すみれ島』今西祐行　偕成社　＊
『えっちゃんのせんそう』岸川悦子　文渓堂
『妹―中国残留孤児をさがして』
小中沢小夜子　金の星社
『屋根裏部屋の秘密』松谷みよ子　偕成社
『象のいない動物園』斎藤 憐　偕成社
『ああ！五郎』柚木象吉　偕成社
『泣いた木曽馬』加藤輝治　農山漁村文化協会
『悲しすぎる夏』和田登　文渓堂
『ぼくたちの９月マリーの10月』新井教夫　大日本図書
『先生のわすれられないピアノ　45年目によみがえったピアノの話』矢崎節夫　ポプラ社
『トランクの中の日本―米従軍カメラマンの非公式記録』
ジョー・オダネル　小学館：記録写真　再版

★海外編

『アンナの赤いオーバー』
ハリエット・ジィーフェルト　評論社　＊
『エリカ　奇跡のいのち』
ルース・バンダー・ジー文　ロベルト・インノチェンティ絵　講談社　＊
『第八森の子どもたち』エルス・ペルフロム　福音館書店
『海辺の王国』ロバート・ウェストール　徳間書店
『アンネの日記』アンネ・フランク　文藝春秋
『杉原千畝物語―命のビザをありがとう』
杉原幸子　金の星社
『テレジンの小さな画家たち』野村路子　偕成社
『エーディト、ここなら安全よ－ユダヤ人迫害を生きのびた少女の物語』キャシー・ケイサー　ポプラ社
『国境を越えて　戦禍を生きのびたユダヤ人家族の物語』
ウィリアム・カプラン　BL出版
『あのころはフリードリヒがいた』
ハンス・ペーター・リヒター　岩波書店
『あらしの前』／『あらしのあと』
ドラ・ド・ヨング　岩波書店
『ヒットラーのむすめ』ジャッキー・フレンチ　鈴木出版
『ハンナのかばん―アウシュビッツからのメッセージ』
カレン・レビン　ポプラ社
『アントン ―命の重さ―』エリザベート・ツェラー　主婦の友社
：ナチスは障がい者も迫害していた。
『その時ぼくはパールハーバーにいた』
グレアム・ソールズベリー　徳間書店
『トパーズの日記　日系アメリカ人強制収容所の子どもたち』
タンネル　金の星社

まとめ：中村貴子

6年生

Ⅳ．戦争から平和への歩みを調べよう

2 平和で豊かなくらしを目ざして

この単元ではアジア太平洋戦争が終結した1945年頃から現在までを学習する。戦後焼け跡の中から人々は復興に取り組み、再び戦争をしないために民主的な社会を建設し経済を発展させていく。1951年に日本は再び独立し国連に加盟、1964年にはアジア初のオリンピックを東京で開催する。戦後日本が国民生活を向上させ国際社会の中で重要な役割を果たすようになってきた過程を学ぶ。

【学習のキーワード】
1 焼けあと・復興
2 日本国憲法
3 民主主義
4 日本の独立
5 高度経済成長
6 公害
7 東京オリンピック
8 沖縄の米軍基地
9 北方領土

学習指導要領では「日華事変，我が国にかかわる第二次世界大戦、日本国憲法の制定、オリンピックの開催などについて調べ、戦後我が国は民主的な国家として出発し、国民生活が向上し国際社会の中で重要な役割を果たしてきたことが分かること。」とされており、本単元では、日本国憲法の制定、戦後の復興と民主主義社会の建設、高度経済成長、オリンピックの開催、国際社会の中での役割の変化について学習していく。

それを受けて教科書では、①焼けあとからの出発（引き上げ、青空教室、食糧不足）、②戦後の改革と日本国憲法（占領、民主主義、普通選挙、日本国憲法、国民主権、基本的人権の尊重、平和主義）、③独立から東京オリンピックへ（独立、日米安全保障条約、国際連合加盟、高度経済成長、家電製品、東京オリンピック、新幹線、高速道路、公害）、④これからの日本（沖縄の米軍基地、北方領土、日中関係、日韓・日朝関係）等について項目を設けて学習を構成している。

実際の学習では、高度経済成長期のくらしの変化の聞き取り調査や、オリンピックについて調べる活動を軸にして、日本国憲法の特徴や民主的な社会を実現するために選挙法の改正等の諸改革を行ってきたか、急速に実現され復興と経済成長の様子が学習されていく。

そこで学習のキーワードを①に対応して「焼けあと・復興」、②に対応して「日本国憲法」・「民主主義」、③に対応して「日本の独立」・「高度経済成長」・「公害」・「東京オリンピック」、④「沖縄の米軍基地」・「北方領土」を設定した。

（鎌田和宏）

はじめて手にとる1冊 はらっぱ ―戦争・大空襲・戦後…いま

【キーワード】
☑焼けあと・復興
□日本国憲法
□民主主義
□日本の独立
☑高度経済成長
□公害
□東京オリンピック
□沖縄の米軍基地
□北方領土

西村繁男 画
神戸光男 構成・文
童心社 刊
B5判変型
36ページ
本体：1,500円
1997年

内容

- 1934年のある日の朝
- 1934年のその日の午後
- 1934年のその日の夕方
- 1936年
- 1938年
- 1939年
- 1940年2月11日
- 1942年
- 1944年
- 1945年3月10日の未明
- 1945年3月10日の朝
- 1945年8月15日
- 1949年頃
- 1953年
- 1961年頃
- 1970年
- 現代

アジア太平洋戦争～戦後の変化を概観することは難しい。あまりにも大きな事件ばかりだったからだ。しかしこの本があれば、大づかみに町や人々のくらし、社会の変化がつかめる。

1934年の早朝。東京の下町、荒川区と思われる街角の朝。納豆売りの子どもが駆けていく街角から物語が始まる。同じ街角も昼はたくさんの子どもたちがはらっぱで遊び、夜は銭湯へ行く人、縁台で将棋する人等、様子がずいぶん変わっている。この三つの風景が起点となり、街角に戦争色が強まる30年代、軍事色が強まり空襲被害を受ける40年代、45年の敗戦の日の焼け野原の風景が映し出される。戦後の変化は一層劇的だ。高度成長で町は大きく変貌する。絵に付された短い文章を手がかりに、読み込むと疑問や調べたいことがわいてくる。同氏の他の絵本のように解説が付属していないのが残念。

新聞で調べよう現代日本の50年　全５巻

【キーワード】
☑焼けあと・復興
☑日本国憲法
☑民主主義
☑日本の独立
☑高度経済成長
☑公害
☑東京オリンピック
□沖縄の米軍基地
□北方領土

全巻構成
新憲法と戦後復興（昭和20～29年）
国際復帰と東京オリンピック（昭和30～39年）
高度成長と公害（昭和40～49年）
豊かさと国際関係（昭和50～59年）
昭和から平成（昭和60年～平成6年）

現代日本の50年編集委員会 編
大日本図書 刊
A4判
各120ページ
本体：各3,495円
1995年

1945（昭和20）年から1994（平成６）年までの主な出来事を新聞記事で調べることができる。新聞紙面そのままではなく、当時の記事と写真を元に子どもが読みやすいように字を大きくし、文体も調整して、新聞の体裁に再構成している。各巻の巻頭には「年代ウォッチング」という見開きがあり、その間の収録年代が概観できるようになっている。また各巻末には収録記事時期の年表があり、収録記事については＊マークが付され、索引の代用となっている（語句索引がないのは残念）。

調べ学習日本の歴史　第２期　全８巻

→このシリーズの全巻構成は第１期がP.77に、第２期がP.81にあります　→P.71

（16）公害の研究 ―産業の発展によってうしなわれたものとは

【キーワード】
□焼けあと・復興
□日本国憲法
□民主主義
□日本の独立
☑高度経済成長
☑公害
□東京オリンピック
□沖縄の米軍基地
□北方領土

菅井益郎 監修
庭野雄一 文
ポプラ社 刊
29×22
56ページ
本体：3,000円
2001年

内容
公害とは何だろう
公害は産業革命からはじまった
日本の公害の原点、足尾鉱毒事件
農民と田中正造の抗議運動
産業の発展と明治・大正期の公害
石油時代のはじまり
経済大国への道のり
日本の公害地図
水俣病はどんな被害を生んだのだろう
水俣病の患者たちのたたかい
カドミニウムとイタイイタイ病
開業医とイタイイタイ病患者たちのたたかい
コンビナートの建設と四日市ぜん息の発生
四日市市民の反対運動
大阪国際空港騒音公害―音がひきおこした公害
高まる住民運動と国や自治体の取り組み
先進国から輸出される公害
「公害から環境問題へ」身の回りにあふれる化学物質
深刻化するゴミ公害
あいつぐ原子力施設の事故
地球全体に広がる環境問題

本書は日本の公害事件の起点である足尾鉱毒事件から、４大公害病である水俣病（熊本・新潟）、富山のイタイイタイ病、四日市ぜんそくについて、公害事件発生の原因から経過、その後の問題までをわかりやすく写真と図版を豊富に用いて解説している、また、４大公害事件時期以降の問題として、外国へ輸出される公害病の問題や環境ホルモンの問題、地球環境問題についても扱っており、公害と環境問題の歴史を現代に至るまで通史的に扱っており、５年生の国土や環境の学習にも利用できる。

ビジュアルNIPPON

昭和の時代 高度経済成長期から現在まで、50年間の軌跡

【キーワード】
□焼けあと・復興
□日本国憲法
☑民主主義
□日本の独立
☑高度経済成長
☑公害
□東京オリンピック
□沖縄の米軍基地
□北方領土

伊藤正直／新田太郎 監修
小学館 刊
A4判
288ページ
本体：4,200円
2005年

内容
写真特集「50年前あの日の日本の風景　昭和30年のタイムスリップ」
第1章　昭和の暮らし
第2章　庶民の楽しみ
第3章　世界の中の日本
第4章　日本の国土と環境
第5章　日本人の実力
写真特集　わたしのふるさと 50年前の姿

本書はアジア太平洋戦争後、復興を成し遂げ、高度経済成長が始まる昭和30年代を中心に、写真とデータで当時の日本の姿が浮かび上がるようにしたものである。本書は一般向けだが、土門拳らによる時代の特徴を見事に切り取った写真や読者が直感的に特徴が捉えられるように表現されたグラフで社会の状況等の特徴がつかみやすくなっており、子どもでも利用することが可能だろう。また、教師の教材研究のための良質な資料集（５年の産業学習等についても）としても利用できる。

この本もオススメ

新聞広告で見つけよう！明治から平成 くらしのうつりかわり 全５巻

→このシリーズの全巻構成は、
P.37 に掲載されています

(2) 電化製品

【キーワード】
☐焼けあと・復興
☐日本国憲法
☐民主主義
☐日本の独立
☑高度経済成長
☐公害
☐東京オリンピック
☐沖縄の米軍基地
☐北方領土

岸尾祐二 執筆指導
羽島知之 資料協力
くもん出版 刊
A4判変型
48ページ
本体：2,500円
2004年

高度経済成長期のくらし、社会の変化を知るには、劇的に変わった家電製品を見るのが一番。本書では新聞広告を素材に明治以降現代までの台所の電化製品、洗濯機、掃除機、ラジオ、テレビ、灯り、冷暖房機のうつりかわりを写真や年表、図やグラフも交えて扱っている。シリーズ他巻も含め明治以降の学習にも使える。

オリンピックがよくわかる 全４巻

(2) 現代のオリンピック

品切れ

【キーワード】
☐焼けあと・復興
☐日本国憲法
☐民主主義
☐日本の独立
☐高度経済成長
☐公害
☑東京オリンピック
☐沖縄の米軍基地
☐北方領土

ハイドン・ミドルトン 著
鈴木出版編集部 訳
鈴木出版 刊
27センチ
35ページ
2000年

学習の狙いからすると、オリンピック自体について調べることが必ずしも中心課題ではないが、子どもからオリンピックそれ自体について調べたいという課題があがってくることは多い。本書は近代オリンピックが始まり、その後どう展開していったのか、小学校高学年以上を対象に書かれている。

紅玉

→ P.51

【キーワード】
☑焼けあと・復興
☐日本国憲法
☐民主主義
☐日本の独立
☐高度経済成長
☐公害
☐東京オリンピック
☐沖縄の米軍基地
☐北方領土

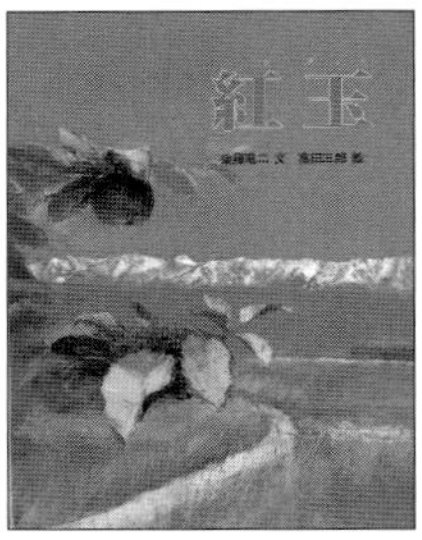

後藤竜二 文
高田三郎 絵
新日本出版社 刊
B5判変型
32ページ
本体：1,400円
2005年

『キャプテンはつらいぜ』等を書かれている児童文学家、後藤竜二氏のお父さん（北海道で農業を営まれ、りんごを作っておられた）の敗戦の1945年の体験を元にして書かれた絵本。北海道に強制連行され炭坑で働いた中国・朝鮮の人々がどのようにして日本に来て、戦後どうなったのかを考えるきっかけとなる。

ばあちゃんのしべとろ ―わたしのふるさとは「北方領土」

【キーワード】
☐焼けあと・復興
☐日本国憲法
☐民主主義
☑日本の独立
☐高度経済成長
☐公害
☐東京オリンピック
☐沖縄の米軍基地
☑北方領土

上坂冬子 序文
みふねしよこ 文
はやしまきこ 絵
瑞雲舎 刊
A5判変型
32ページ
本体：1,500円
2004年

択捉島《えとろふ》の蘂取《しべとろ》に1938年に生まれ育った三船さんが語る蘂取のくらしを絵本にしたもの。政治問題として扱われること多い北方領土の問題を住民の立場から描いた好著で、子どもたちに考えるきっかけを与えてくれる。ノンフィクション作家の上坂冬子の序文に北方領土問題に関する簡単な紹介もある。

大人のための社会科見学 トヨタ

【キーワード】
☐焼けあと・復興
☐日本国憲法
☐民主主義
☐日本の独立
☑高度経済成長
☐公害
☐東京オリンピック
☐沖縄の米軍基地
☐北方領土

コンパッソ 編
日本出版社 刊
A5判
160ページ
本体：1,200円
2008年

高度経済成長を支えた日本の自動車工業の牽引車となったトヨタの工場見学を本の上で行っている１冊。産業技術記念館、トヨタ会館、トヨタ博物館などのトヨタの持つ博物館の展示を中心に、紡績業関連の道具や機械等、自動車工業関係の機械等の写真が多く掲載されており、一般向けだが子どもも利用できる。

この本もオススメ

キーワードで読む戦後史

品切れ

【キーワード】
☑焼けあと・復興
☑日本国憲法
☑民主主義
☑日本の独立
☑高度経済成長
☑公害
☑東京オリンピック
□沖縄の米軍基地
□北方領土

榊原昭二 著
岩波書店 刊
新書判（岩波ジュニア新書）
215ページ
1994年

本書は1945年から1994年までの50年間について、各年を概ね四つのキーワードで代表させ、「敗戦」から「マルチメディア」までの総計200余のキーワードで各1ページで解説し、戦後史の概略をあらわそうとした本である。これらは54年まで、69年まで、84年まで、94年までと四つの時期に区分されている。

その他の資料

読谷バーチャル平和資料館

【キーワード】
☑焼けあと・復興
□日本国憲法
□民主主義
□日本の独立
□高度経済成長
□公害
□東京オリンピック
☑沖縄の米軍基地
□北方領土

http://heiwa.vill.yomitan.okinawa.jp/

注目ポイント

戦前・戦後の沖縄のくらしを調べることができる。クイズラリーでは沖縄戦や米軍基地の知識を深められる。

あたらしい憲法のはなし

【キーワード】
□焼けあと・復興
☑日本国憲法
☑民主主義
□日本の独立
□高度経済成長
□公害
□東京オリンピック
□沖縄の米軍基地
□北方領土

http://www.aozora.gr.jp/cards/001128/files/43037_15804.html

注目ポイント

青空文庫で、1947年に文部省が発行した中学校1年向け教科書の全文を調べることができる。

日本国憲法の誕生

【キーワード】
□焼けあと・復興
☑日本国憲法
□民主主義
□日本の独立
□高度経済成長
□公害
□東京オリンピック
□沖縄の米軍基地
□北方領土

http://www.ndl.go.jp/constitution/index.html

注目ポイント

日本国憲法の誕生の経緯や、関係人物、論点、関連資料を調べることができる。一般向けサイト。

（財）水俣病センター相思社

【キーワード】
□焼けあと・復興
□日本国憲法
□民主主義
□日本の独立
☑高度経済成長
☑公害
□東京オリンピック
□沖縄の米軍基地
□北方領土

http://soshisha.org/

注目ポイント

水俣病の概要や環境問題について調べることができる。被害を伝える語り部の動画像が見られる。

Tokyo 1964

【キーワード】
□焼けあと・復興
□日本国憲法
□民主主義
□日本の独立
□高度経済成長
□公害
☑東京オリンピック
□沖縄の米軍基地
□北方領土

http://www.joc.or.jp/past_games/tokyo1964/

注目ポイント

東京五輪の歴史的経緯、聖火リレー、会場となった当時の東京の各所の様子等を調べることができる。

プレイバック 19XX

【キーワード】
□焼けあと・復興
□日本国憲法
□民主主義
□日本の独立
☑高度経済成長
□公害
□東京オリンピック
□沖縄の米軍基地
□北方領土

http://station50.biglobe.ne.jp/playback/

注目ポイント

高度経済成長期について、事件やくらしの様子、時代背景などを調べることができる。

四《し》島《ま》のかけはし（独立行政法人北方領土問題対策協会）

【キーワード】
□焼けあと・復興
□日本国憲法
□民主主義
□日本の独立
□高度経済成長
□公害
□東京オリンピック
□沖縄の米軍基地
☑北方領土

http://www.hoppou.go.jp/

注目ポイント

北方領土問題学習室で、北方領土問題の概要を調べることができる。ライブカメラから北方領土が見られる。

6年生　Ⅴ．くらしと政治を調べよう

本単元では、地域の公共施設調べから、私たちのくらしと政治のはたらきについて調べ、みんなの願いを実現するために政治がどのように行われているのか学習していく。また、地方政治・地方自治から国政へと目を向けて、日本国憲法の学習を中心としながら国政レベルの政治のはたらきを学習し、憲法がめざしている社会とはどのようなものかをつかむ。

【学習のキーワード】
1 政治
2 地方自治
3 公共
4 税・経済
5 国会
6 選挙
7 日本国憲法
8 三権分立
9 差別

学習指導要領では「我が国の政治の働きについて、次のことを調査したり資料を活用したりして調べ、国民主権と関連付けて政治は国民生活の安定と向上を図るために大切な働きをしていること、現在の我が国の民主政治は日本国憲法の基本的な考え方に基づいていることを考えるようにする。」とあり、具体的な内容として「ア　国民生活には地方公共団体や国の政治の働きが反映していること。」「イ　日本国憲法は，国家の理想、天皇の地位、国民としての権利及び義務など国家や国民生活の基本を定めていること。」とされている。本単元では、国民生活と地方公共団体・国の政治のはたらきとのかかわり、日本国憲法の基本原理を学習していく。

それを受けて教科書では、①まちの公共施設調べ（公民館・市民センター、生涯学習センター、図書館）②まちづくり調べ（住民の願い、市議会、税金）③地方公共団体のはたらき調べ（学校、図書館、病院、公園、道路、上下水道、ごみ処理、警察、消防、都市計画、防災）④日本国憲法（国民主権、基本的人権の尊重、戦争の放棄、選挙、国民の祝日、差別、子どもの権利条約、ハンセン病、アイヌ民族、在日外国人）⑤国の政治のしくみ（三権分立、国会、内閣、裁判所）⑥平和の実現（憲法９条、非核三原則、原爆の子の像、平和の礎）等について項目を設けて学習を構成している。

実際の学習では、地域の公共施設調べと地方公共団体のはたらき調べをもとに、地方自治・地方政治の学習を行い、日本国憲法の基本原理と政治のはたらきを学習する。そこで学習のキーワードを①②③に対応して「地方自治」「公共」「税・経済」「政治」④⑤⑥に対応して「政治」「国会」「選挙」「日本国憲法」「三権分立」「差別」を設定した。

（鎌田和宏）

はじめて手にとる１冊

写真でわかる小学生の社会科見学　新・みぢかなくらしと地方行政　第１期　全6巻

（2）市役所

→このシリーズの第１期と第２期の全巻構成は、P.22にあります

【キーワード】
☑政治
☑地方自治
☑公共
□税・経済
□国会
□選挙
□日本国憲法
□三権分立
□差別

松田博康 監修
深光富士男／
滝沢美絵 著
リブリオ出版 刊
B5判
48ページ
本体：2,800円
2007年

政治学習では日本国憲法や三権の機能に目がいくが忘れてはならないポイントが地方自治だ。身近な地域の政治理解が国レベルでの理解へと発展する。本書ではさいたま市役所の庁舎調べから市の仕事へと発展していく。見開き２ページで、区民課、子育て支援課、保健所・保健センター、高齢福祉課・介護保険課、生涯学習振興課・体育課・生涯学習総合センター・文化振興課、公民館、教育委員会、経済政策課・産業展開推進課・農政課、都市計画課、広報課、さいたま市のリサイクル活動について解説。その他にさいたま市議会、区民会議、海外の姉妹・友好都市や市長へのインタビューも収録している。

平成の大合併で誕生したさいたま市役所を事例に、市役所の庁舎の探検を入り口として、市の仕事とはたらき、街づくり等身近な政治のはたらきが学べる１冊である。

はじめての法教育 みんなでくらすためにに必要なこと 全５巻

【キーワード】
☑政治
□地方自治
☑公共
□税・経済
☑国会
□選挙
☑日本国憲法
□三権分立
☑差別

全巻構成

1. 自由ってなんだろう	後藤直樹 著
2. 責任ってなんだろう	鈴木啓文 著
3. ルールってなんだろう	根本信義 著
4. 公平ってなんだろう	野坂佳生 著
5. 正義ってなんだろう	宮島繁成 著

日本弁護士連合会「市民のための法教育委員会」編・監修
岩崎書店 刊
A4判変型
各48ページ
本体：各2,800円
2007年

法化社会化・裁判員制度の開始を前に、法について学ぶ事が求められている。本シリーズは、法をみんなが同じ社会で生きていくために必要なものとして捉えられるよう、自由、責任、ルール、公平、正義の五つの基本となる考え方を取り上げる。主人公が経験する物語の中で読者も一緒に考えることによって基本的な考えが身に付けられるようになっている。シリーズ全体の企画編集は日本弁護士連合会市民のための法教育委員会が行い、各巻は法教育に取り組む現役の弁護士が執筆している。

今、考えよう！日本国憲法　全７巻
（6）政治はみんなで決めるの？

【キーワード】
☑政治
☑地方自治
☑公共
☑税・経済
☑国会
☑選挙
☑日本国憲法
☑三権分立
☑差別

戸波江二 監修
只野雅人 編著
あかね書房 刊
A4判
40ページ
本体：3,000円
2001年

全巻構成

1. 学校へ行くのは、なぜ？	戸波江二 監修／荒牧重人 編著
2. くらしの中の人権とは？	戸波江二 監修／矢島基美 編著
3. なぜ情報は、たいせつなの？	戸波江二 監修／日笠完治 編著
4. 平等ってなんだろう？	戸波江二 監修／安西文雄 編著
5. 戦争はなくせないの？	戸波江二 監修／清野幾久子 編著
6. 政治はみんなで決めるの？	戸波江二 監修／只野雅人 編著
7. 憲法って、なあに？	戸波江二 監修／毛利透 編著

タイトルは日本国憲法だが、政治単元で学ぶべき事柄が網羅され、シリーズをそろえることで政治学習のたいていの問題には対応できる。7巻構成で各巻では「選挙って、なんのためにするの？」のように子どもが質問としてよくあげそうな問いを解説する形で展開している。ここで取り上げたのは6巻で、選挙の問題から国会、内閣、裁判所、地方自治についてとりあげている。3巻では現代社会では重要であるが教科書ではあまり扱われない情報と権利の問題もとりあげられている。

池上彰の社会科教室　全３巻
（2）こんなに身近な政治

【キーワード】
☑政治
☑地方自治
☑公共
☑税・経済
☑国会
☑選挙
☑日本国憲法
☑三権分立
☑差別

池上彰 著
帝国書院 刊
B5判
128ページ
本体：2,000円
2006年

目次より

1章　日本国憲法について考えよう　基本的人権は人類の努力で獲得したもの 他9項目
2章　人権について考えよう　「男女共同参画社会」とは 他18項目
3章　住民として地方の政治を考えよう　民主政治のルール 他7項目
4章　国民として国の政治を考えよう　「行政改革」とは何だろう？ 他25項目

全巻構成

1.こんなに身近な経済
2.こんなに身近な政治
3.こんなに身近な国際問題

NHK週刊こどもニュースで、ニュースをわかりやすく解説してきた池上氏が中学校の公民的分野の教科書をわかりやすく解説したのが本書。小学生には少し難しい箇所もあるが、むしろ疑問を持った子どもにこたえるにはこれぐらいの内容が必要だろう。文章も平易でわかりやすい。目次はよくできていて、子どもたちが疑問に持ちそうな事柄に関するキーワードがうまく用いられている。

シリーズに『こんなに身近な経済』（1巻）、『こんなに身近な国際問題』（3巻）がある。

この本もオススメ

ポプラディア情報館

(3)日本国憲法

【キーワード】
☑政治
☑地方自治
☑公共
□税・経済
☑国会
☑選挙
☑日本国憲法
☑三権分立
☑差別

角替晃 監修
ポプラ社 刊
A4判変型
199ページ
本体：6,800円
2005年

百科事典ポプラディアの特定テーマ別の資料集シリーズの1冊で日本国憲法に関したもの。情報館シリーズでは3冊目の刊行。手堅い資料集なので押さえておきたい。憲法の条文解説、用語解説だけでなく歴史的な経緯についても説明されている（日本国憲法の歩みに関する年表あり）。

絵本もうひとつの日本の歴史

→ P.95

【キーワード】
□政治
□地方自治
□公共
□税・経済
□国会
□選挙
□日本国憲法
□三権分立
☑差別

中尾健次 文
西村繁男 絵
解放出版社 刊
B4判変型
40ページ
本体：2,500円
2007年

本書は近年の歴史研究の中で明らかにされた非農業民を歴史に位置づけ、被差別民が如何に歴史的に生み出されてきたかを示す好著だ。

絵図は直感的に理解できてよいが、慣れぬ人には理解困難であったり誤解も与えるが巻末に解説を付し絵図の読み解き方と解説を示している。

用語でわかる！ 政治かんたん解説 全2巻

【キーワード】
☑政治
□地方自治
□公共
□税・経済
□国会
□選挙
□日本国憲法
□三権分立
□差別

福岡政行 監著
フレーベル館 刊
29×22
各128ページ
本体：各3,800円
2007年

政治学習では用語解説の本は必須。本書は上巻では国会のしくみ、国会議員と政党、内閣と省庁、選挙、下巻では地方政治、国際政治、現代の政治問題、日本の政策の8テーマ、86用語を各2ページで解説。コラムも「国会中継の見方」等興味深いテーマを扱っている。巻末には用語辞典、HPリスト、参考資料等。

子どもによる 子どものための「子どもの権利条約」

【キーワード】
□政治
□地方自治
□公共
□税・経済
□国会
□選挙
☑日本国憲法
□三権分立
☑差別

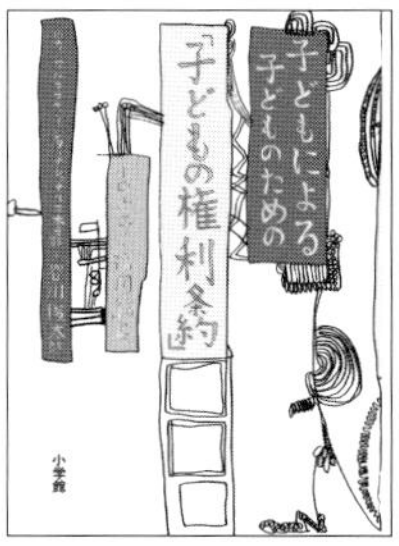

小口 尚子／福岡鮎美 著
アムネスティ・インターナショナル／谷川俊太郎 協力
小学館 刊
A5判
184ページ
本体：1,360円
1995年

本書はアムネスティ・インターナショナル日本支部主催の「子どもの権利条約」翻訳・創作コンテスト」で最優秀賞を受賞した著者（当時14歳）の作品をまとめたもので、子どもにもわかりやすい文章で子どもの権利条約を子どもの言葉で語りかけるように解説している。条約の正文（英文）と邦訳も収録している。

井上ひさしの子どもにつたえる日本国憲法

【キーワード】
□政治
□地方自治
□公共
□税・経済
□国会
□選挙
☑日本国憲法
□三権分立
□差別

井上ひさし 著
いわさきちひろ 画
講談社 刊
A5判
72ページ
本体：952円
2006年

本書は井上ひさしの平易な文章といわさきちひろのやわらかな挿絵で、詩の本のようにできあがっている。憲法前文と9条を下敷きに日本国憲法の精神を書いた「絵本　憲法のこころ」と、憲法に示される基本的考え方やいくつかの条文を解説した「お話　憲法ってつまりこういうこと」から構成されている。

シリーズ憲法９条　全３巻

【キーワード】
☑政治
□地方自治
☑公共
□税・経済
☑国会
□選挙
☑日本国憲法
□三権分立
□差別

全巻構成
1　9条を知っていますか
2　平和を求めた人びと
3　世界の中の9条

歴史教育者協議会 編
汐文社 刊
B5判　各47ページ
本体：各2,000円　2006年

憲法９条をめぐる問題について解説したシリーズ。第１巻では９条をめぐる基本的な事柄を扱い、第２巻では戦前の平和を求める動きがどのようにあったのか与謝野晶子、石橋湛山、柳寛順、ガンジー、アンネ・フランク、幣原喜重郎等を紹介し、第３巻では諸外国の平和をめぐる動きを９条と関連させて取り上げている。

その他の資料

参議院キッズページ

【キーワード】
☑政治
□地方自治
□公共
□税・経済
☑国会
□選挙
□日本国憲法
□三権分立
□差別

http://www.sangiin.go.jp/japanese/kids/watakusi/top.htm

注目ポイント

国会のしくみや仕事、運営について調べることができ、国会クイズもある。衆議院の HP もある。

首相官邸キッズルーム

【キーワード】
☑政治
□地方自治
□公共
□税・経済
□国会
□選挙
□日本国憲法
☑三権分立
□差別

http://www.kantei.go.jp/jp/kids/index.html

注目ポイント

総理大臣の仕事や三権分立、国会・内閣・裁判所等のはたらきについて調べることができる。

21世紀キッズタウン(内閣府)

【キーワード】
☑政治
□地方自治
☑公共
☑税・経済
□国会
□選挙
□日本国憲法
☑三権分立
□差別

http://www.keizai-shimon.go.jp/21visionkids/index.html

注目ポイント

25年後の未来の生活をシミュレーションゲーム式に疑似体験。人口問題等、将来起こる問題を学べる。

総務省

【キーワード】
☑政治
□地方自治
☑公共
□税・経済
□国会
□選挙
□日本国憲法
□三権分立
□差別

http://www.soumu.go.jp/menu_00/kids/index.html

注目ポイント

総務省の仕事や行政相談、統計資料について調べることができる。情報通信についての解説もある。

法務省きっずルーム

【キーワード】
☑政治
□地方自治
☑公共
□税・経済
□国会
□選挙
□日本国憲法
□三権分立
☑差別

http://www.moj.go.jp/KIDS/index.html

注目ポイント

法務省の仕事や、話題になっている方の問題について調べることができる。

文部科学省子どもページ

【キーワード】
☑政治
□地方自治
☑公共
□税・経済
□国会
□選挙
□日本国憲法
□三権分立
□差別

http://www.mext.go.jp/kodomo/index.htm

注目ポイント

文部科学省の仕事について調べることができる。一般向けページには全国の学校に関係する統計資料がある。

財務省キッズコーナー

【キーワード】
☑政治
□地方自治
☑公共
☑税・経済
□国会
□選挙
□日本国憲法
□三権分立
□差別

http://www.mof.go.jp/kids.htm

注目ポイント

財政や税金の仕組みをゲームを交えて学べるページ。

6年生 Ⅵ．世界の人々とのつながりを調べよう

本単元では、子どもたちの身近な国々について貿易、経済、歴史、文化やスポーツの交流などに関して調べ、発表し合う活動に取り組む。また、諸外国との文化やスポーツでの国際交流や、教育や医学、農業における国際協力について学習し、世界平和の大切さと我が国が世界において重要な役割を果たしていることについても考えることとなっている。

【学習のキーワード】
1 異文化理解
2 食文化
3 遊び
4 音楽
5 スポーツ
6 生活習慣
7 気候風土
8 国際理解
9 国際交流
10 国際協力

学習指導要領では、我が国とつながりの深い国の人びとの生活の様子や国際交流、国際協力、国際連合の働きについて調査したり、地図や資料を活用したりして調べることを通して、異文化理解や世界平和の大切さ、我が国が世界において重要な役割を果たしていることがあげられている。なお、ここで行われる調べ学習はつながりの深い国の生活の様子や文化について子ども達の興味関心に応じて進められるものであり、地形や気候、産業、人口などの概要を調べることが趣旨ではないことを押さえねばならない。

教科書においては、食文化や遊び、学校生活、音楽やスポーツといった子ども達にとって身近なトピックを取り上げ、体験学習や外国人の方との交流の可能性も示されている。また、歴史学習と関連させ、中国との交易や文化交流について触れていたり、今日的な状況と関連させ、明治時代以降にブラジルへ多くの人びとが移り住み、現在はブラジルから多くの日系の人びとが働きにきていることに触れられたりもしている。また、国際理解・国際協力については、国際連合やユニセフの活動、地球温暖化、国境なき医師団、地雷禁止国際キャンペーンなど世界規模で考える問題から、身近なところで進む国際化まで、幅広く取り上げられている。子ども達の学習履歴や生活環境を踏まえ、内容の重点化を図ることで小学校での学習のまとめとして、より豊かな学習活動が可能となるだろう。すなわち、本単元の学習は我が国と諸外国とのつながりや文化や生活習慣の違いについて学ぶことによって、我が国の現状や文化について気づいていくきっかけにもなりうるのである。

これらをふまえ、【学習のキーワード】には、異文化理解、食文化、遊び、音楽、スポーツ、生活習慣、気候風土、国際理解、国際交流、国際協力をあげる。　(居城勝彦)

はじめて手にとる1冊

国際理解ハンドブック

ブラジルと出会おう

【キーワード】
☑異文化理解
☑食文化
☑遊び
☑音楽
□スポーツ
☑生活習慣
☑気候風土
☑国際理解
□国際交流
□国際協力

IAPEポルトガル語教室／
谷啓子／宮本潤子 編著
国土社 刊
B５判
88ページ
本体：1,600円
2001年

料理、工作、遊び、歌、あいさつなどがイラスト入りの見開き２ページでわかりやすく説明されている。例えば料理については、材料や作り方がイラストとふりがな付きの短い文章で説明されている。また、歌は楽譜付きなので音楽の授業で取り上げることも可能。遊びの中には体ほぐしの運動として使うことができそうなものもある。

巻末のコラムはどちらかと言うと教師の教材研究資料としての色合いが濃い。例えば、同シリーズのフィリピン編では、地形・気候・産業、フィリピンの歴史と日本とのかかわり、日本に暮らすフィリピン人、ジャパニーズフィリピノの子どもたちのアイデンティティと文化などが取り上げられている。

韓国・朝鮮と出会おう

ヨコハマハギハッキョ実行委員会／山本すみ子 編著
本体：1,600円
1999 年

中国と出会おう

納村公子 編著
本体：1,600円
2000年

フィリピンと出会おう

ピナツボ復興むさしのネット／山田伸男／出口雅子 編著
本体：1,600円
2002年

文字情報や図表を書き写しまとめるだけの調べ学習ではなく、遊びや食、音楽などの活動を伴った発表が可能となる１冊。巻末のコラムは指導者にとっても参考になる情報が満載である。

きみにもできる国際交流　全24巻

【キーワード】
☑異文化理解
☑食文化
□遊び
□音楽
□スポーツ
☑生活習慣
☑気候風土
☑国際理解
□国際交流
□国際協力

こどもくらぶ 他 編　偕成社 刊　29×22　各48ページ
本体：各2,800円　1999年～2001年

全巻構成

1．中国
2．韓国
3．インド・パキスタン・バングラデシュ・スリランカ
4．タイ・ミャンマー
5．マレーシア・シンガポール・インドネシア
6．ベトナム
7．トルコ・シリア
8．イギリス
9．アメリカ 品切れ
10．カナダ
11．オーストラリア・ニュージーランド
12．フィリピン
13．フィジー・トンガ・サモア
14．ケニア
15．フランス
16．ドイツ・オランダ
17．スイス・オーストリア
18．イタリア・ギリシア
19．スペイン・ポルトガル
20．デンマーク・スウェーデン・ノルウェー
21．チェコ・ハンガリー・ポーランド
22．ロシア
23．エジプト
24．ブラジル・ペルー

このシリーズがあれば、我が国とつながりの深い国はほぼ網羅できているだろう。教科書では取り上げられていない国についても収められている。ただし、出版年が1999年～2001年となっているので、国勢に関する最新データは、他で調べる必要があるだろう。また、この本をきっかけにもっと調べたいことが見つかったり、他の国や地域と比較してみたくなったりすることもあるだろう。そのときは教師から各グループで共通に取り上げる項目をあげ、比較させることも可能であろう。

国際理解にやくだつ　NHK地球たべもの大百科　全14巻

【キーワード】
☑異文化理解
☑食文化
□遊び
□音楽
□スポーツ
☑生活習慣
☑気候風土
☑国際理解
□国際交流
□国際協力

谷川彰英 監修　ポプラ社 刊　26.5×21.5　各40ページ
本体：各2,600円　2000年～2001年

全巻構成

1．中国（ぎょうざ）
2．インド（カレー）
3．イタリア（スパゲッティ）
4．フランス（フランス料理フルコース）
5．イギリス（お茶とケーキ）
6．ノルウェー（バイキング料理）・ドイツ（ジャガイモ料理）
7．フィリピン（ココヤシ料理）・メキシコ（タコス）
8．タイ（トムヤムクン）
9．韓国（キムチ）
10．エジプト（豆料理）
11．スペイン（パエリア）
12．スイス（チーズフォンデュ）
13．ロシア（ボルシチ）
14．日本（江戸前寿司）

食は子どもたちにとって魅力的なテーマである。このシリーズでは餃子、カレーといった身近なものから、なかなか食卓に上らないメニューまで取り上げられている。子どもたちにとっては、日頃見慣れたメニューの起源をたどるのも興味深いだろう。各巻では食材や調理方法の説明だけでなく、気候風土や食文化をはじめとする生活習慣についての説明が取り上げられている。家庭科の献立作り、調理実習と関連させて「各国料理で卒業パーティー」などという活動も楽しめるかもしれない。

21世紀をつくる国際組織事典　全７巻

【キーワード】
□異文化理解
□食文化
□遊び
□音楽
□スポーツ
□生活習慣
□気候風土
☑国際理解
☑国際交流
☑国際協力

大芝亮 監修
こどもくらぶ 編著
岩崎書店 刊
A4判変型
各56ページ
本体：各3,500円
2003年

全巻構成

1．平和にかかわる国際組織
2．人権・人道にかかわる国際組織
3．開発・食糧にかかわる国際組織
4．保健・医療にかかわる国際組織
5．環境にかかわる国際組織
6．科学・技術にかかわる国際組織
7．文化・教育にかかわる国際組織

このシリーズがあれば国際交流、国際協力に関する概要はおさえられるだろう。本単元での調べ学習は我が国とつながりの深い国々で行われることが多いだろう。よって、国際交流、国際協力に関する書籍は、教師が授業の導入や展開で提示する資料としての使用や、より理解を深めたい子どもが発展学習として取り組むときに活用されることが予想される。そういう点では教科書では取り上げきれない内容も広く収められ、活用の範囲は大きいだろう。

この本もオススメ

国際理解に役立つ！ 世界のスポーツ 全6巻

【キーワード】
☑異文化理解
☐食文化
☐遊び
☐音楽
☑スポーツ
☐生活習慣
☐気候風土
☐国際理解
☐国際交流
☐国際協力

全巻構成
1．南北アメリカ
2．ヨーロッパⅠ
3．ヨーロッパⅡ
4．アジア
5．その他の地域
6．人類共通のスポーツ

友添秀則 監修　学習研究社 刊
A4判変型　各48ページ
本体：各3,000円　2005年

本単元では、子どもたちが身近なトピックをあげて調べることが重要なポイントである。生活様式や食文化にはあまり関心はないが、スポーツのことだったら別！　という子にオススメのシリーズ。おなじみのスポーツのルーツを知ったり、初めての競技に出会ったり、これを機に調べ学習の面白さを味わえるだろう。

国際理解に役立つ 世界の民族音楽 全6巻

【キーワード】
☑異文化理解
☐食文化
☐遊び
☑音楽
☐スポーツ
☑生活習慣
☐気候風土
☐国際理解
☐国際交流
☐国際協力

全巻構成
1．東アジアと日本の音楽
2．東南アジアと太平洋の島じまの音楽
3．南アジアと中央アジアの音楽
4．アラブとアフリカの音楽
5．ヨーロッパとロシアの音楽
6．南・北アメリカの音楽

井口淳子 他 著　冨田健次 他 監修
こどもくらぶ 編　ポプラ社 刊　A4判変型
各48ページ　本体：各2,850円　2003年

楽器や民族衣装の形や色使いに興味を持つこともあるだろう。このシリーズは各巻CD付きで、音声で確かめることもできる。グループでの発表場面ではBGMとして使用したり、CDに合わせて歌ったり、身近な楽器で演奏したり、踊ったりして紹介することも可能。音楽科の学習と関連させることも期待できる。

大人と子どものあそびの教科書 世界のじゃんけん

【キーワード】
☑異文化理解
☐食文化
☑遊び
☐音楽
☐スポーツ
☑生活習慣
☐気候風土
☐国際理解
☐国際交流
☐国際協力

田中ひろし 著
こどもくらぶ 編
今人舎 刊
B5判
56ページ
本体：1,500円
2002年

子どもたちにとって「じゃんけん」は生活上必要不可欠である。自分たちの文化との違いに着目する活動として教師から紹介し単元の導入として取り上げたり、発表する各グループに共通の内容として位置づけたりすることも可能であろう。また、異学年との交流や集会でのゲームとして活用することもできる。

写真でみる世界の子どもたちの暮らし 世界31ヵ国の教室から

【キーワード】
☑異文化理解
☐食文化
☑遊び
☐音楽
☐スポーツ
☑生活習慣
☑気候風土
☑国際理解
☐国際交流
☑国際協力

ペニー・スミス／
ザハヴィット・シェイレブ 編著
赤尾秀子 訳
あすなろ書房 刊
30.5×25.7
80ページ
本体：3,200円
2008年

31ヵ国、42人の子どもたちが自分の学校を紹介。子どもの視点から相違点や共通点を見つけさせるのに効果的。また、この本の売り上げから1冊あたり約100円がユニセフに寄付され、先生1人・生徒80人の授業ができるスクール・イン・ア・ボックスとして被災地などに送られる。ユニセフの活動理解にも役立つ。

はがぬけたらどうするの？ せかいのこどもたちのはなし

【キーワード】
☑異文化理解
☐食文化
☐遊び
☐音楽
☐スポーツ
☑生活習慣
☑気候風土
☑国際理解
☐国際交流
☐国際協力

セルビー・ビーラー 文
ブライアン・カラス 絵
こだまともこ 訳
フレーベル館 刊
26×28
32ページ
本体：1,400円
1999年

乳歯が抜けたときにどうするか、世界64の地域から66の言い伝えを集めた絵本であり、大人にとっても発見のある1冊。単元の導入として使うと、身近なところで自分たちの風習と比較する視点を持たせることができる。また、学年を問わず、歯科検診の時期と合わせて読み聞かせることも効果的だろう。

せかいのひとびと

【キーワード】
☑異文化理解
☑食文化
□遊び
□音楽
□スポーツ
☑生活習慣
☑気候風土
☑国際理解
□国際交流
□国際協力

ピーター・スピアー 絵・文
松川真弓 訳
評論社 刊
33.5×25.5
62ページ
本体：1,500円
1982年

異文化理解の絵本として必ず手にしたい1冊。目や肌の色、鼻の形、服装、食文化、言葉、建造物などすべての情報が絵で説明されている。本も大きく提示しやすい。圧巻なのは最後の数ページ。様々な違いがあるからこそ、それぞれが素敵で尊いのだ、という異文化理解の理念そのものを絵で教えてくれている。

みるずかん・かんじるずかん

世界のあいさつ

【キーワード】
☑異文化理解
□食文化
□遊び
□音楽
□スポーツ
☑生活習慣
□気候風土
☑国際理解
☑国際交流
□国際協力

長新太 作
野村雅一 監修
福音館書店 刊
24×24
32ページ
本体：1,300円
1989年

世界の様々な楽しいあいさつを紹介した絵本。単元の導入教材として活用したり、事典などを活用した調べ学習が困難な場合に共通のトピックとしてあいさつを取り上げ、活用したりできるだろう。高学年だからといって文字情報で埋め尽くそうとはせず、絵本を活用した異文化理解も取り入れてみてはどうだろうか。

写真絵本　国境なき医師団 全6巻

（1）国境なき医師団とは

【キーワード】
□異文化理解
□食文化
□遊び
□音楽
□スポーツ
□生活習慣
□気候風土
☑国際理解
☑国際交流
☑国際協力

国境なき医師団日本 監修
1巻は梅津ちお 文
早乙女勝元／山本耕二 編
大月書店 刊
A4判変型
40ページ
本体：1,800円
2005年

1999年ノーベル平和賞を受賞した「国境なき医師団」についてそのあらましを知るには便利な1冊。助けを必要としている人であれば、だれでも差別せず援助する彼らの誕生の経緯、仕組み、活動の様子など、教科書の記述をもう少し詳しく知りたいときに活用できる。さらなる調べ学習には同シリーズが有効である。

シエラレオネ　5歳まで生きられない子どもたち

【キーワード】
□異文化理解
□食文化
□遊び
□音楽
□スポーツ
☑生活習慣
☑気候風土
☑国際理解
□国際交流
☑国際協力

山本敏晴 著・写真
アートン新社 刊
B5判
72ページ
本体：1,500円
2003年

筆者は、世界の医療統計において最低ランクに位置づけられているシエラレオネに「国境なき医師団」の一員として派遣された山本敏晴氏。自らが撮った写真と簡潔な文章で、現地の様子を伝えている。筆者の主張する「現地文化尊重」と「未来へ続くシステム」は国際協力を考える上で重要なキーワードである。

ダイヤモンドより平和がほしい　子ども兵士ムリアの告白

【キーワード】
□異文化理解
□食文化
□遊び
□音楽
□スポーツ
□生活習慣
□気候風土
☑国際理解
☑国際交流
☑国際協力

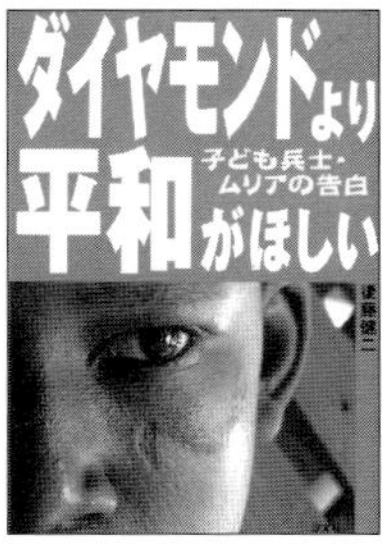

後藤健二 著
汐文社 刊
A5判
105ページ
本体：1,300円
2005年

シエラレオネでは子どもが兵士として利用され、家を焼き払い、人々の手足を切り落とすなどを繰り返している。彼らは感情や恐怖心を消すために、皮膚の下に麻薬を埋め込まれているのである。子どもたちにとっては同年代の子どもが置かれているあまりにも残酷な現状かもしれないが今を見つめるには必要な1冊。

この本もオススメ

ぼくら地球市民　全３巻

(2)キッズ・パワーが世界を変える　クレイグ少年の物語

【キーワード】
□異文化理解
□食文化
□遊び
□音楽
□スポーツ
□生活習慣
□気候風土
☑国際理解
☑国際交流
☑国際協力

クレイグ・キールバーガー 文
中島早苗 構成
フリー・ザ・チルドレン 編集協力
大月書店 刊
B５判変型
40ページ
本体：1,400円
2004年

12歳のクレイグ少年が児童労働をなくすために、全世界の子どもに呼びかけた。この組織は世界35カ国に広がり350の学校を建てている。読者である子どもたちにとって同年代の子どもが起こした行動が世界中に広がり、今を変えていることを知ることは、地球市民として大きな原動力となるだろう。

世界がよくわかる国旗図鑑

【キーワード】
□異文化理解
□食文化
□遊び
□音楽
□スポーツ
□生活習慣
☑気候風土
☑国際理解
□国際交流
□国際協力

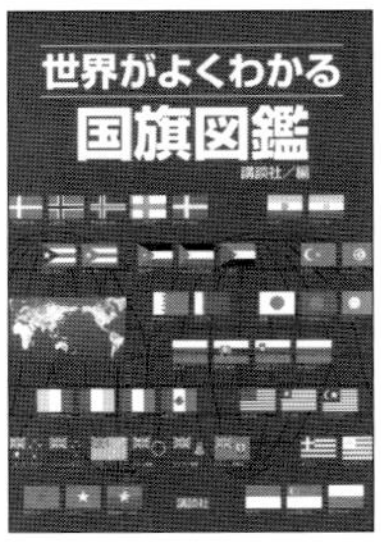

講談社 編
講談社 刊
B５判
79ページ
本体：1,600円
2003年

ワールドカップやオリンピックなど、子どもたちが国旗を目にする機会は意外と多い。この本では205の国や地域の旗が面積・人口・首都などの基本データとともに載せられているほか、デザイン別の分類や国旗に描かれた動物・植物・武器・言葉、国旗の色のいろいろな意味などの特集もあり、読みごたえがある。

その他の資料

探検しよう！みんなの地球

【キーワード】
☑異文化理解
☑食文化
☑遊び
□音楽
☑スポーツ
☑生活習慣
☑気候風土
☑国際理解
☑国際交流
☑国際協力

http://www.mofa.go.jp/mofaj/gaiko/oda/sanka/kyouiku/kaihatsu/chikyu/index.html

注目ポイント

各国の基本情報や統計データのほか、トピックも充実している。あいさつでは９つの言語で音声が聞ける。

キッズ外務省

【キーワード】
☑異文化理解
□食文化
□遊び
□音楽
□スポーツ
☑生活習慣
☑気候風土
☑国際理解
☑国際交流
☑国際協力

http://www.mofa.go.jp/mofaj/world/index.html

注目ポイント

統計資料や国旗一覧は便利である。世界の学校の様子を紹介したコラムは調べ学習への活用も大いにできる。

アセアンキッズセンター

【キーワード】
☑異文化理解
☑食文化
☑遊び
☑音楽
☑スポーツ
☑生活習慣
☑気候風土
☑国際理解
☑国際交流
☑国際協力

http://www.asean.or.jp/kids/aseancentre/index.html

注目ポイント

アセアン諸国のみの情報であるが、情報量は多く、衣食住、学校生活から遊びまで多岐にわたっている。

ゴー！　ゴー！　ユネスくん

【キーワード】
□異文化理解
□食文化
□遊び
□音楽
□スポーツ
□生活習慣
□気候風土
☑国際理解
☑国際交流
☑国際協力

http://www.unesco.or.jp/contents/kids/index.html

注目ポイント

ユネスコの活動や世界寺子屋運動、世界遺産についてゲームをしながら理解ができるように工夫されている。

ユニセフ　子どもと先生の広場

【キーワード】
□異文化理解
□食文化
□遊び
□音楽
□スポーツ
□生活習慣
□気候風土
☑国際理解
□国際交流
☑国際協力

http://www.unicef.or.jp/kodomo/index.html

注目ポイント

世界の現状を知るデータが豊富。自分たちにとっての当たり前が、世界的に見ると違うことに気づくだろう。

司書のまなざし

書を捨てよ、博物館へ行こう！

図書館には本がある。正確に言うと本や新聞・雑誌、ＣＤやＤＶＤ、データーベース、web 情報も含めて、いろいろな形の〈情報〉がある。一方、博物館には〈モノ〉がある。本物はもちろん、ほかにも複製、模型、写真など、モノを集めて、見せて、私たちに語りかけてくれるところである。かつて寺山修司は言った。「書を捨てよ、町へ出よう！」と。本やパソコンの中の知識だけでは充分ではない。町探検をした子どもたちに、時空を越えたモノとも出会わせたい。それなら、様々なコレクションを持つ博物館にでかけてもらおう。

かつて博物館は、薄暗い部屋に貴重品が陳列される、聖にして静なるイメージであった。しかし、ここ10年の間に、わかりやすく明るく楽しい空間へと変わってきた。見るだけでなく、学芸員のミュージアムトークや市民ボランティアのガイドを聞いたり、実際に触って確かめたり、感じたり、作ってみたり、やってみたり、さらに市民参加の企画・催しもあって、数々の体験ができる活動的な空間へと変貌を遂げている。

そんな博物館の「今」を教えてくれるのが、**『探検・体験！博物館　全５巻』（フレーベル館　2003年）**である。**１巻国立編、２巻都道府県立編、３巻市町村立編、４巻企業・一般編、５巻動植物園・水族館編**とそれぞれ役割と、種類、特徴、楽しみ方を豊富な写真とともに紹介する。巻末に全国から選んだ施設のガイドや、索引をかねたリストがついている。博物館の歴史や仕事、基本用語を解説する１巻をはじめとして、博物館入門としてはもちろん、なぜその土地にその博物館があるのかということを注意して読み取れば、中学年の地域学習や、５年生の学習の助けにもなるシリーズである。

博物館の施設をやさしく紹介した絵本に**『おおきな博物館 きゅーはくの絵本７』（フレーベル館　2008年）**がある。太宰府天満宮のそばにできた九州国立博物館は、日本とアジアの文化交流の歴史をテーマとしているが、2005年10月の開館と同時に、子ども向けに『きゅーはくの絵本』というシリーズをだして、南蛮屏風などの所蔵品を次々と紹介している。７巻は展示ケースを飛び出したウンスンカルタの大黒さんらと共に「きゅーはく」を探検。ふだんは入ることができない修復工房や収蔵庫、スタジオや搬入口、空調・免震の設備など〈修復〉〈保存〉という、展示以外の博物館の仕事や、働く人たちついて、設備案内を通じて教えてくれている。

では〈展示〉には、どんな工夫とアイディアが隠されているのだろうか。中高校生向きだが、その名もずばり**『博物館へ行こう』（木下史青著　岩波ジュニア新書571　2007年）**という本がある。東京国立博物館の展示デザイナーである筆者が手がけた、いくつかの展示を例に、その〈モノ〉の魅力を存分に味わってもらうために考え抜かれた、空間や照明などの工夫と技術を明らかにしてくれている。毎回の特別展にこんなにもエネルギーが注がれていると知れば、展示の見方も変わってくるに違いない。なぜこの仕事を選んだか、またそのきっかけとなった海外の博物館も紹介し、〈モノ〉と対峙することによって自己と向き合うことのできる進化中の博物館の深い魅力について、語っている。

学校と博物館との連携は、総合的な学習の時間の設置と共に各地で盛んになってきた。体験ワークショップやミュージアムトーク（またはギャラリートーク）などの企画もある。出前授業に来てくれたり、国立民族学博物館の「みんぱっく」のように博物館が〈モノ〉を貸してくれたりと行き来も始まっている。春休みや夏休みに教職員むけのワークショップもある。

百聞は一見にしかず。本にあることを〈モノ〉で確かめる。〈モノ〉を見て、体験して、〈情報〉を確かめる。その往復があってこそ、知識は豊かに、確かなものになっていく。

東京学芸大学附属小金井小学校 司書　中山美由紀

教室から

学校に博物館を呼ぼう！

小中学校で博物館を訪れる計画を立てるときはどんなときだろう。社会科見学なら学習のテーマと近い場所を選んでいのるだろうが、見学レポートを作成するために展示物を見ることよりもパネルの説明を書き写すことに必死な姿をよく見かける。また、遠足で雨が降ったときの代替地にすることもあるのではないだろうか。昼食場所が確保でき、走り回る子どもたちに注意を促せば、何とか予定の時間を過ごすことができる。博物館とは、豊かな学びが展開できるヒト・モノ・コトが詰まっている場所のはずである。しかし、本当に利用してみたい博物館や使ってみたい資料があっても、そこまで行くことが出来ない場合も多いだろう。そこで博物館が作成したアウトリーチ教材を使って教室に博物館を開いてみよう。ここでは国立民族学博物館（大阪府吹田市）が提供する「みんぱっく」（全９種類）を使った実践を紹介する。

２年生の異文化理解を目標とした活動で、「アンデスの玉手箱 - ペルー南高地の祭りと生活」を使用した。子どもたちはフォルクローレの演奏グループとの交流から、そこで使用される楽器について興味を持つようになった。そこでみんぱっくを活用し、本物の楽器（サンポーニャなど）や衣装（ポンチョ、マンタなど）に触れ、楽器の音色や衣装の配色や素材感を十分に味

わった。「吹いてもなかなか音が出ないなぁ」「練習して吹けるようになりたいよ」「ポンチョはきれいな色だけど、重いし暑いよ」「どうしてこんなに布が厚いんだろう。寒いのかなぁ」本物は子どもたちにとってはやさしくはなかったようだ。しかし、だからこそ気づいたり、できるようになりたいと思ったりする機会になるのだろう。その手応えをもとに、不織布に思い思いの絵柄を描いたポンチョやマンタ、ストローを素材としたサンポーニャを作った。自分のお気に入りのポンチョ、マンタを着て友だちとファッションショーのように並んでみたり、自分の手作り楽器で友だちと一緒に演奏を楽しんだりして、初めて触れるアンデスの文化を楽しみながら十分に味わった。

６年生の社会科では国際理解を目標とした活動で「ソウルスタイル－子供の一日」を使用した。子どもたちは、留学生との交流から彼らの出身国について調べ、ポスターセッションを行うことにした。中国やドイツのグループは図書室の資料、旅行会社のパンフレット、旅行ガイドなどを使って情報収集をしたが、韓国のグループはこれらに加えてみんぱっくを活用することにした。ソウル市内の小学生が実際に使っている学用品、給食のトレイや献立の写真、紙幣、衣装などを使った発表は文字情報や図表からだけではない、発表者と聞く側双方にとって効果的なプレゼンテーションとなった。発表後はクラス全体でみんぱっくのモノに触れる時間を取ることになった。

このような魅力的な教材であるみんぱっくや博物館展示をどのように授業に生かすのかを教師と各地域研究の専門家たちが紹介する、日本国際理解教育学会と国立民族学博物館の共催による博学連携教員研修ワークショップが、毎年８月に開かれている。ここでは文化人類学の研究者による講演や展示作成者によるミュージアムツアーのほか、学校現場での実践報告やそれをもとにしたワークショップが行われている。このワークショップでは実践した教師とともに、それぞれのテーマに精通した研究者が加わり、参加者にとって理解が深まる有意義な機会となっている。

ここで紹介した以外にも、魅力的なアウトリーチ教材が博物館や大学の研究室、いくつかの国の大使館などで作られている。これらを上手に活用して、教室をミニ博物館にして、活動してはどうだろうか。

みんぱっく http://www.minpaku.ac.jp/museum/kids/minpack/

東京学芸大学附属竹早中学校 教諭　居城勝彦

第2部

小学校社会科授業の質を高める情報リテラシーの育成と学校図書館

小学校社会科授業の質を高める情報リテラシーの育成と学校図書館

帝京大学文学部 教育学科　鎌田和宏

1．社会科でなぜ学校図書館を利用すべきなのか

（1）子どもの学力をめぐる問題はどうなったのか

平成20年3月に小中学校の新学習指導要領が告示された。この学習指導要領の改訂に大きな影響を与えたのは学力をめぐる論議であったことはご承知のことであろう。日本の子どもの学力が低下したとの指摘はOECDのPISA調査の結果の報道によるものである。PISA調査の結果で、国際的な順位が低下したことをもって日本の子どもの学力が低下したとされ、様々な対策が打たれてきたが、その総決算がこの学習指導要領だといってよいだろう。

平成10年度の改訂の際には総合的な学習の時間が新設され生きる力の育成に重点が置かれた指導要領が編成された。それから10年、今回の改訂では基礎的・基本的な知識技能の習得に重きが置かれようとしている観がある。確かに学習指導要領を仔細に検討していけば、生きる力を打ち出した新学力観の路線は継承されていると読める。しかし、この間の中央教育審議会の議論や文部科学省の発表や報道を見ていると、総合的な学習の時間を核にして展開してきた新学力観の路線はずいぶんトーンダウンをしてきている。また、国語や理数を重視していくという方向性が示されたこともそれに拍車をかけている。もちろん国語・理数を重視すること自体は悪いことではないのだが、現在の社会の状況や子どもが置かれている現状とはかけ離れた、単純な対応で何とかできると考えられているようで心配である。理数の学力が落ちたのならば、ドリル練習を増やせばよい、という風潮もあるが習得を中心にしたドリル学習等を強化しようといったことで解決できる問題ではないはずだ。これには文科省が実施している全国一斉学力調査やそれに付随して実施されるようになった各都道府県市町村の学力調査実施の影響も見逃せない。そもそものPISA調査の問題は、ドリル学習を重視すれば何とかなるような単純なことを問うてはいなかった。また、PISA調査のもととなったOECDの学力観を示したキー・コンピテンシー[1]にしてもそうである。キー・コンピテンシーは新学力観のもとになったものであり、今次の学習指導要領の改訂も国際的な学力標準への対応を謳い、キー・コンピテンシーを重視している。キー・コンピテンシーとは**日常生活のあらゆる場面で必要な、単なる知識や技能だけではなく、技能や態度を含む様々な心理的・社会的なリソースを活用して、特定の文脈の中で複雑な要求（課題）に対応することができる力**である[2]とされている。問題解決を支える知識や技能が重要なのである。

こう考えていくと、平成10年度版の学習指導要領が示された時に、私たちがこれまで取り組んできた生きる力を育てる教育の方向性は依然として重要であることが確認できるのではないか。

総合的な学習の時間を核にして、子どもの興味・関心を大切にし、知りたいこと、理解したいこと、実現したいことを助けるために、問題解決を図る学習を学校で行うこと、それを支える知識や技能を育てていくことを重視してきたはずだ。むしろそれを、学校教育のすべての場に拡げなければならないと捉えるべきではないか。今時の改訂では言葉の力をすべての教科・領域にわたって育成しようとしているが、ここで示されている言葉の力とは、先に掲げた問題解決を助ける知識や技能、すなわち情報リテラシーにほかならない。

（2）社会科学習はどう変わっていくべきか

近年教科による好き嫌いの調査を行うと社会科は必ず下位に位置している。この社会科離れを放置しておくことは社会そのものに対する関心を低下させ、社会に関心を持たない主権者を育てることにつながる危惧がある。

それでは、なぜ社会科離れがおきてくるのかと原因を探っていくと、中学年の探検活動等の実体験を中心とした学習の評判は良く、好意的に受けとられていることがわかる。一方、中学年期の終盤から高学年にかけての学習に対しては、苦手意識を持つ子どもが増えてくること

（1）ドミニク･S. ライチェン他『キー･コンピテンシー―国際標準の学力をめざして』明石書店、2006年）。

（2）中央教育審議会教育課程部会（第27回（第3期第13回））議事録･配付資料より「OECDにおけるキー・コンピテンシーについて」
http://www.mext.go.jp/b_menu/shingi/chukyo/chukyo3/siryo/004/05111603/004.htm

がわかる。統計資料等のメディア体験を駆使して学習することに対する抵抗は、どうやら大きいようだ。教員を志望する大学生に社会科の授業に関するポジティブなイメージとネガティブなイメージを問うと、ポジティブなイメージにあがってくる授業例は小学校の時期に行われたフィールドワークや作業的な要素を組み込んだ体験的な活動が大半を占める。一方、ネガティブなイメージの例は中高等学校の地名や年号を多く覚えなければならないという座学中心の暗記教科の社会科像が多くあげられてくる。これとも重なることである。

実体験を中心とする授業が多く展開する中学年期には社会科が好きであった子どもたちも、高学年に入ると社会科との距離が離れていくようである。統計資料を読み取ることが難しい等という声と重ね合わせて考えると中学年の後半から高学年にかけて実体験よりもメディア体験－映像資料や統計等－が学習資料の中心となる社会科の授業に抵抗感を持つようなのである。

このような状況を考えると、子どもの社会科離れを食い止める対策の一つに実体験からメディア体験へと、うまくつないでいく学習を構成していくことが重要な意味を持ってくるのではないかと考えられる。

かつて、体験活動を重視した社会科授業が、「体験はあるが学びがない」と批判され、体験から学びをどう構成していくのか工夫を行ってきたように、実体験を大切にしつつも、メディア体験に巧みにつなげていく工夫に取り組まなければならないということなのであろう。

そう考えた時に、社会科学習ではどのような情報メディアが利用されてきたのかを洗い出してみることが重要になってくる。社会科授業でよく使われるメディアを列挙してみると以下のものがあげられる。

＜社会科学習で利用されるメディア＞

①教科書
②副読本
③資料集
④地図（地図帳）
⑤地球儀
⑥統計資料
⑦画像資料（写真・絵・図等）
⑧映像資料（教師の取材映像、教材 VTR・DVD、TV 番組等）
⑨実物資料（復元模型等を含む）
⑩図書資料（パンフレット等を含む）

広義で考えれば、インタビューする人やフィールドワークで目にする地域の景観等もメディアに入るのだろうが、ここではそれを除いて考えることにしたいのだが、私たちは①～⑩までのそれぞれのメディアの特性と、それに応じた読み解き方を子どもにうまく指導できているのだろうか。

例えばもっとも使用頻度が高いと思われる①の教科書ではどうだろうか。教科書の、本としての構造や紙面構成について、子どもは理解して使っているだろうか。社会科学習では子どもの自主的な学習を望む教師が多い。教えなくても子どもが発見できることは、できるだけ子どもの自主的な発見を待ちたいと考えている教師も多いだろう。しかし、何らかの間接的な働きかけ無しに気づきが生まれないのであるとすれば、その働きかけを準備しなければならないし、また、間接的な働きかけだけでは無理なのであれば、直接的に教えなければならないだろう。

例えば手元にある､ある会社の教科書（横書き）では（図－1参照)、小単元毎に概ね見開き２ページで構成されていて、その左ページの冒頭に、小単元のタイトルが書かれ、すぐ横に小単元で子どもが考えるであろうと想定される学習問題が表記されている。そして、その学習問題を考えるための資料－写真や統計、図など－がページに配置され、本文では，その学習問題を解くための問題解決プロセス例が記述されていたり、想定学習問題の解答が記述されていたりする。右下にこの２ページのまとめと、子どもが本時の追究をもとに、次はこういう問いを持つであろうという問いやまとめなどが書いてある。そんな教科書の構造をどの子どもも理解できているのだろうか。地図や地球儀、統計資料については学習指導要領でも取り上げられ、読み方の指導については丁寧に取り組まれるようになってきているとは思うが、他のメディアについてはどうなのだろうか。

〈ある教科書の構成〉　図－１

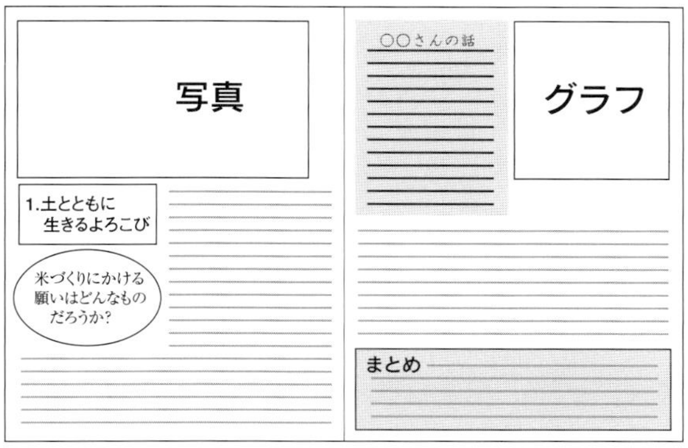

また、授業で特定の事柄が話題になった時に「じゃあ、みんなで次の時間まで調べてきましょう」等ということはないだろうか。これが､子どもたちが｢とりつく島｣を持ち、調べ方の見当がつき、調べ方についてもそれなりに習熟している状態であることを確認した上での言葉なのかどうか気になるところである。

私の実践経験からいえば、調べ方がわかっていれば、また、調べるメディアの特性が理解できていれば、子どもたちは意欲的に調べ、考え、表現する。しかし、そうでない場合は調べる等は困難である。特に①～⑨までのメディアの指導は取り組まれてきているように思うのだが、⑩の図書資料については十分に行われていないように思われる。

⑩の図書資料の活用は子どもたちが地域や見学等で実体験した事柄が、その事柄の含まれる事象や状況の中でどのような位置にあるのかを理解させてくれる。

例えば社会科見学で見た自動車工場の生産方法は、一企業の生産方法である、工場の工夫も一企業の工夫なのである。複数の自動車工場の見学を行い、比較できればよいのだろうが、なかなかそうはいかない。学習の時間も無限ではないのである。ところが自動車工場について書かれた図書資料が入手できれば、他の企業の例を知り、比較することができるし、見学に行った工場が、業界の中で標準的な取り組みをしているのか、あるいは特殊な取り組みをしているのかを知ることもできるし、見学時には聞き落としたことや話題にならなかったことを知ることができて、理解が深まることもある。図書資料の活用によってこのような効果が期待されるのである。

しかしながら、図書資料の使い方に十分慣れていなかったら、上記の状況はどうなるのだろうか。子どもたちは本を読んだことはあるから、図書資料も何となく読んでいくとは思われる。しかし、教科書の例で示したように、その本の構造や特色を理解して読まなければ到達できない事柄も多くあるものだ。図鑑や事典の類は巻頭に凡例のページが用意されていることが多い。このページの使い方を知っていれば、それぞれの本の構造や特色に従って情報を引き出していくことができる。しかし「本に凡例のページが存在する場合があり、それを見れば効果的にその本を利用できると」いう知識と体験がある子どもとそうでない子どもでは同じ本を手にしても、得られる情報が大きく異なるであろう。

また、自分の知りたいことに即した図書資料の探し方を知っている子どもとそうでない子どもではもっと大きな差が生じてしまう。学校図書館や公共図書館にある本の海を前にして、自分の興味関心に応じて本を探す方法を知っている子どもであれば、自分の興味関心に応ずる本に到達することができるだろう。しかし、そうのような方法を知らない子どもは常に誰かに頼るしかない。担任の教師や、学校の司書、公共図書館の司書の手を借りることは悪いことではない、むしろ良いことなのだが、手の借り方を体得していなければうまくはいかない。まず自分が興味を持っていることを手助けしてくれる人に十分伝えられるかという問題が存在する。しかし、自分の内なる興味関心を調べる－図書館という本の海を航海する－方法を熟知していれば、必要な手を借りながら自分の興味・関心に応じた図書資料に出会えるはずである。学校図書館を探して出会えなければ、公共図書館へと足を伸ばし、相談すればよいのである（レファレンスサービスの利用については右ページのコラムを参照）。

これらを学ぶのに学校図書館は格好の場である。世は高度情報社会だから図書館でよいのか？ コンピュータではないのか？ という声も聞こえてきそうである。確かにコンピュータやネットワークは避けて通れぬ問題である。しかし、情報社会だからこそ図書館で学ぶ必要があるのだということを強調しておきたい。

インターネットの一般利用初期には、WWW 上にある情報はきわめて限られたもので、その情報が正確かどうか、利用に適しているかどうか、評価の面でも情報の質・量共に信頼性が不十分だった。利用する側に検索と情報評価の技能が大きく要求された。では WWW 上の情報が爆発的に増えた現在であってはどうかというと、情報量は増えたものの、その情報の評価においてはかえって困難な状況になったといえるだろう。WWW 上の情報は、誰もが発信者となれるために、信頼性の評価は情報の受け手がおこなわなければならない。子どもたちはよく、検索エンジンを利用して、上位に出たサイトを一つか二つ調べて、それで調べたとしているが、検索エンジンの順位情報はサイト掲載情報の正確さを担保するものではない。受信する側が、評価しようとする情報に関して、正確な知識を持っていなければその情報について評価はできない。ドメイン名を見て、サイトの作成者を調べ、信頼性を図る方法などもあるが、近年はドメイン偽装などの不正技術も発達し、容易にはサイトの信頼性を確認できなくなりつつある。そうなってくると、従来からある図書資料のメディアとしての重要性がクローズアップされてくる。図書資料は、出版というハードルを越えることによって、信頼性が一定程度担保される。出版社、編集者によってチェックがかかり、図書館に納入される際にも信頼性のチェックがかかる。そういったハードルを越えた故の信頼性が－完全ではないにしろ－担保されていると考えられる。情報を入手したい当該分野について詳しいのであれば、不要かもしれないが、たいていの場合、多くの子どもは未知であることを調べていく。その際に当該分野の基礎的な知識がなければ、情報の評価はできない。その基礎的な知識を得る格好のメディアが図書資料である。図書資料は先に述べたように信頼性の担保がある。まず辞典・事典等のレファレンスツールで概略をつかみ、次により詳しく書かれた本を手にする。子ども用に書かれたものであれば、さらに子どもにとって利用しやすいメディアとなるだろう。そうして手にした基本的な知識があれば、WWW 上の情報を評価しなければならないとしても、大きな誤解は生じにくいだろう。

また、検索の方法を体得できるのが図書館である。図書館では、実際に本が並べられ、情報がある規則－多くは NDC －で組織されている様を目の当たりにする。本が、書かれている内容によって分類され、配架されている様を見ながら、情報とはこうやって分類されるのかということを体感する。小学校の低学年の児童であっても、自分の好きな本のある棚はどこなのか、数回の図書館利用で覚える子どもがほとんどである。例えば昆虫や生き物の好きな子どもは４類の棚がどこにあるのか真っ先に覚えるし、乗り物の本が好きな子どもは５類の棚の位置を覚える。そしてほかにも自分の好きなものの類の棚を覚え、周辺の棚の本の類を覚えたりして、分類を体感していくのである。また学年が進むと、目録を引くことも覚えていく。欲しい本を探して、書名目録や著者名目録のカードを繰る。そして分類別目録を繰ることによって、似た内容の本が近くに並んでいることを実感するだろうし、件名カードを繰りながら情報検索にはキーワードが重要なのだということも体感していく。

インターネット上の情報の組織化も人類が長い年月をかけて培ってきた、図書館に代表される情報の組織化技術の延長線上にある。確かに、個々ばらばらに存在するサイトではあるが、ネット上のパスファインダーに相当するリンク集では、主題別にサイトのリストがつくられているし、検索エンジンでの検索は件名目録の検索と同じ考え方によるものである。図－２をごらんいただきたい。図書館の検索指導と、インターネットの検索指導がにていることがおわかりいただけるだろう。また、両者を対比しながら指導すると子どもにも理解されやすいのである。

図書資料・学校図書館のことを述べてきたが、学習対象とする事柄それ自体が子どもにとって興味が持てるか否かが重要であることはいうまでもない。ただし現状から考えると、メディアの利用について考えていくことは、子どもの社会科離れを防ぐ一つの方法となるし、また体験を知識や思考へと結びつけ表現の技能を充実させていく情報リテラシーの育成の大きな助けとなることは強調しておきたい。

〈図書検索とインターネット検索の指導〉　図－２

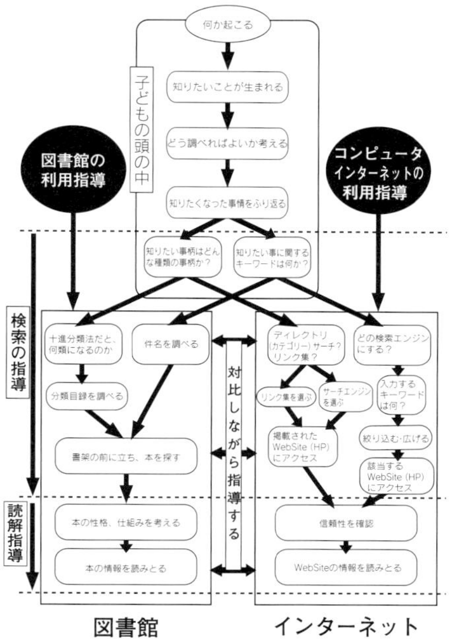

column

レファレンスサービスを利用しよう

図書館で、調べたいことを図書館員に質問をしてみよう。図書館には「レファレンス」というサービスがある。利用者の調べものの相談にのり資料や情報を提供する、というのが図書館のレファレンスサービスだ。その場でわからなかったことでも、後で引き続き調査をして連絡をくれる。他の図書館に問い合わせをしたり、資料を取り寄せたりして回答することもある。一般向きだが**『まちの図書館でしらべる』（まちの図書館でしらべる編集委員会・編　柏書房　2002）**には、様々なレファレンスの事例や自分で調べる時のテクニックが紹介されていて、図書館利用のコツがわかる。

学校へのサービスを積極的に行っている公共図書館も増えた。本の団体貸出や配送をしているところ、テーマを知らせると本を探してくれるところなど、自治体によって違うが、うまく利用すれば授業に役立つ資料をたくさんそろえることができるだろう。出前出張の図書館案内やお話会、職場体験の受け入れもある。学校と公共図書館の連絡会や共同研修会、読書のリストだけでなく、調べ学習の手引きや地域資料作成なども行う公共図書館もある。図書館をどんどん活用しよう。

岡田貴子

2．社会科授業で育てる情報リテラシー
～社会科学習で学校図書館をどう利用していくか～

（1）社会科授業で育てる情報リテラシー

社会科の学習は、社会科本来の性格からすると総合的に展開していくはずである。特定の問題の解決をしていく際に様々な分野に関する知識や様々な技能が動員されていく。

例えば、４年生で学習する事が多い「健康なくらしとまちづくりを調べよう」の単元で扱われる水の問題について調べ、考えていく際には、水の循環や自然界における水の在り方に関する知識が欠かせない。またそれらの理解には数学的な処理も必要となってくる。水の問題について調べ、考え合っていくためには、資料を読み解く読解の技能や、読み解いた資料をメモしたりノートする表現の技能、調べたことをもとに話し合う時には発表やプレゼンテーションをする表現の技能、相手の意見を理解し、合意を形成していく技能などが必要となってくる。学習とは－内容的にもそうであるが－技能面で見ても極めて総合的なものなのである。だからよりよい社会科授業が実現していくと、学習者である子どもたちには総合的な読解や表現の技能が育ってくるわけである。

新学習指導要領の社会科においては地図や統計等の資料の活用や、表現力を育てなければならないことが示されているが、上で見てきたように、それにとどまらない総合的な読解や表現の技能が育てられることが期待されていることになる。1.で触れたように、背景にはPISA型の学力を育てようとする意図があることがわかればうなずけるところであろう。1.でPISA型の学力はすなわち情報リテラシーだと指摘したが、これがまさに社会科の学習においても育成が期待されているものなのである。

情報リテラシーの定義は様々あるが(3)私は「**自らの願いの実現のために、調べ、読み取り、考え表現する力と技（能）**」としている。また、小学校６年間を通して育てたい情報リテラシーのゴールイメージを図－３のように整理してみた。

社会科においても情報リテラシーは育てられていくし、また育てられるように計画していかなければならないと考えるが、それはどうしていけばよいのだろうか。ゴールイメージで示したように、情報リテラシーを育てていくには、六つの重点があると考えている。この六つを、社会科学習の展開する中高学年でどう育てていくか考えていくのか、重点を示したのが表－１である。なお、この表には参考に社会科への接続を考え低学年の生活科等で経験させておきたい事柄も表記した。

これらを各学年のそれぞれの単元の指導計画の中に位置づけていけばよいのであるが、位置づける際には二つの視点が必要であると考える。ひとつは縦断的な視点であり、今ひとつは横断的視点である。縦断的な視点は年間を通してどのように情報リテラシーの力と技能が子どもの中で発展していくのか－スパイラルに－を見通す視点である。社会科で言えば、例えば３年生の１年間の中でメモを取る技能がどのように育っていくのかを単元間をつらぬいて見通していく視点である。今ひとつの視点、横断的な視点とは子どもの生活全般を通してどのように情報リテラシーの力と技能が育っていくのか、教科・領域を通していく視点である。先ほどの例で言えば、メモを取る技能で言えば、社会科だけでなく他教科・領域でもどのようにして育てていくのかを見ていく視点である。これら二つの視点を意識しながら、社会科の指導計画に情報リテラシーの育成を位置づけていきたい。

（2）学校図書館をどう使うか

学校図書館の活用は、社会科離れを防ぎ、情報リテラシーの育成には重要だと述べてきたが、社会科学習では、単元の学習内容の特性を考えると、すべての単元で学校

＜情報リテラシーのゴールイメージ＞　図－３

（3）情報リテラシーの具体像については拙著『教室・学校図書館で育てる　小学生の情報リテラシー』（少年写真新聞社、2007年）P.13を参照。

図書館を利用した学習活動を行わなければならないかというと、そうではない。小学校社会科は、子どもたちが社会と向き合うために、探検や地域調査、インタビュー活動等の実体験を位置づけた学習を重視する。これが基本である。しかし、実体験は重要ではあるが、往々にして部分的な体験である。それが全体にどう位置づいているのかを調べなければ、全体像がわからず社会の姿に迫れないことも多い。社会科学習の中で学校図書館の利用を位置づける際、どのように利用できるかについて以下の3点をあげてみた。

①体験活動等を中心に展開したい単元
②学校図書館を中心に展開可能な単元
③導入・発展などで学校図書館も活用したい単元

①は従来社会科の学習で用いられてきた、調査、見学、インタビューなど、実体験の活動を重点として展開する方が学習の目標や情報リテラシーの育成から考えて好ましい単元である。②は学校図書館の整備状況によっては学校図書館を中心とするメディア体験中心で学習展開が可能な単元。もちろん、従来の実体験の活動を行わないというわけではないが図書資料（含む地域資料・パンフレット資料）やインターネット等が効果的に用いられる単元である。③は基本的には実体験の活動を重視して展開するが、部分的に学校図書館を利用する事を組み合わせることによって効果的に展開できるものである。②で示した単元は基本的には③でもある。

社会科の各単元が①～③のいずれに相当するかを整理したのがP.143の表－2である。なお、本書第1部では、学習指導要領の内容から考えて想定される単元を、教科書等も参考にしながら大単元と中単元を設定している（ただし、図書資料等の点数の問題から、独自の中単元としては起こさずに他へ含めてしまったものもある。本書第1部にない単元は表中では※印で示してある）。基本的には本書の単元構成によっている。

例えば3年生の学校のまわり、「町の様子を調べよう」という単元の学習を考えてみよう。ここで重視されるのは、実際に行われる探検活動で校区を歩いてみて、子どもたちが出会う社会事象である。まずは地域に出て、実際に観察することが重要なのである。もちろん、学習の導入や発展の過程で、図書資料等の地域の資料があればそれを活用することは学習を効果的に進めることに寄与するが、探検が主であり、図書資料等の利用は従である。表では①と③に○があるのはそのためである。

また、5年生の工業の単元を例に考えてみよう。教科書では、日本の代表的な工業として自動車工業を取り上げている。近隣に自動車工場がある学校では見学に出かけるところがほとんどである。しかし、この学習で重要なのは、特定の会社の自動車づくりの工夫がわかることではなく、自動車工業を典型とした日本の工業生産全体に対する理解なのである。見学では特定の企業の工場を見学するわけで、その工場での取り組みが、日本の自動車工業の中で一般的なのか、または特殊な工夫なのかは判然としない場合も多い。この見学体験を生かして、自動車工業、ひいては日本の工業の全体像をつかんでいくためには他の資料が必要になってくる。そこで必要になってくるのが図書資料等を用いたメディア体験の学習というわけである。確かに実体験である見学は主要な活動であるが、メディア体験の学習が従とばかりはいえない意味を持ってくる。表では①に丸がついているが②にもついているのはそのためである。

<小学校社会科における情報リテラシーの育成（◎は重点）>

表－1

	意欲	読書	読解・表現の技能			
	好奇心と追究意欲の醸成	読書愛好心の醸成	メディア利用のリテラシー	調査リテラシー	情報編集リテラシー	コミュニケーションリテラシー
低学年	◎追究の原体験を	◎本·学校図書館との好ましい出会い ·読書の習慣（読書ノート）	・人の話を聞く ・本を見る・読む	・たずねる ・図鑑（辞典） ・好きな本のある棚の位置を覚える ・探検	・メモを取る ・文に書く ・PCに触れる	·話す（絵·図を使って） ·聞く ·文に書いてみる
中学年	◎教科学習で追究体験を	·読書の習慣（読書ノート）	・人の話を聞く（言いたいことは何か意識して） ・本を見る・読む ・教科書・副読本の利用 ・地図の利用 ・統計資料の利用	◎学校図書館利用の初歩的指導（NDC、レファレンスツール他） ・探検·見学·インタビュー（体験型） ・図鑑·辞典·事典 ・公共図書館利用体験 ・WWWを見る	・メモを取る ・図に書く（Webbing Map等） ・ノートを取る ・見学等の報告文を書く	·話す（絵·図を使ってプレゼンテーション） ·聞き合う ·文に書く（書きたいことをもらさずに）
高学年	◎自らの問いを解決する問題解決体験の中での利用	·読書の習慣（読書ノート） ·読書の幅を広げる（ノンフィクション）	・人の話を聞く（自分の考えとつなげて） ・本を読む（必要な情報をえらびながら） ・教科書・資料集の活用 ・地図・地球儀の活用 ・統計資料の活用 ・映像資料の利用	◎図書館の調べる機能に慣れる（NDC、レファレンスツール） ・公共図書館の利用に慣れる ・WWWで調べる	・メモを取る ・図に書く（Webbing Map等） ・ノートを活用する ・簡単なレポートを書く ・PCで表現する	·話し（聞き手のことを考えてプレゼンテーション）聞き合う ·文に書く（読み手を考えて）

3．社会科の授業に対応した学校図書館をどうつくっていくのか

（1）社会科の授業で使える学校図書館にするために

社会科の授業で学校図書館を使おうと考えたならば、それに対応できる学校図書館に整備しなければならない。すなわち、調べ学習に対応した図書資料等のタイトルをそろえていかなければならないのである。しかし現状では、調べ学習に対応できていない学校図書館がほとんどではないか。多くの学校図書館は読み物中心でコレクション（学校図書館の図書資料などの資料の総体）が構築されているだろう。それはある意味しかたがないことだ。学校図書館が調べ学習で使われてこなかったとしたら、まずは読書活動に対応するために読み物中心のコレクションを構築しているはずである。そのコレクションに、調べ学習で利用できる資料を入れていかなければならない。しかし、学校図書館の予算は限られている。文部科学省の調査によれば平成18年度に実際に購入された1校あたりの図書の購入冊数は313冊（寄贈図書数が81冊、廃棄が251冊、前年度からの増加冊数は142冊）である。読み物の本の更新も重要であるから、それを行いながら、調べ学習用の資料をそろえていかなければならない。しかしながら、調べ学習用の本は単価が高い。全国学校図書館協議会によると2007年度の平均図書単価が1574円だが、調べ学習用の本には2000円を超えるものが少なくない。もちろん、学校で利用できるように正確な内容となるよう、十分な取材に基づき、多くの子どもの利用を考えた体裁を整えるためにはそれなりの経費がかかるのは理解できる。しかし今回、第1部の執筆にあたり、図書館で借りることができなかった本は購入したのだが、この価格はこたえる。学校図書館に話を戻すと、調べ学習に対応するタイトルは高価なため、そう多くは購入できないということである。おそらく、何らかの特別な予算措置でもない限り、単年度で本書第1部であげた図書すべてを購入できることはないだろう（もちろん購入だけでなく、公立図書館からの団体貸し出しや他校の学校図書館との相互貸借も考える必要がある）。

上記のような事情を考えると、複数年度で、調べ学習に対応したコレクションの整備を考えていかなければならない。もちろん本書は社会科のことで展開しているが、他教科・領域についても考えなければならないだろうことは言うまでもない。

コレクション整備計画は、学校に司書が十分配置されていない現在では、司書教諭が中心となってたてていくことになるだろう。その際に重視したいのは以下の3点に対応することである。

＜コレクション整備計画作成の視点＞
①地域や学校での教育の重点に対応する
②学校教育目標や学校経営の基本方針に対応する
③各教科・領域の重点に対応する

（2）学校図書館整備の方法

（1）で示した3点がコレクションの整備の基本方針となるが、忘れてならないのは、授業を行う教師達の意識の問題である。授業は個性的な個々の子どもが集団となって、個性的な教師と共に創り出す極めて個性的な営みである。教師は自分の関心やスタイルにこだわりを持って実践に取り組んでいるので、つくられた計画がその学校の教師達の関心や実践のスタイルに対応していないと、せっかく学校図書館のコレクションを整備しても使われないと言うことも考えられる。そこでもう1点加えたいのが

④教師の関心・実践スタイルに対応する

である。例えばこれについて、私は次のような取り組みをしたことがある。年度の初めに、学校図書館の予算計画を組んでいくために、全校の教員に学校図書館に集まってもらった。学年毎の教師集団に、今年度の学習で利用できそうな本を書棚から抜いてきてもらい、単元毎にテーブルの上に置いてもらい、不足な分野や、こんな本が欲しいといった要望を書き出してもらった。購入希望図書資料のアンケート用紙を配ってもなかなか出してもらえない場合には特に有効な方法である。また、この作業をする中で、それぞれの学年の教師集団の中で、今年度はどの教科のどの単元で学校図書館を使ってもらえそうなのか見極め、購入資料の優先順位を変えるヒントももらえる。まずは、利用されそうなところからコレクションを整備していくことが重要である。授業で使ってみて良かったと思えれば教師はまた学校図書館を活用する。そういった経験の累積がコレクション整備の原動力となっていくのである。

最後に更に付け加えたいのが

⑤子どもの興味に対応する

ということである。実はこれが最も重要なのかもしれない。

コレクションの状況によっては授業の中での利用はまだ先になる場合もあるだろう。しかし、授業の中で興味を持ち、もっと知りたいという願いを持った子どもの声に応じる準備はしておきたい。授業で行われる単元に関連する資料は少しずつでもよいので整備をしておきたい。例えば、2.であげた単元一覧からすると、3年生の第1単元「学校のまわり・町の様子を調べよう」は探検などの体験活動を中心に授業が展開していくことが多い。授業の中で学校図書館を位置づけて展開する例は少ないかもしれない。しかしそうではあっても、この学習に触発されて、様々な興味を持つ子どもが出てくる。探検の方法について知りたいと考える子ども、地図を書く活動に触発されて、地図について知りたいと考える子ども等、様々である。

以上5点にわたって述べてきたが、これらを基本方針として、学校図書館のコレクションを社会科の調べ学習に対応したものに変えていってほしい。

（3）まず学校図書館にそろえたい本

具体的にどのような本がよいのかについては、第1部で示した社会科の学習単元に対応した資料のリストがあるので、（1）、（2）で指摘した5点を考慮してコレクション整備に取り組んでほしいのだが、社会科の各内容の図書資料の整備の前に取り組んでほしいのが参考図書、レファレンスツールの整備である。レファレンスツールとは利用者のよくある質問に応えるための汎用性の高い、次の①～⑩までのような資料のことである。これらは、子どもが読んでわかるものも用意しておきたいが、子どもの質問に答えるために教師が調べに来た時に使えるものも用意しておきたいものである。

①辞典
②百科事典・各種事典
③図鑑
④年鑑・年報・白書
⑤年表
⑥新聞・雑誌
⑦地域資料
⑧地図
⑨調べるための本・表現のしかたの本
⑩マルチメディア資料（CD・DVD・WWWやデータベース等のオンライン情報）

①でまず基本となるのが国語辞典である。学校には国語辞典が学級の人数分用意されていることが多いが、それ以外にも学校図書館に数種類の国語辞典が必要である。子ども向きのものだけでなく、大人向きのものも必要である。知らないことに出会い、まず調べるのが辞典類である。簡単な百科事典だといっても良いだろう。子どもの机上に用意して、知らない言葉に出会ったらすぐに引く習慣を持たせたいものである。社会科では学年が進むにつれ、専門用語や難しい表現に出会うことが多くなる。収録語彙や解説のしかたは辞典によって異なるので、学校図書館には複数の種類のものをそろえたい。

②の百科事典は大人向けのものも1セットあるとよいが、子ども向けに編纂されたものは必須である。可能であれば複数セットあるといいが、これは難しいかもしれない。静岡県の塩谷京子氏が実践された授業で、5年生の子どもたちが自分の住む市の現在の人口をどう調べるかというものを、百科事典を使いながら展開されているのをテレビ番組で見た[(4)]。6人ぐらいのグループに小中学生向けに編纂された百科事典**『ポプラディア』**が1セットずつ置かれ、子どもたちがそれを使って調べていく授業風景が映し出されていたが、百科事典の使い方を知り、慣れていくための授業を展開するためには、複数セットあるといいと思う。百科事典は複数冊になるが**『きっずジャポニカ』（小学館、2006年）**は1冊でまとまっている。これもまた便利である。各種事典とは本書第1部で紹介した**『昔の子どものくらし事典』**や**『文明開化絵事典』『戦争とくらしの事典』**のように、一定のジャンルに関して事典形式で編集されたものである。子どもたちが興味を持ちそうなものを重点に集めておきたい。また最新用語を調べるには現代用語検定協会の**『現代用語の基礎知識学習版』（自由国民社、各年度ごとに出版されている）**も備えておくと良いだろう。歴史関係の辞典としては一般向けだが**『日本史広辞典』（山川出版、1997年）**やその人物辞典版**『日本史人物辞典』（同、2000年）**が多数の項目を収録している。

③の図鑑も見逃せない。図鑑というと年齢の低い子ども向けという印象があるかもしれないが、ビジュアルな事典だと考えれば必要性がおわかりいただけるであろう。

（4）（「わくわく授業　私の教え方　ホントの人口は何人なの!?～塩谷京子先生の情報教育」NHK教育 2007年9月16日放映）

社会科では**小学館**の『**21 世紀こども百科　歴史館**』や**学研**の『**ニューワイドずかん百科　ビジュアル　日本の歴史**』は百科を銘打っているが紙面からすると図鑑の類である。その他にも交通関係や産業に関する図鑑や環境に関する技術等を紹介したものも社会科では有用だ。『**21 世紀こども百科**』のシリーズは使えるものが多い。『**地球環境館**』、『**しごと館**』、『**食べもの館**』も使える。

④の年鑑類では『**朝日ジュニア百科年鑑 2008**』（西暦のところは各年で変わる）が定番である。日本や世界に関する統計資料がまとまっている。これは毎年出版されているので定期的に購入する必要がある。これに類する統計書として定番中の定番『**日本国勢図会**』（**矢野恒太記念会**）の子ども版として出版されている『**表とグラフで見る　日本のすがた 2008 年**』（西暦のところは各年で変わる）も押さえておきたい。類書に**帝国書院**の『**地理データファイル**』（毎年発行）**二宮書店**の『**地理統計要覧**』（毎年発行）があり、これらは日本だけでなく世界の統計も収録しているが、大人の手助けが必要な本である。なお矢野恒太記念会では、一般向けであるが『**データでみる県勢**』『**世界国勢図会**』『**数字でみる日本の 100 年**』等もある。また、各国のことを調べるには『**最新 世界各国要覧**』（**東京書籍**、2006 年。12 訂版が最新）が国連、外務省、その他公的機関および各国政府公表の最新・公式の資料をもとに、世界のすべての国と主要地域 200 の基礎データまとめている。類書に**二宮書店**の『**データブック オブ・ザ・ワールド**』が毎年発行で世界各国要覧と最新統計を掲載している。ただこれらについても大人の手助けが必要であろう。

⑤については子ども向けは 75 ページをご覧いただきたい。一般向けとしては**歴史学研究会**『**日本史年表**』『**世界史年表**』（**岩波書店**、2001 年）が定番か。東京学芸大学日本史研究室『**日本史年表増補［4 訂版］**』（**東京堂**、2007 年）もある。

⑥の新聞については小学校では一般紙よりも小学生向けに出されている『**朝日小学生新聞**』や『**毎日小学生新聞**』といった小学生新聞がよいだろう。雑誌については『**月刊ポプラディア**』（**ポプラ社**）や**毎日新聞社**の『**News がわかる**』が社会科に関連する話題を多く掲載している。『**おおきなポケット**』や『**たくさんのふしぎ**』（**福音館書店**）『**子供の科学**』（**誠文堂新光社**）には時々参考になるテーマが掲載される。就学前の子ども向けだが『**こどものとも**』や『**かがくのとも**』もチェックが必要だ。新聞や雑誌についてはあとの処理の問題がつきまとう。良い資料が多いのだが、長くそのままの状態で置いておけない。新聞は特にそうである。ファイル資料の作成に力を入れている学校では、新聞の切り抜きを行って分類し、ファイル資料[5]として所蔵しているところもある。切り抜きを行うテーマをうまく選べば有効な資料となるが手間がかかるのが難点である。

⑦について。地図の本は第 1 部で扱っていたのでそちらも見ていただきたいが、ここでは大人向けの詳細の地図帳と、地名辞典を備えるべき事を指摘しておきたい。**帝国書院**『**最新基本地図　世界・日本　32 訂版**』や『**平凡社アトラス日本地図帳**』や『**平凡社アトラス世界地図帳**』（**平凡社**、2005 年）がある。最近は様々な情報を載せた子どもの興味を引く地図帳が出ている。子ども向けにはアリソン・クーパー『**アトラス世界地図絵本**』（**学習研究社**、2005 年）等があり、大人向けには**帝国書院**の『**旅に出たくなる地図**』や『**地図で訪ねる歴史の舞台**』（それぞれ日本版、世界版がある）もある。地図は統計同様、情報の更新が頻繁にあるので更新の目配りは欠かせない。

②地域資料は、主として３・４年の学習で利用する有効な資料なのだが収集・管理に手間がかかる資料でもある。地域の情報について市役所等が発行している広報やパンフレット等を集めることになるが、社会科見学に出かけた際に余分にもらってきたり、公共団体や各種団体から学校向けに送られてくる子ども向けのパンフレット（水道や電気、著作権、租税等様々ある。また地方自治体

ファイル資料の例

が出している広報なども重要である）等をファイル資料[6]として整理しておくとよい。また地域発行の社会科の副読本、近隣地域の副読本や中学校向けに出されている副読本なども有用である。学校の周年行事で発行された記念誌なども収集しておきたい。

⑨調べ方やまとめ方の資料も必要。それぞれの分野で調べるにはどのような本があるのかを調べるための本は図書館資料研究会**『新どの本で調べるか』（リブリオ出版、**2006年）等があり、本の探し方については片岡則夫**『クックとタマ次郎の情報大航海術』**（同、2001年）等がある。図書館の使い方についてはP.19のコラムを参照されたい。調べたことをどうまとめるかについてはP.11～12に数点あげたが、情報リテラシー育成のためにはこのジャンルの本も必要である。

⑩社会科に関する映像資料があげられる。見学等にいけないものについては映像資料が効果を発揮する。教材センターとしての機能を考え揃えたいものである。また、小学校では利用頻度と予算を考えると実現が難しいが、いずれはと視野に入れておきたいのが、オンラインデータベースの利用である。ジャパンナレッジや新聞社各社の記事データベースなどをいずれは活用する日が来るであろう。比較的に利用しやすいのがインターネット上のWWWだが、サイトは玉石混淆である。情報が正確で、子どもにも利用可能なサイトを吟味してデジタル版のパスファインダーであるリンク集をつくって利用させると良いだろう。購入可能な現実的なものはCDやDVDで提供される辞典・事典類ではないか。静止画だけでなく、音声や動画像等もあり、新たな可能性をもった資料である。②であげたポプラディアのPC対応版がある（インターネット版のポプラディアネットもある）。

なお、一般的な学校図書館の選書から廃棄まで過程については次ページを参照されたい。

ブックリスト　裁判員制度

平成20年3月告示の新学習指導要領では法教育の視点を導入することが示されている。折しも平成21年から裁判員制度が始まるが、これからの社会科ではきまりや法の問題を扱っていくことが求められる。どのような学習を展開していくのか参考になる。

『その国語力で裁判員になれますか？』
入部明子　明治書院　2008
『これ一冊で裁判員制度がわかる』
読売新聞社会部裁判員制度取材班　中央公論新社　2008
『イラストで学べる裁判員制度　全３巻』
裁判員制度研究会　汐文社　2007～08
『つぶせ！　裁判員制度』
新潮新書　井上薫　新潮社　2008
『「悪いこと」したら、どうなるの？』よりみち・パン！セ
藤井誠次　理論社　2008
『あなたも裁判員　漫画で読む裁判員制度　第２版』
久保内統　日本評論社　2007
『裁判所へいこう！　―傍聴のポイントから、裁判員制度のしくみまで』
小林剛　ＰＨＰ研究所　2007
『裁判員制度はいらない』　高山俊吉　講談社　2006
『ガイドブック裁判員制度　「わたしが裁判員に？」』
河津博史他　法学書院　2006
『みんなの裁判　マンガでわかる裁判員制度と重要判例60』
小林剛監修　柏書房　2006
『新版　わたしたちと裁判』
岩波ジュニア新書　後藤昭　岩波書店　2006
『ある陪審員の四日間』
Ｂ．Ｄ．グレアム　河出書房新社　2006
『もしも裁判員に選ばれたら　裁判員ハンドブック』
四宮啓他　花伝社　2005
『気分はもう、裁判長』　よりみち・パン！セ
北尾トロ　理論社　2005
『父と娘の　法入門』岩波ジュニア新書
大村敦　岩波書店　2005
『ジュニア・ロースクール　なぜなに法律入門〈１〉裁判所へ行ってみよう』
後藤直樹　学研　2005
『裁判員制度』丸田隆　平凡社 2004
『イラストと事例でわかる　裁判の仕組み』
小林英明　かんき出版　2003
『裁判員制度がやってくる　あなたが有罪、無罪を決める』
新倉修 編　現代人文社　2003
『ドキュメント裁判官　人が人をどう裁くのか』
読売新聞社会部　中央公論新社　2002
『わたしは「悪者」に味方する』ちくまプリマーブックス
遠藤誠　筑摩書房　2001

まとめ：村上恭子

（5）（6）ファイル資料については前掲拙著P.90を参照。

学校図書館のコレクション形成の流れ

東京学芸大学附属小金井小学校　中山美由紀

1．コレクションの形成・・・選書

選書は最低でも年に数回行いたい。できれば随時買えるとよい。年に１回、５、６月の図書購入で終わらせてしまう学校をいまだに聞くが、それでは２学期以降に必要になった資料や秋や冬の新刊が買えなくなってしまう。新商品の入らない商店には魅力がない。学校図書館も同じだろう。レトロな貴重本も時にはあるが、新しい情報、新しい話題、新しい装丁など、新鮮な品揃えが望まれる。

子どもの楽しみや要求も大切であるが、最優先にはできない。学校図書館の目的は「学校の教育課程の展開に寄与するとともに、児童・生徒の健全なる教養を育成すること」（学校図書館法第２条）である。その学校の教育目標や研究、学習の重点、子どもに身につけてもらいたい力なども充分考えて選書すべきである。

蔵書構成のバランスや質の向上を図るのはもちろんである。まずは現状を把握し評価してから、今年の重点分野を決める。いくら「教育課程の展開に寄与する」といっても、授業で使う１学級分の複本（同じ本を複数）の購入を要求されても、そのまま応じるわけにはいかない。授業で必要なコピーは著作権法第35条で認められているので、授業の展開に応じたプリントを教師の手で編集・作成をしてほしい。決められた予算の中でも、多様なものの見方、考え方が育まれるように選書したい。同じテーマでも視点の違う資料を揃え、この本には出ていたがこっちには出ていないと〈読み比べ〉ができるよう、まずは多様なコレクションをめざすべきであろう。

選択の基準として、**鮮度**（新しい情報が必要な分野）、**頻度**（よく使われる分野）、**グレード**（発達段階や内容、質）などを考えてみるとよいだろう。

2．発注、受入、装備

発注すべき書店を決められている学校は多く、小学校の場合、受入、分類、装備、ビニールコートがけを書店に任せるケースがほとんどだろう。学校では毎年、装備（ラベルの桁数、枠色、位置など）の仕様の確認を書店と行うとよい。発注した全集モノが同じ記号で揃うか、単独扱いでバラバラになるかは、発注時期が違うと統一されないこともあるので、修正は学校図書館が行う。分類の方針も学校の特徴によって微妙に違うので、微調整はやはりそれぞれの学校図書館がすることになる。そのような時のためにも、その学校図書館の実務内容を「スタッフ・マニュアル」にまとめておくとよい。担当者が異動したときにはそのまま引継ぎ資料となり、複数で仕事をする場合には、共通理解の核となる。

3．分類・配架（排架）・・・日本十進分類法

学校図書館の分類は、日本十進分類法（NDC）を基本にすえる。児童・生徒の実態に即した他の分類でよいという考え方もあるが、子どもの発達段階、蔵書数に合わせて、NDC の桁数を調整すればよいのである。NDC は日本のほとんどの図書館が採用している分類であり、生涯使える便利なスキルとして、身につけさせたい。小学校では一番大きな 10 分類〈類〉について教えよう。何桁の分類であろうと〈始まりの数字〉が〈類〉である。国語の教科書にも紹介されている。教科別分類やその他の分類では、主題の振り分けも主観的で曖昧であり、棚の中の排列も決まらず、探すことが困難である。なお、展示のための別置は、その時々のアピールであり、分類とはまた別である。

4．蔵書点検・除架・除籍・・・蔵書更新

傷んだ本、情報が古くなった本、使われなくなった本は除籍する。そういう本がいつまでも棚に残っていると魅力がなくなっていく。新しい本を入れても、古い本の背表紙に吸収されてしまって目立たなくなってしまうのである。ほとんど利用のなくなった本については、除籍する前に、いったん書庫にしまっておく（除架）のもいいだろう。様子を見て除籍の判断をする。入手困難なものや絶版でも、必要であれば残すが、子どもたちの見る本棚はやはり新しいものを中心にしたい。改訂版がでたら、旧版は除架、除籍する。ただし、今回のこのリストでも何冊か示したが、旧版の方の出来がいい場合は残しておくことになる。

年に１回は蔵書点検を行って、あるべき本が実際にあるかどうかのチェックを行う。不明状態が何年か続いたら、除籍する。必要な欠本は補充する。

よく手の入れられた学校図書館のコレクションには生気が感じられる。学校の目標、子どもの実態、地域の情報環境も考え、コレクションを形成していきたいものである。

選書から除籍まで（2008年版）

東京学芸大学附属小金井小学校司書　中山美由紀

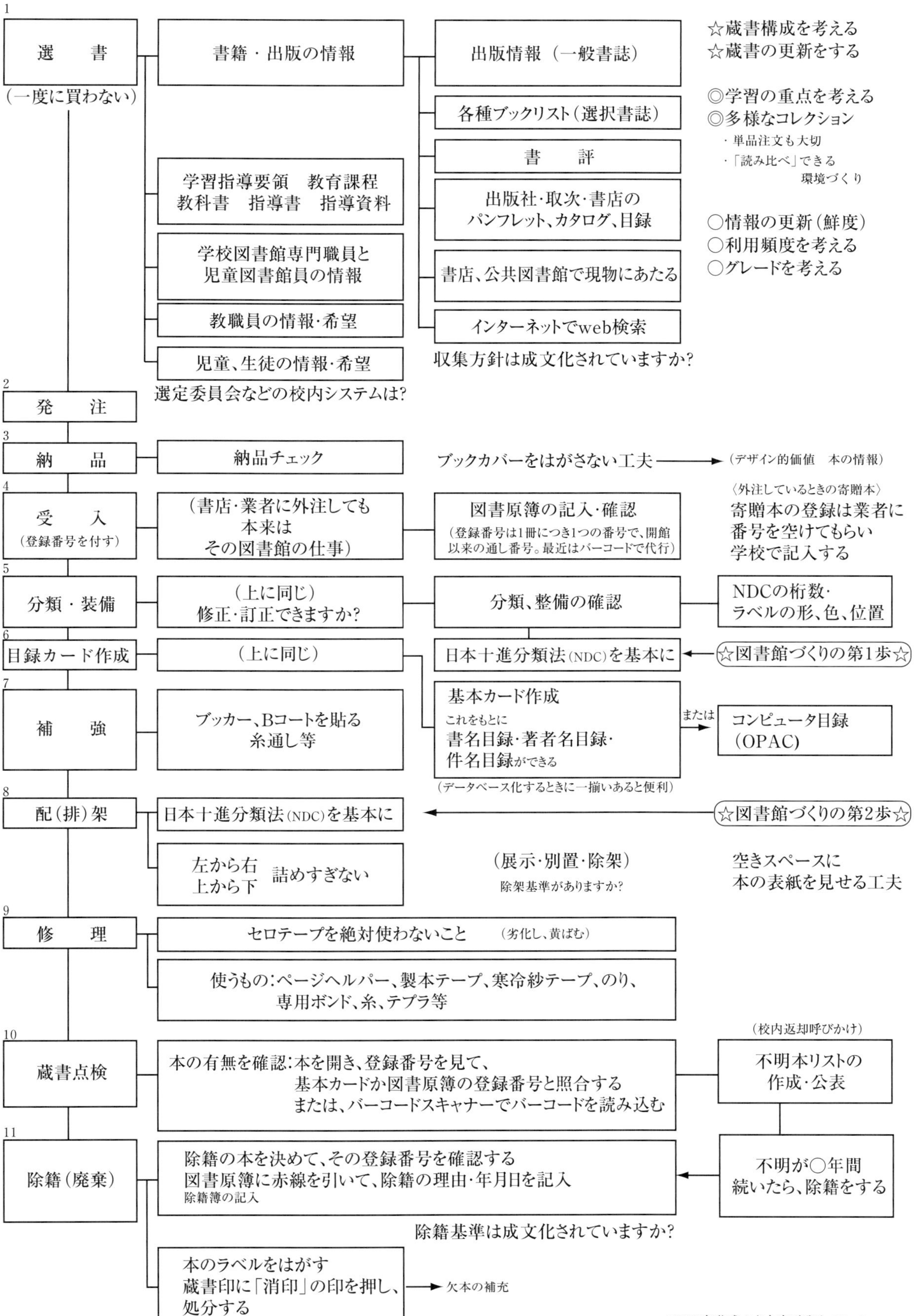

1
選　書
（一度に買わない）
書籍・出版の情報
出版情報（一般書誌）
☆蔵書構成を考える
☆蔵書の更新をする
各種ブックリスト（選択書誌）
◎学習の重点を考える
◎多様なコレクション
・単品注文も大切
・「読み比べ」できる環境づくり
書　評
学習指導要領　教育課程
教科書　指導書　指導資料
出版社・取次・書店の
パンフレット、カタログ、目録
○情報の更新（鮮度）
○利用頻度を考える
○グレードを考える
学校図書館専門職員と
児童図書館員の情報
書店、公共図書館で現物にあたる
教職員の情報・希望
インターネットでweb検索
児童、生徒の情報・希望
収集方針は成文化されていますか？
2
発　注
選定委員会などの校内システムは？
3
納　品
納品チェック
ブックカバーをはがさない工夫
（デザイン的価値　本の情報）
4
受　入
（登録番号を付す）
（書店・業者に外注しても
本来は
その図書館の仕事）
図書原簿の記入・確認
（登録番号は1冊につき1つの番号で、開館以来の通し番号。最近はバーコードで代行）
〈外注しているときの寄贈本〉
寄贈本の登録は業者に
番号を空けてもらい
学校で記入する
5
分類・装備
（上に同じ）
修正・訂正できますか？
分類、整備の確認
NDCの桁数・
ラベルの形、色、位置
6
目録カード作成
（上に同じ）
日本十進分類法（NDC）を基本に
☆図書館づくりの第1歩☆
7
補　強
ブッカー、Bコートを貼る
糸通し等
基本カード作成
これをもとに
書名目録・著者名目録・
件名目録ができる
（データベース化するときに一揃いあると便利）
または
コンピュータ目録
（OPAC）
8
配（排）架
日本十進分類法（NDC）を基本に
☆図書館づくりの第2歩☆
左から右
上から下
詰めすぎない
（展示・別置・除架）
除架基準がありますか？
空きスペースに
本の表紙を見せる工夫
9
修　理
セロテープを絶対使わないこと
（劣化し、黄ばむ）
使うもの：ページヘルパー、製本テープ、寒冷紗テープ、のり、
専用ボンド、糸、テプラ等
10
蔵書点検
本の有無を確認：本を開き、登録番号を見て、
基本カードか図書原簿の登録番号と照合する
または、バーコードスキャナーでバーコードを読み込む
（校内返却呼びかけ）
不明本リストの
作成・公表
11
除籍（廃棄）
除籍の本を決めて、その登録番号を確認する
図書原簿に赤線を引いて、除籍の理由・年月日を記入
除籍簿の記入
不明が○年間
続いたら、除籍をする
除籍基準は成文化されていますか？
本のラベルをはがす
蔵書印に「消印」の印を押し、
処分する
欠本の補充

※1999年作成より毎年改訂している

4. 学校図書館を活用し情報リテラシーを育て展開する社会科授業

ここでは、各学年・各単元毎に学校図書館－図書資料－を活用した学習の展開について述べていく。

（1）3年生の授業での活用

第1部や表－2で示したように、3年生の学習する単元は以下の三つである。

Ⅰ　学校のまわり・町の様子を調べよう
Ⅱ　人びとのしごとを調べよう（地域の生産）
Ⅲ　くらしをまもるはたらきを調べよう

これ以外に昔のくらしが入る場合もあるのだが、本書では、昔のくらしと地域の開発や伝統文化についてはまとめて4年生で学習する事を想定して単元構成をしている。そちらもご覧いただければと思う。

3年生は社会科学習の開始時期にあたり、生活科との接続を図り探検活動等の実体験から社会と出会い考える事を重視していく。だから、学校図書館での学習が中心となって学習が展開する事はこれまでほとんど無かった。これらはいずれも、体験等の活動を中心として展開し、学校図書館の利用は導入や発展等の部分でに利用も考えるとした。例えば、Ⅰでは、校区の探検では子どもたちが良く標識やマークに着目するが、ほかにもどんなマークや記号があるか学習したり、校区の探検で描いた絵地図から、図書資料を使って地図の描き方や地図の読み方の学習へと発展させたり、Ⅱでは地域には見られない生産の仕事－例えば都市部では農業について－を学習したり、地域の生産・販売に関わる国内他地域について学習する際には学校図書館を利用した活動が可能である。また、Ⅲでは警察や消防の学習を始める際に、導入教材として防災や防犯の現場で活躍する消防士や警察官の姿を図書資料から提示して、意欲を高めて見学へとつなげていくといった利用が可能であろう。なお、Ⅲについては、3・4年で防犯と防災を分けて扱う場合や、まとめて4年生で扱うこともある。その際には扱い方も変わってくる。3年生では警官の具体的な防犯のはたらきを調べることを中心として、4年生では防災に関する諸機関が連携して緊急に対応する仕組みを作っていることを中心に学習をしたり、といった具合である。このような連携の仕組みを調べる際にはファイル資料を含んで図書資料は有効性を発揮する。これらの活動を通して、情報リテラシーの技能を育てるために、調べ方や調べたことのまとめ方を扱った図書資料が効果を発揮することも強調しておきたい。社会科の実践研究をしている学校等では、過去の子どもの作品を蓄積し、学習の際に見本として提示できるように整理・保存している場合があるが、過去の蓄積がない場合には作品例や作り方が掲載されている図書資料は有効性を発揮する。

また、これらの学習の際に副読本や教科書の使い方も注意したい。3年生の学習では教科書はほとんど使わず、副読本を中心に展開する場合が多いと考えられる。身近な地域の学習をしていくわけで、学習の事例地が一致しない教科書は利用せず、もっぱら副読本で学習を進めている例を多く見かける。しかし、教科書には調べ方や考え方、まとめ方の典型例が掲載されているし、それらが事典のように目次から引ける教科書もある。典型的な学び方を教科書で学習し、副読本で身近な地域の事例を学習し、それらを実際の体験活動とつなげていくといった配慮が情報リテラシーを育てていくためには必要である。

（2）4年生の授業での活用

4年で学習する単元は、以下の三つである。

Ⅳ　健康なくらしとまちづくりを調べよう
1　くらしと水
2　くらしとごみ
3　くらしと電気・ガス
Ⅴ　むかしのくらしを調べよう
Ⅵ　わたしたちの県のまちづくりを調べよう

Ⅳ～Ⅵについては体験活動を中心に展開したい単元としながらも、学校図書館を中心に展開可能な単元とした。くらしと水の学習では浄水場や下水処理場、くらしとごみでは清掃工場、くらしと電気・ガスでは発電所等、昔のくらしの学習では地域に残る史跡や郷土資料館、県の街づくりでは見学活動等、実際の見学が実施できればそれを中心に展開したい学習である。これらの見学を効果的に実施するために学校図書館の資料を利用した学習を設定したり、学校の事情で見学が実施できない単元についてファイル資料や図書資料を中心に学習を展開するこ

＜小学校社会科における学校図書館の活用＞

表－2

学年	大単元名	中単元名	体験活動等を中心に展開したい単元	学校図書館を中心に展開可能な単元	導入・発展等でも学校図書館を活用したい単元	備考（中心となる体験活動）
3年	Ⅰ.学校のまわり・町の様子を調べよう		○		○	探検活動
	Ⅱ.人びとの仕事を調べよう（地域の生産）		○		○	インタビュー
	Ⅲ.くらしをまもるはたらきを調べよう		○		○	見学（現地）
4年	Ⅳ.健康なくらしとまちづくりを調べよう	1.くらしと水	○	○		見学（施設）
		2.くらしとごみ	○	○		見学（施設）
		3.くらしと電気・ガス	○	○	○	見学（施設）
	Ⅴ.むかしのくらしを調べよう		○	○		地域調査
	Ⅵ.わたしたちの県のまちづくりを調べよう		○	○		見学
5年	Ⅰ.わたしたちのくらしと食料生産を調べよう	1.農業		○		米作り体験
		2.水産業		○		見学（施設）
		3.これからの食糧生産※→1		○		
	Ⅱ. わたしたちのくらしと工業生産を調べよう	1.自動車工業	○	○		見学（施設）
		2.その他の工業※→1	○	○		見学（施設）
		3.現在の工業生産と未来※→1		○		見学（施設）
	Ⅲ.わたしたちのくらしと情報を調べよう		○		○	調査・見学
	Ⅳ.わたしたちの国土と環境を調べよう			○		
6年	Ⅰ.大昔のくらしを調べよう（※縄文から）	1.国づくりへのあゆみ	○		○	見学（遺跡）
		2.大陸に学んだ国づくり		○		見学（博物館等）
	Ⅱ.武士の世の中を調べよう	1.武士の政治がはじまる		○		見学（博物館等）
		2.全国統一への動き		○		見学（博物館等）
		3.幕府の政治と人々の成長		○		見学（博物館等）
	Ⅲ.新しい日本の国づくりを調べよう	1.新しい時代の幕開け		○		見学（博物館等）
		2.二つの戦争と日本・アジア		○		見学（博物館等）
	Ⅳ.戦争から平和への歩みを調べよう	1.戦争と人々のくらし	○	○		インタビュー
		2.平和で豊かなくらしを目ざして	○	○		インタビュー
	Ⅴ.くらしと政治を調べよう		○		○	地域調査
	Ⅵ.世界の人々とのつながりを調べよう			○		

とが可能である。

Ⅳ－1では、副読本や各自治体が小学生向けに発行している水道に関するパンフレットが有効な学習の資料となる。例えば東京都水道局は「わたしたちの水道」というパンフレットを毎年発行している。http://www.waterworks.metro.tokyo.jp/motto/study/study01.htm を参照されたい。こういったパンフレットは児童数分入手が可能な場合が多いが、それらの残部を学校図書館ではファイル資料としてストックしておきたい。また、中学生対象のものや一般向けのものも入手しておきたい。子どもの疑問によっては必要になってくる場合がある。加えてビデオ等の映像資料の配布・貸し出しをしている場合もある。見学の前に学習意欲を高め、調べるポイントを明確にしたり、見学後に見てきたことをまとめたり、知識を確認したりするためにこれらのパンフレットは有効である。ただこれらのパンフレットでわかるのは、各自治体の状況である。それらを他の自治体や他国と比較したり一般的な状況はどうなっているのかを調べたりするのには図書資料が有効性を発揮する。見学に行けるのであれば、見学の事前・事後の学習に学校図書館を活用して学習を展開し、見学に行けないのであれば、学校図書館を活用して映像資料等を見学の代わりに位置づけて学習を展開する事が考えられる。また、この分野に関しては行政の資料等が子ども向けも含めてWeb上で公開されることが多くなってきている。リンク集を作成し学習の環境整備を行いたい。

Ⅳ－2もⅣ－1同様の展開が可能である。清掃工場や埋め立て地を実際に見せる方が子どもたちの意欲や問題意識が高まることは確実である。

Ⅳ－3は指導要領では示されているものの、掲載している教科書は1社で扱われる事は少ない。その状況に応じてか、発電所やガスプラントに関する図書資料は少ない。ただ、水、ごみと学習を進めてくると、環境問題やエネルギーの問題は避けて通れない問題である。電気やガスについてもエネルギー問題や環境問題から扱う資料があるので資料収集の際に注意したい。またこの分野はWebサイト上の資料の方が充実している。それらを使って子どもたちの興味・関心を重視した発展学習を構成することも可能である。なお、新学習指導要領では「健康なくらしとまちづくり」の内容できまりや法について扱うようになった。新たな単元をおこしたわけではなく、現在の単元の中できまりや法に関わる視点を導入して学習を展開する事になる。本校執筆時点では具体的な姿は提示されていないが、例えばごみの学習ではごみを出す際の分別のルールや不法投棄の問題等、検討すべき点は多々ある。それらについては近年出版されている法教育に関する図書資料や環境問題に関する図書資料が参考になるだろう。この問題の延長線上には、先に掲げたリストの裁判員制度の問題もある。今後検討すべき課題である。

Ⅴのむかしのくらしは、大きく分けて二つの学習内容がある。ひとつは古くから残るくらしにかかわる道具とそれを利用していた頃のくらしの様子についてであり、今ひとつは地域の人々の生活向上のために、開発、教育、文化、産業等に尽くした先人の事例を学ぶ学習である。前者については、聞き取り調査などの実体験の活動を取り入れながらも、図書資料の有効性が発揮されるところである。昔の道具やそれを使っていた頃の子どものくらしについて、写真や絵を多用した図書資料が存在する。また後者の学習では、郷土資料館等への見学も有効である。見学を軸としながらも、副読本を中心に、収集した地域資料があると、学習が深まっていく。地域の開発だけでなく伝統行事や祭りなどの資料も収集しておくと活用できる。第１部では全国的にも有名な楽市の伝統を今に伝える東京都世田谷区のボロ市についての資料を取り上げているが、同様の資料は各地に存在するだろう。地域によっては子ども向けに書かれた資料も存在する（第１部で紹介した祇園祭等）。歴史的な学習に関するところは図書資料の有効性が発揮されるところであるので、重点にしてコレクションを整備しておくとよいだろう。

Ⅵの県のまちづくりも図書資料の有効性が発揮されるところである。ここでも副読本が中心となるが、地域資料の収集対象を市区町村から都道府県に広げて図書資料などの収集しておくと学習で利用できる資料が収集できる。その際収集の対象にするのは、地域の自然条件（地形・気候等）や産業、交通に関するものを集めておくとよい。また新学習指導要領ではここで日本の47都道府県の学習を強調している。これについては日本地図について楽しく学べる図書資料が多く出版されているので、それらを収集しておくとよいだろう。ともすると、都道府県名を定着させようと機械的にドリル学習を展開しがちなところである。全国の都道府県に関心を持つことができればずいぶん学習意欲が変わってくる。

図－４

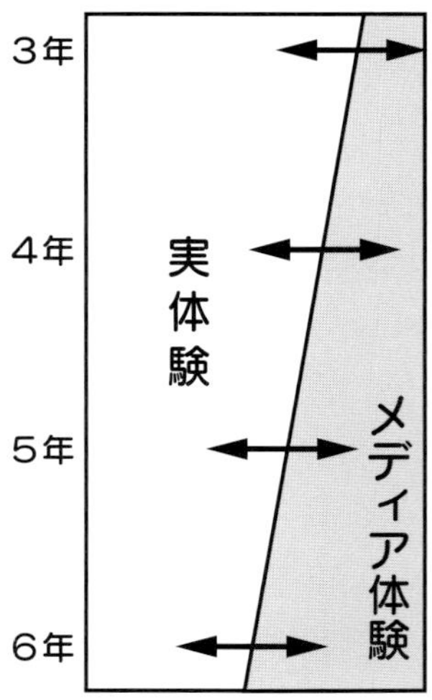

平成17年度版、教育出版の社会科教科書５年上の巻頭に子どもの好奇心が刺激されるような日本全土の絵地図がある。このような子どもたちの知的好奇心を刺激するような楽しい図書資料を収集しファイル資料を整備しておくとよいだろう。

図－４をご覧いただきたい。４年生は実体験中心の社会科学習からメディア体験を利用する学習へとつなげていく大切な時期である。量的なバランスとわかりやすく、必要感がもてるように実体験とメディア体験をつなげていきたいものである。

（３）５年生の授業での活用

５年で学習するのは以下の４単元である。

Ⅰ　わたしたちのくらしと食料生産を調べよう
　１　農業
　２　水産業
Ⅱ　わたしたちのくらしと工業生産を調べよう
　１　自動車工業・その他の工業
Ⅲ　わたしたちのくらしと情報を調べよう
Ⅳ　わたしたちの国土と環境を調べよう

Ⅰは学校図書館を中心に展開可能な単元とし、Ⅱは体験活動等を中心にしても学校図書館を中心にしても展開可能な単元、Ⅲは体験活動重視で、Ⅳは学校図書館中心に学習を構成できる単元と考えている。

Ⅰでは米づくりを体験しながらの学習が想定されている教科書も多いのだが、実際の米作りのテンポと、学習のテンポはなかなか一致しない。先行して米作りを中心とした農業の学習が行われることになるのだが、この分野に関する図書資料、ファイル資料、Web上の資料は潤沢に存在する。体験活動を行っているにしても、レポートづくりなどを位置づけて学校図書館中心の学習展開を構成することは十分可能であるし、高学年のスタートに子どもたちのもつ情報リテラシーの力量をはかってさらにのばす単元として学習を構成するとよいだろう。また、米作り以外の農業や食料生産に関する問題についても、子どもたちの問題意識に応じて新聞やレポートづくりをゴールにして同様な展開を設定することが可能である。

Ⅱでは実際に工場見学に行くことができればよいのだが、学習の時期に合わせて見学が設定できるかは難しい地域がある。そうなってくると、図書資料やWeb上の資料を使っての学習を中心として展開し、後日見学で確かめてくるといった学習を構成することになろうか。特に自動車工業については主要な企業が子ども向けにバーチャル自動車工場見学ができるサイトを構築しているので、この単元でWeb資料の活用法を指導するつもりで学習を構成するとよいだろう。また、新学習指導要領では産業の学習の中に価格や費用などの経済的視点の導入が示されている。これらをどう導入していくか検討の材料となる経済のブックリストをこの後に掲げた。この問題についても今後深めていく必要があるだろう。

Ⅲについては子どもたちの身のまわりに調査すべき事例が豊富である。ただそれを位置づける資料がほしいところだが、情報社会の問題については問題の正確から適時性のある資料を用意することが難しい。新聞やWeb上の資料を活用することになる。

Ⅳについては学校図書館が大いに活躍する単元である。日本の国土の全容と、自然条件から見て特色のある地域の学習は－事例地としては北海道と沖縄が取り上げられることが多い－、メディア体験によるしかない。図書資料だけでなくWeb資料も有効なものが多いので、リンク集をつくっておきたい（北海道庁「ふむふむ北海道フォーキッズ」や沖縄県庁「沖縄こどもランド」のHP等）。図書資料のコレクションが整備途上で資料が不足する場合は公立図書館に団体貸し出ししてもらったり、他校の図書館の相互貸借で資料を準備しておきたい。

（4）6年生の授業での活用

6年で学習するのは以下の6単元であるが、Ⅰ～Ⅳは歴史、Ⅴは政治、Ⅵは外国に関するものである。

Ⅰ　大昔のくらしを調べよう
　1　国づくりへのあゆみ
　2　大陸に学んだ国づくり
Ⅱ　武士の世の中を調べよう
　1　武士の政治がはじまる
　2　全国統一への動き
　3　幕府の政治と人々の成長
Ⅲ　新しい日本の国づくりを調べよう
　1　新しい時代の幕開け
　2　二つの戦争と日本・アジア
Ⅳ　戦争から平和への歩みを調べよう
　1　戦争と人々のくらし
　2　平和で豊かなくらしを目ざして
Ⅴ　くらしと政治を調べよう
Ⅵ　世界の人々とのつながりを調べよう

歴史単元のスタートは遺跡見学や博物館見学で、できるだけ実体験を位置づけたいが、それ以降の学習は資料を利用した学習が中心となる。それらの単元での学校図書館利用に応じられることができるように、図書資料等を整備したい。まずは授業で重点をかけるところから優先させてコレクションの整備を図りたい。図書資料の他に、文化遺産等の映像資料、郷土史に関する冊子や図録等の資料を集め、ファイル資料を充実させておきたい(中学年の学習でも利用できる)。

歴史単元の学習では、新聞、ポスター、事典、レポート等の作品づくりの活動を位置づけて展開する事も多い。作品の作り方に関する資料も含め資料を収集しコレクションの整備に取り組んでおくとよいだろう。

Ⅴの政治はなかなか時間がかけられないところである。地方自治について調査を行いたいところであるが、それが難しくなってくると、資料を利用した学習が展開される。政治に関しては難しい用語も多く、わかりやすい資料をそろえておきたい。

Ⅵの国際単元もまた学校図書館が活躍する学習である。最新情報はWeb上の資料で補わなければならないが、レファレンスツールと第1部のリストを参考にコレクションを整備していくことによって個々の子どもの興味・関心に応じて様々な国調べや国際機関調べの学習が展開可能である。問題は卒業間際の時期に実施される単元故の時間の確保である。

以上、3年生から6年生まで、どの単元で学校図書館を位置づけることが活用可能か、また有効かを紹介した。学校図書館を利用することによって、社会科の目標がよりよく達成され、情報リテラシーが育てられるかの具体例については、また別の機会で詳しく展開したい。

ブックリスト　経済

平成20年3月告示の新学習指導要領では価格や費用の視点を導入することが示されている。これからの社会科では経済的な視点を扱っていくことが求められる。どのような学習を展開していくのか考えていく際に参考になる。

★経済入門

『新装版 レモンをお金にかえる法"経済学入門"の巻』
ルイズ・アームストロング/ビル・バッソ　佐和隆光訳　河出書房新社　2005

『新装版 続・レモンをお金にかえる法"インフレ→不況→景気回復の巻』
ルイズ・アームストロング/ビル・バッソ　佐和隆光訳　河出書房新社　2005

『親子でまなぶ 経済ってなに？』
ニコラウス・ピーパー　畔上司訳　主婦の友社　2004

『NHK週刊こどもニュース よくわかる経済　全3巻』
池上彰　汐文社　2001

『みんなが知りたい！「経済のしくみ」がわかる本』
コスモピア　メイツ出版　2005

『経済ってなに？　全4巻』
1、2巻 八幡一秀監修　3、4巻 今宮謙二監修
草土文化　2005

『はじめまして　10歳からの経済学　既刊6巻』
泉美智子文　ゆまに書房　2006～07

『経済かんたん解説　上・下』
上：大瀧雅之　下：武長脩行　フレーベル館　2007

★市場から

『世界の半分が飢えるのはなぜ？―ジグレール教授がわが子に語る飢餓の真実』
ジャン・ジグレール　たかおまゆみ訳　勝俣誠監修
合同出版 2003

『徹底解剖100円ショップ―日常化するグローバリゼーション』
アジア太平洋資料センター編　コモンズ　2004
（一般向け）

★お金を考える

『お金とじょうずにつきあう本（Vivre ensemble）』
L.ジャフェ、L.サン＝マルク、永田千奈訳　晶文社　2001

『お金とくらしを考える本　全5巻』
岩崎書店　2006

『世界のお金事典』
平井美帆文　佐藤英人協力 汐文社　2006

『イラスト版お金のしごと 子どもとマスターする46のお金の知識』
西村隆男　合同出版　1999

『お金の大常識―これだけは知っておきたい〈14〉』
植村峻監修　ポプラ社　2004

『お金で死なないための本　いつでもカード、どこでもローンの落とし穴』
千葉 保／クレサラ探偵団　太郎次郎社　2007

『お金のことがわかる本　全4巻』
マーガレット・ホール　消費者教育支援センター日本語版監修　小関礼子日本語版校閲　文溪堂　2002

『お金について考える―身につけよう！21世紀に生きる力　全4巻』
武長脩行監修　鈴木出版　2002

『金銭教育のすすめ―マネー落語の台本を読んで語り、お金を考える本』
（シリーズ「21世紀の生きる力を考える」）武長脩行監修　こどもクラブ編集　今人舎　2002

★読み物

『歯みがきつくって億万長者―やさしくわかる経済の話（チア・ブックス）』
ジーン・メリル　偕成社　1997

『お金もうけは悪いこと？』
アンドリュー・クレメンツ　田中奈津子訳　講談社　2007

★その他の情報

・金融広報中央委員会**『金融情報カタログ』**
（資料請求先：日本銀行内金融広報中央委員会
03-3279-1111、無料）
・金融広報中央委員会Web Site
「マネー情　報知るぽると」
http://www.shiruporuto.jp/

まとめ：中山美由紀

おわりに

小学校社会科における、学校内の教室と図書館との夢のコラボレーションとなった本書の出来はいかがだったろうか？ 司書の推薦本があまりに面白くて原稿が進まなかった教師あり、ついでに挙げた本が教師の高い評価でびっくりだった司書あり、やはり双方の専門性が出会ってこそよりよい学校図書館コレクションが整っていくことを実感した１年だった。始めはブログとメーリングリストだけでやりとりをしようとしたが、すぐに方法を変えた。司書たちが個々に本を知っていても、比較、評価は実際の本を前にしないとできなかったのである。まして子どもたちには、選びぬかれた本を学校で手にすることがどんなに大切なことかは推して知るべしである。結局、何度も東京学芸大学附属世田谷小学校メディアルームに本を持ち寄って集まり、社会科の単元のねらいや展開例を聞きながら、みなで推薦本を絞っていった。この間の教師と司書の対話は、互いの専門性への敬意と信頼を生んでいったと思う。吟味した本は 2008 年４月までの 3000 冊近くに及ぶ。

始めは入手可能な本だけでリストを作成する予定であった。しかし、それは不可能だった。調べ学習を想定して作られた子どもの本は、はじめに一定部数が印刷されるとその後は増刷・改訂されるものが少ない。よい資料であると選んで、版元に問い合わせても品切れ・絶版というものが少なくなかった。そこで、現在学校図書館に所蔵している資料を廃棄しないでほしいとのメッセージも込めて品切れでも掲載することとした。調べ学習で利用できるよい本とは、情報の更新もさることながら、本当に利用したい読者の声も反映させつつ版を重ねることで、成熟していくものではないのだろうか。本書での品切れ・絶版書籍の掲載は、そんな出版流通事情に向けて一石を投じたいとの思いの表現でもある。

掲載本の各出版社との折衝をはじめ、こだわりのある教師と司書のいろいろな願いを聞いて、まとめてくださった少年写真新聞社の藤田千聡さんと、プロジェクト 17 人に様々な形でアドバイス、応援、協力してくださった多くの方々に心より感謝します。

2008年６月

中山美由紀

書名索引

細字は書名、太字はシリーズ名です。

書　名・シリーズ名	シリーズ名	ページ
お金のことがわかる本 全4巻		146
お金の大常識		146
お金もうけは悪いこと？		146
おきなわ　島のこえ	記録のえほん	113
沖縄まるごと大百科 全5巻		70
お米は、なぜ食べあきないの？	調べるっておもしろい！	47
お米は生きている		49
おさなぶり	新装版　ふるさとを見直す絵本2	40
おじいさんの机	立松和平との絵本集3	51
おしごと図鑑 全8巻		63
おしりをふく話	たくさんのふしぎ	31
織田信長	NHK にんげん日本史3	90
おとうさん、縄文遺跡へ行こう		78
おとうさん、弥生遺跡へ行こう		78
大人のための社会科見学トヨタ		116
おにぎり ぱくりん		51
鬼の橋	福音館創作童話シリーズ	97
おひさまいろのきもの	日本傑作絵本シリーズ	40
おまけのこ		97
親子でまなぶ 経済ってなに?		146
おやとい外国人とよばれた人たち	土木の絵本	100
折り鶴は世界にはばたいた	PHP 愛と希望のノンフィクション	113
おりづるの旅		113
[か]		
回収ルートをたどる旅		27
介助犬	社会でかつやくするイヌたち	16
ガイドブック裁判員制度		139
海洋資源をかんがえる	「資源」の本3	55
かがくのとも		138
学習に役立つ くらしのうつりかわり 全8巻		38
各地のくらしと学校生活	ビジュアル学習　日本のくらし5	69
火事・放射能から命を守ろう	安全な学校生活を考える本6	15
ガスの道	校外学習 くらしをまもる・くらしをささえる13	34
風光る		97
家族で楽しむ 日本の行事としきたり		39
語り伝えるヒロシマ・ナガサキ 全5巻		109
かっこいいぞ　ハイパーレスキュー	のりものクラブえほん	16
学校生活の移り変わり	写真と作文でつづる昭和の子どもたち1	38
学校と子どもの生活の100年	写真でみる20世紀の日本1	101
学校図書館で育む情報リテラシー		19
学校図書館の著作権問題Q&A		64
学校図書館学びかた指導のワークシート		19
学校のまわり・地域を探検	総合的な学習のテーマがみつかるアイデア新聞1	9
葛飾北斎	おはなし名画シリーズ	93
悲しすぎる夏	翼をひろげて5	113
カブトエビの寒い夏		51
鎌倉・南北朝・室町時代	日本の歴史博物館・史跡　調べ学習に役立つ　時代別・テーマ別4	87
鎌倉・南北朝時代	地図でみる日本の歴史3	86
かまぼこの絵本	つくってあそぼう	13
神さまのいる村		40
かよこ桜		113
ガラスのうさぎ		113
かわ	こどものとも傑作集	23
川とノリオ		113
川は生きている		24
河原にできた中世の町	歴史を旅する絵本	85
考える力がつく 子ども地図帳（日本）		68
環境問題	よのなかのニュースがわかる本4	29
環境用語事典		71
韓国・朝鮮と出会おう	国際理解ハンドブック	122
鑑真と大仏建立	あるいて知ろう！　歴史にんげん物語2	82

書　名・シリーズ名	シリーズ名	ページ
キー・コンピテンシー		130
キーワードで読む戦後史	岩波ジュニア新書	117
祇園祭		39
貴族の研究	調べ学習　日本の歴史12	81
北へ行く旅人たち	新十津川物語1	51
キッズ・パワーが世界を変える	ぼくら地球市民2	126
きっずジャポニカ		137
気分はもう、裁判長	YA 新書　よりみちパン！セ	139
きみにもできる国際交流 全24巻		123
疑問調べ大作戦	光村の国語　調べて、まとめて、コミュニケーション2	9
キャベツの絵本	そだててあそぼう	13
旧石器・縄文・弥生時代	日本の歴史博物館・史跡　調べ学習に役立つ　時代別・テーマ別1	78
京のかざぐるま		97
漁業からみる日本	探検・発見 わたしたちの日本4	54
漁村の伝統的なくらし	日本各地の伝統的なくらし3	54
金閣・銀閣の研究	調べ学習日本の歴史4	85
金閣・銀閣をしらべる	しらべ学習に役立つ日本の歴史7	87
近世に生きる	日本歴史探検 タイムトラベル れきはく案内3	95
金銭教育のすすめ	21世紀の生きる力を考える	146
近代化遺産を歩く	中公新書	106
近代国家としての発展	人物・遺産でさぐる日本の歴史13	105
金融情報カタログ		146
クイールはもうどう犬になった		17
校外学習 くらしをまもる・くらしをささえる 全20巻		25
鯨を捕る		56
クックとタマ次郎の情報大航海術		139
くらしやすい町ってなんだろう	バリアフリー　いっしょに生きていくために3	10
車がとどくまで［自動車］	日本の産業シリーズ　きみの手にとどくまで9	60
くわしい！わかる！図解日本の産業 全10巻		47
		54
		60
		62
経済かんたん解説　上・下	用語でわかる！	146
経済ってなに？ 全4巻		146
警察署	まちの施設たんけん6	15
警察署	新・みぢかなくらしと地方行政 第1期6	16
月冠の巫王		97
月刊ポプラディア		138
月神の統べる森で		97
見学でわかる！　エネルギーの未来	小学生の環境見学シリーズ7	33
見学でわかる！　自然のたいせつさ	小学生の環境見学シリーズ5	71
元寇をしらべる	しらべ学習に役立つ日本の歴史6	86
現代のオリンピック	オリンピックがよくわかる2	116
現代用語の基礎知識　学習版		137
遣唐使船をしらべる	しらべ学習に役立つ日本の歴史4	82
源平盛衰記		97
源平の風	白狐魔記1	96
		97
源平の戦いと鎌倉幕府	人物・遺産でさぐる日本の歴史6	85
校外学習 くらしをまもる・くらしをささえる 全20巻		34
公害の研究	調べ学習日本の歴史16	71
		115
工業	日本の産業まるわかり大百科4	58
工業からみる日本	探険・発見　わたしたちの日本5	59
公共施設と交通安全の記号	最新　記号の図鑑1	15
工業の職場	「職場体験学習」にすぐ役立つ本10	60
紅玉		51
		116
広告って何だ？	「よのなか」がわかる総合学習　広告！しる・みる・つくる1	64
広告のしくみ	「よのなか」がわかる総合学習　広告！しる・みる・つくる2	64
交通事故から命を守ろう① 歩行・乗り物	安全な学校生活を考える本4	15
交通事故から命を守ろう② 自転車	安全な学校生活を考える本5	15

キーワード索引

単元欄の記号は左のアラビア数字が学年、ローマ数字が単元の番号です。
（３年・４年は通し番号になっています）

キーワード	単元	書　名	ページ
普通選挙	6-Ⅲ-2	日本とアジアの歴史	104
		日本を変えた53人（8）	106
古い施設	4-Ⅴ	日本人の20世紀　くらしのうつりかわり	37
		学校生活の移り変わり	38
		学習に役立つくらしのうつりかわり	38
文化（情報）	5-Ⅲ	テレビCM（コマーシャル）	63
		広告って何だ？	64
		広告のしくみ	64
文化（水産業）	5-Ⅰ-2	調べよう　日本の水産業	52
		漁師さんの森づくり	53
		魚・貝・海そう	53
		漁業からみる日本	54
		漁村の伝統的なくらし	54
		森をつくるってどういうこと？	54
		海を歩く	55
文化（農業）	5-Ⅰ-1	米で総合学習	46
		いのちのふるさと水田稲作	47
		お米は、なぜ食べあきないの？	47
		写真でわかるぼくらのイネつくり	48
		米・麦・大豆	48
		いのちの食べかた	49
		お米は生きている	49
		棚田を歩けば	49
		米が育てたオオクワガタ	49
		アイガモ家族	50
文明開化	6-Ⅲ-1	明治維新の研究	98
		西郷隆盛	99
		明治・大正時代	99
		明治時代館	99
		江戸市民の暮らしと文明開化	100
		よこすか開国物語	101
		学校と子どもの生活の100年	101
		新聞広告で見つけよう！	101
		世界へはばたけ！ 富岡製糸場	101
		文明開化絵事典	101
方位	3-Ⅰ	まちの探検へ出発	9
		学校のまわり・地域を探検	9
		ぼくらの地図旅行	11
貿易（工業）	5-Ⅱ-1	運輸・貿易	58
貿易（水産業）	5-Ⅰ-2	調べよう　日本の水産業	52
		魚・貝・海そう	53
		水産物・畜産物・林産物	54
貿易（農業）	5-Ⅰ-1	食べるモノから見る、日本と世界	48
		食べもののできるまで	50
北条氏	6-Ⅱ-1	武士の研究	84
		源平の戦いと鎌倉幕府	85
		鎌倉・南北朝時代	86
		元寇をしらべる	86
		鎌倉・南北朝・室町時代	87
ポスターセッション	3-Ⅰ	まちの探検へ出発	9
		めざせ！　編集長	9
		疑問調べ大作戦	9
		発表・討論チャンピオン	9
北方領土	6-Ⅳ-2	ばあちゃんのしべとろ	116
［ま］			
まちたんけん	3-Ⅰ	町たんけん	8
		まちの探検へ出発	9
		学校のまわり・地域を探検	9
		くらしやすい町ってなんだろう	10
		街や道路で見つかるマーク・記号	10
		町のけんきゅう	10
満州事変（日中戦争）	6-Ⅳ-1	アジア太平洋戦争の研究	108
		アメリカからきた青い目の人形	110

キーワード	単元	書　名	ページ
満州事変（日中戦争）	6-Ⅳ-1	広がる日の丸の下で生きる	110
		ジュニア版　写真で見る日本の侵略	111
		愛蔵版　シリーズ戦争	111
		戦争遺跡から学ぶ	111
水の循環	4-Ⅳ-1	水のたび	24
		水のリサイクル	23
		水をきれいにするためにできること	24
		川は生きている	24
水のリサイクル	4-Ⅳ-1	水のリサイクル	23
		水道・下水道	23
		おいしい水をとりもどせ	24
		水をきれいにするためにできること	24
		上水道・下水道	25
源頼朝	6-Ⅱ-1	武士の研究	84
		源平の戦いと鎌倉幕府	85
		鎌倉・南北朝時代	86
		鎌倉・南北朝・室町時代	87
		源義経	87
		図説　平家物語	87
未来の自動車	5-Ⅱ-1	自動車	59
		わたしたちのくらしを豊かにする工業製品	60
		人を助けてはたらくロボット	61
		電気自動車・リニアモーターカーを調べる	61
民主主義	6-Ⅳ-2	昭和の時代	115
		新聞で調べよう現代日本の50年	115
		キーワードで読む戦後史	117
昔の生活道具	4-Ⅴ	ボロ市の歴史	36
		新聞広告で見つけよう！	37
		日本人の20世紀　くらしのうつりかわり	37
		学校生活の移り変わり	38
		学習に役立つくらしのうつりかわり	38
		昔のくらしの道具事典	38
		昔の子どものくらし事典	38
		10才のとき	40
		いろり	40
		おさなぶり	40
		おひさまいろのきもの	40
		こばし休み	40
		ふろしき大研究	40
		もらい風呂	40
		父さんの小さかったとき	40
		母さんの小さかったとき	40
昔の生産道具	4-Ⅴ	ボロ市の歴史	36
		新聞広告で見つけよう！	37
		日本人の20世紀　くらしのうつりかわり	37
		学習に役立つくらしのうつりかわり	38
		昔のくらしの道具事典	38
		昔の子どものくらし事典	38
		いろり	40
		おさなぶり	40
		こばし休み	40
		もらい風呂	40
紫式部	6-Ⅰ-2	貴族の研究	81
室町文化	6-Ⅱ-1	河原にできた中世の町	85
		金閣・銀閣の研究	85
		雪舟	86
		雪舟筆牧牛図	86
		鎌倉・南北朝・室町時代	87
		金閣・銀閣をしらべる	87
明治維新（大政奉還）	6-Ⅲ-1	明治維新の研究	98
		西郷隆盛	99
		明治・大正時代	99
		明治時代館	99

キーワード	単元	書　名	ページ
明治維新（大政奉還）	6-Ⅲ-1	西郷隆盛と大久保利通	100
		日本を変えた53人（6）	100
		日本を変えた53人（7）	100
		民主主義と政治の歴史	100
明治政府	6-Ⅲ-1	明治維新の研究	98
		西郷隆盛	99
		明治・大正時代	99
		明治時代館	99
		江戸市民の暮らしと文明開化	100
		西郷隆盛と大久保利通	100
		日本を変えた53人（6）	100
		日本を変えた53人（7）	100
		民主主義と政治の歴史	100
		学校と子どもの生活の100年	101
盲導犬・介助犬・聴導犬	3-Ⅲ	「バリアフリー」ってなんだろう	16
		介助犬	16
		聴導犬	16
		訪問活動犬	16
		盲導犬	16
		クイールはもうどう犬になった	17
森と林業	5-Ⅳ	森ができるまで	69
		日本の森林	69
		森へ	70
		縄文杉に会う	70
		見学で分かる！　自然のたいせつさ	71
		森は地球のたからもの	72
		森林資源をかんがえる	72
		日本の林業	72
［や］			
焼けあと・復興	6-Ⅳ-2	はらっぱ	114
		新聞で調べよう現代日本の50年	115
		紅玉	116
		キーワードで読む戦後史	117
邪馬台国	6-Ⅰ-1	縄文・弥生・古墳時代	77
		卑弥呼	77
		旧石器・縄文・弥生時代	78
		古代を発掘する	78
		大昔の人々の暮らしと知恵	78
大和朝廷	6-Ⅰ-1	古墳の研究	77
		縄文・弥生・古墳時代	77
		旧石器・縄文・弥生時代	78
		古代を発掘する	78
		大昔の人々の暮らしと知恵	78
弥生人	6-Ⅰ-1	イネ、知られざる1万年の旅	76
		そして“日本人”が生まれた	76
		縄文・弥生・古墳時代	77
		卑弥呼	77
		おとうさん、弥生遺跡へ行こう	78
		旧石器・縄文・弥生時代	78
		古代を発掘する	78
		大昔の人々の暮らしと知恵	78
［ら］			
蘭学	6-Ⅱ-3	鎖国の研究	93
		江戸時代（後期）	94
		杉田玄白	94
		近世に生きる	95
流通	3-Ⅱ	花はどこから	12
		スーパーの生鮮食品がお店に並ぶまで図鑑	13
		中央卸売市場	13

執 筆 者

鎌田和宏

東京学芸大学大学院教育学研究科修了 (社会科教育・歴史学)。東京都公立学校、東京学芸大学附属世田谷小学校、筑波大学附属小学校教諭を経て帝京大学文学部教育学科・教職大学院教職研究科准教授。専門は教育方法学。社会科・総合学習・生活科を中心に、メディア利用・学校図書館活用等の授業研究に取り組む。著書に『教室・学校図書館で育てる小学生の情報リテラシー』（少年写真新聞社、2007 年）『移行期からはじめる新しい社会科の授業づくり 3～6 年』（日本標準、2009 年）等がある。

中山美由紀

東京学芸大学（国語専修）卒業。私立高等学校専任司書教諭退職後、千葉市学校図書館指導員として 4 校の小中学校を経験。現在は東京学芸大学附属小金井小学校司書、鶴見大学非常勤講師。学校図書館専門職員の役割は教員とともに図書館の機能をもって子どもを育てることであるとし、蔵書構築、教育課程、協働を活動の核として、実践・研究に取り組む。日本図書館情報学会、日本学校図書館学会、日本子どもの本研究会会員。

青木 和子	東京都狛江市立狛江第六小学校司書
居城 勝彦	東京学芸大学附属世田谷小学校教諭
岡田 貴子	東京都東大和市立第六小学校司書
金澤 磨樹子	東京都三鷹市立羽沢小学校司書
岸野 存宏	東京学芸大学附属世田谷小学校教諭
小瀬村 聡	神奈川県平塚市立南原小学校教頭
近藤 真	神奈川県横浜市立北方小学校教諭
齊藤 和貴	東京学芸大学附属小金井小学校教諭
柴生田 明	東京都私立白百合学園小学校教諭
高桑 弥須子	千葉県市川市立富美浜小学校司書
中村 貴子	千葉県船橋市立塚田小学校司書
松本 大介	東京学芸大学附属世田谷小学校教諭
三上 聡	静岡県富士市立丘小学校教諭
村上 恭子	東京学芸大学附属世田谷中学校司書
吉岡 裕子	東京学芸大学附属世田谷小学校司書

本文中の所属は執筆当時のものです。　　　　（50 音順）

イラスト：井元ひろい、中村光宏

先生と司書が選んだ 調べるための本

小学校社会科で活用できる学校図書館コレクション

発　行　日　2008年8月15日　第1刷　2010年6月5日　第3刷発行
発　行　所　株式会社少年写真新聞社　〒102-8232　東京都千代田区九段北1-9-12
TEL 03-3264-2624　FAX 03-5276-7785
URL http://www.schoolpress.co.jp/
編　・　著　鎌田和宏　中山美由紀
発　行　人　松本　恒
印　刷　所　図書印刷株式会社

ISBN978-4-87981-261-2 C3037